财富自由新思维

NEW THINKING OF **WEALTH FREEDOM**

洪校长教你快速实现财富倍增的55堂投资课

洪榕 著

北京时代华文书局

图书在版编目（CIP）数据

财富自由新思维 / 洪榕著 . -- 北京 : 北京时代华文书局 , 2019.12（2020.3 重印）
ISBN 978-7-5699-3294-2

Ⅰ . ①财… Ⅱ . ①洪… Ⅲ . ①股票投资－基本知识 Ⅳ . ① F830.91

中国版本图书馆 CIP 数据核字 (2019) 第 264054 号

财富自由新思维

CaiFu ZiYou Xin SiWei

著　　者 | 洪　榕
选题策划 | 蔺亚丁　姜得祺
责任编辑 | 徐敏峰
装帧设计 | 元明设计
责任印制 | 郝　旺
出版发行 | 北京时代华文书局 http://www.bjsdsj.com.cn
北京市东城区安定门外大街 136 号皇城国际大厦 A 座 8 楼
邮编：100011　电话：010 - 83670692　64267677
印　　刷 | 唐山富达印务有限公司
（如发现印装质量问题，请与印刷厂联系调换）
开　　本 | 690mm×980mm　1/16
印　　张 | 18
字　　数 | 240 千字
版　　次 | 2020 年 1 月第 1 版
印　　次 | 2020 年 3 月第 3 次印刷
书　　号 | ISBN 978-7-5699-3294-2
定　　价 | 59.80 元

PREFACE 前言

我有一个梦想

你热爱投资，只是没找到路径。

我期望把最好的投资方法、最好的投资手段、最好的投资路径都给你。

你有心求道，只是未遇到知音。

只有志同道合的人在一起，才可能走得更远，让我们彼此成为更好的人。

在这梦想之地，成为你最想要的自己。

我期望大家有更好的投资理念，去选择并抓住最值得抓住的机会。

投资是一件特别认真的事儿，不学习肯定不行。

很多人通过各种渠道学了很多投资知识，最后却发现那些东西在自己实际投资时并没有什么帮助，甚至有一些还有害。因为市场上流传的大都是输家喜欢听的信息，而那些信息又恰好是输家愿意学的东西。所以一些投资者总是后悔为什么自己总是在不恰当的时间接受致使自己后悔的“投资信息”，而在恰当的时间接受不了让自己成功的“投资信息”？

显然，要改变这种情况，除了改变自己别无他法。

在没改变自己之前，买到的牛股未必拿得住，靠赌靠运气赚到了钱未必是好事，因为大概率会加倍亏回去。

这是很多投资者的心结，这个结很难解，我一直以来都很想帮助大家解开这个结。为此，我做了非常多的努力，做了大量的工作，不仅写长微博、写微信文章，还录制音频视频节目，尽力让更多的人具备赢家的心态、思维，掌握大概率成功的投资方法。

在吸收了我说的内容之后，有些投资人可能已经顿悟，或者已到了顿悟的临界点，但这样的人毕竟是少数，很多投资人的受益效果并不令我满意。

在我看来，只有让更多的人真正领悟到投资的关键和本质，找到好的投资方法，不再被投资所累，并感受到投资的可爱，成为一名成功的投资者，这样我才算成功了。为此，我做过很多尝试，过程非常艰难。但我会一直坚持下去，誓把“洪大”（洪粉家人投资大学）当成终生的事业，帮助更多的人找到打开投资大门的钥匙。

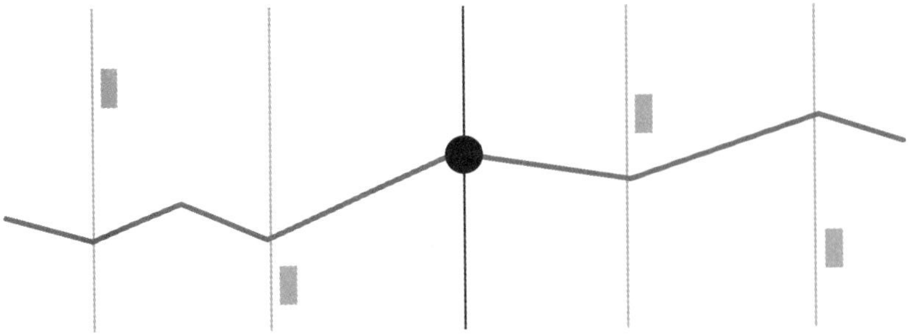

SEQUENCE 自序

炒股究竟有没有秘诀

还在券商做资产管理总部总经理时，就常被人问起炒股有没有秘诀，我的回答是：有，真的有，但秘诀不是大家想象的那种。

秘诀在“道”层面，而不在“术”层面。

炒股需要的最重要的两个能力：一是判断力；二是执行力。股市投资者每天做的无外乎五件事：看信息、看盘、选股、择时、交易，要做好这五件事，前四件靠的是分析判断力，最后一项是执行力。现实结果是几乎所有的投资者每天都在为提高自己这五个方面的能力而努力，但大多数人依然成了输家，问题究竟出在哪？

问题出在，这五种能力就像汽车的五大系统，必须协同工作，这辆车才能跑起来。协同工作靠什么？靠心态。

二十多年的投资生涯，我发现最终决定投资成败的是“心态”，“贪婪和恐惧”指的都是心态，好心态是投资成功的因，也是投资成功的果。成功的投资就是一个保有好心态的过程，而要保有好心态，必须先过思维关，然后才是行动关，思维方法比操盘方法重要百倍。不解决思维问题，学再多的操盘方法都是枉然。

致使散户输钱的表象其实就三个：一是被动挨打，二是追涨杀跌，三是倒金字塔投资。

这三个表象其实是投资者“贪婪和恐惧”心态的呈现。

所以，要彻底解决输家的问题，必须有一套系统，这套系统不仅需要帮助投资者提高“看信息、看盘、选股、择时、交易”五大能力，还必须能从心理到操作层面解决投资者“贪婪和恐惧”的本质问题。

“洪攻略”交易系统正是这样一套方法，“洪攻略”交易系统是为个人投资者量身打造的一套“在股市赚到属于自己的钱”的交易系统。洪攻略交易系统构建在人性层面上，针对个人投资者股市不赚钱的背后本质原因，用简单易用的攻略去战胜人性的贪念和恐惧，避开散户缺点和发挥散户优点，从提升投资成功概率出发，另辟蹊径巧妙地帮助个人投资者解决看消息、看盘、选股、择时、操盘及风控等普遍难题。

“洪攻略”交易系统包括洪攻略投资思维、洪攻略投资时空观和H333系列操盘策略三大部分。

从整个体系来看：

首先，作为基石的洪攻略投资思维其实就三句话：抓主要矛盾，跟随聪明的钱，做预期可控的投资，这三句话从战略层面解决投资者看盘和选股的问题。

其次，洪攻略投资时空观基于“一切事物都处于一定的时空之中，呈现不同的运动规律，遵循各自的生命周期”而简化的股市体温表及投资四季说，为投资者解决选时的痛点。

第三，H333系列操盘策略则是根据股市温度板块个股所处季节决定仓位的轻重及采用什么交易策略。

这是一套环环相扣、逻辑严密的体系，是已经被证明可以很好地解决普通投资者的炒股难题、帮助普通投资者成为股市赢家的交易系统。

为了让更多的人理解并受益于“洪攻略”，我花了大量的心力录制了“洪校长的投资课”系列视频课，视频课紧贴市场系统，讲述了洪攻略原理及实战应用，本书对视频课的精华部分做了重新编排，力求通俗易懂，让读者通读一遍即可完整掌握一套决胜A股的交易系统。

Contents 目录

第一部分

投资赢家信条

这些是我用“血的教训”换来的真经，总结成若干炒股箴言，下面我将一条一条地讲给大家。

第一章　趋势

涨，因何而涨？跌，因何而跌？

下跌就是下跌的最好理由。

因为一旦下跌了，大家找的全是下跌的理由。

势成则顺势，势转则跟转。

趋势一旦形成，是很难逆转的。

但是这种趋势一旦逆转，就难再回头。

节奏不可乱，若乱则离场。

暂时离场，等下一支舞曲开场时，你及时地切入。

第1条：上涨是上涨的最好理由，下跌是下跌的最好理由

上涨是上涨的最好理由，下跌是下跌的最好理由。其他任何叽叽歪歪的上涨或下跌理由都得服从这个真理。

这条是A股市场的真理。之所以用“真理”这个词，是为了提高它的段位。意思是说，如果市场出现趋势性行情的时候，不要再去找任何理由。一旦趋势出现，就不要再说现在经济还不好、市场还低迷、有压力位等情形，这些都不用考虑。因为看到上涨趋势出现，看到财富效应出现，自然而然会激起市场对于过去趋势性行情的记忆，其他的都不重要了。

而一旦真正出现下跌的时候，市场又会铺天盖地找下跌的理由，“本来大盘是在上涨的，怎么突然大跌了？”之前那些上涨的理由大家都不说了。既然所有人都在找下跌的理由，那下跌就成了下跌的最好理由。

所以，一旦趋势出现的时候，大家一定要记住：趋势本身就是最好的理由。

从个股、行业，甚至大盘，都要去理解这个真理，当别人和你讲其他理由的时候，都得让位于此，这才是关键所在。所以我把它放在第1条，因为它是A股市场的真理，在判断市场趋势时特别重要。

第2条：趋势一旦形成，就很难逆转

趋势一旦形成，就很难逆转，而趋势一旦逆转，就难再回头。

市场的行情永远如此，趋势刚开始的时候，很多人会说高了，并一直认为有问题。但我告诉大家，趋势一旦形成，是很难逆转的。就像2016年底有些白马股涨得挺好，很多人说是不是太高了？茅台股300元了，是不是太高了？后来又涨到了350元，是不是太高了？涨到400元，是不是太高了？涨到450元，是不是太高了？实际上，这个趋势一旦形成，它真的很难逆转，大家一定要记住。

而这种趋势一旦逆转，就难再回头。因为前面的趋势让大家实在熬不住，所以急切希望有回调的机会，但是等真正已经逆转的时候，多数人还想着原来的趋势，以为马上就会回去。比如2015年创业板从高位下来之后，就是趋势逆转的信号，但是后面大家都在想着抄底，以为它还会回到原来的轨道上去，实际上它已经难以再回头。

如果你把这条认真地理解了，并把它应用到投资上面，那你一定不会再过早地去抄底，也不会再过早地抛出你的牛股。

第3条：大行情出现之前，必有大V清仓

如果真是一轮大行情，有一种情况必然会发生，某些散户会鬼使神差地尝试一下过去从未尝试过的空仓或者极轻仓，甚至说不做了，也会有大

V坚决而果断地踏空。

不管是998点到6124点那一轮行情，还是这一轮5178点的行情，很多人都是一路踏空上去的。比如，当时还是在2014年底，有一个大V在2000多点的时候就跟我打赌，赌能不能涨到2500点。后来的行情大家也都看到了，他输得很惨。其实，他之前就一路看空的，2200点看空，2300点看空，2400点看空。

我举这个例子是为了告诉大家，市场一旦出现大行情，反而会有人坚决地看空，直至踏空。

第4条：节奏乱了，就停下来等下一曲

股市投资与跳舞异曲同工，踩准节奏，舞姿自然优美；脚下乱了，就停下来等下一曲。

虽然这条对投资非常重要，但是很多人并没有重视起来。投资跟跳舞异曲同工，最重要的就是要找准节奏。节奏对了，舞姿自然优美；节奏乱了，就必须停下来等下一曲。人生也一样。

我去大学演讲的时候，总是劝那些女孩子，千万不要把人生的节奏弄错了，不要在应该找男朋友的时候只念书，否则等你把书读完了，读到研究生、博士生了，发现优秀的男孩子已经被别人抢光了，这个时候再开始找男朋友就晚了。也就是说，女孩子最好在青春年华的时候，把自己的“黑马王子”搞定。如果这个节奏踏错了，你的人生会很痛苦的。

做投资也是这样，不要在该做一件事的时候，去做其他事。该买房的时候，你偏偏要去炒股，结果房价一直涨、股市一直跌，那就是节奏乱了。

节奏乱了，该怎么办呢？很多人在股市里乱了阵脚以后，就一番折腾，就像在舞池里没跟上节奏一样。如果坚持跟着跳，就可能会既踩到自己的脚、踩到别人脚，也可能会被别人的脚踩到，甚至还有可能绊倒自己的舞伴。所以，这个时候，最好的方法就是离开舞池，停下来别跳了。因为舞曲总有终结的时候，此曲跟不上节奏，那就停下来等下一曲。股市也

一样，到一定时候，它自然会切换节奏，转换风格。一段时间内你的节奏乱了没有关系，就抛出所有的股票，轻松离场就好了。等到下次找准时机，再适时切入，你的节奏就不会乱了。很多人做不到在该停下来的时候停下，只是一味地在那打乱仗。一直打下去，结果等到下一支舞曲开始时，他的节奏还是乱的。

有一位朋友跟我讲，这条对他太重要了，因为过去他从来不会这么做。现在他终于明白了，哪天做乱了、亏钱了，就把股票全抛掉，然后自己再认真地思考。因为没有股票在手的时候，思考会更加理性，容易重新找到节奏，再切入市场。

很多人经常因为实在亏得没办法了，绝望了，发誓永远不会再炒股票了，才离开市场。但是这种人说的话往往不可信，等过了一段时间股市一涨，他十有八九又回来了，甚至买的比当时卖的价格还高。这种人属于忍无可忍，被迫离开市场的，因为他总在舞池里一曲接一曲地乱跳，最后当然是被赶出来了。

主动离开和被迫离开，两种思维是完全不一样的。大家一定要明白一点，暂时离开舞池是为了迎接下一曲。投资股票也一样，适时抛空是为了选择下一次更好的切入点。

第二章　人性

估值的变化，是人心的变化。

A股炒的是国人的人性，炒的是国人的人性价值。

最大的利多，是没有人还敢看多。

这个时候，说不定市场反弹要来了。

见顶的信号，是徒弟给师父上课。

“洪老师，你太保守了，这个地方应该没大问题吧？”

他来给我上课了，这个时候，就很危险了。

第5条：A股炒的是国人的人性

A股炒的是中国人的人性，炒的是国人的人性价值。这句话有点难懂。

我经常说，人性不变，故事永恒，逻辑永恒。人性不变，其实就是人性的价值，所有的动作都是人做出来的。那么，是什么决定人做出动作呢？毫无疑问，一定是根据他的性格做出的。他的情绪到了什么阶段？是贪婪，还是恐惧？

为什么强调A股炒的是国人的人性价值呢？因为中国人在性格方面有自己的特点，A股也有自己的特点，而我们的散户比较多，又是政策市。散户的情绪是什么情况？组织又有什么样的力量？这都是由国人的人性决定的。我们把人性分析清楚、透彻，自然就明白最后炒作的就是人性的价值。

我实在想不透的时候，就换位思考，想想大家都在想什么，核心诉求是什么？怕什么？喜欢什么？想清楚了，炒股就变得简单了。

第6条：秋天流行说春天的故事

秋天流行的多是春天的故事，春天流行的多是秋天的故事。

这句话想必炒股票炒了很长时间的人都深有体会。就是当股市涨到特别热的时候，大家讲的故事都特别好听，一切都给人春暖花开的感觉，好像这个时候应该是播种的时机。但我们都知道，秋天才是收割的季节。如果在收割的时节你还在播种，那你肯定完蛋了，种子连芽都发不了。

反过来也一样，春天经常会流行冬天的故事或者秋天的故事。你分明感觉到市场已经开始走出底部，春天快来了，但很多人会讲现在是阶段性的止跌，后面还有更严寒的冬天等着大家。这种时候，如果稍微涨一点点，你就全跑光了，就像春天才长出的幼苗，而你以为秋天到了，就连忙把它割掉了，结果可想而知，自然是得不偿失。

股市上很流行的故事，通常都是相反的。春天经常讲秋天的故事，秋天经常讲春天的故事，夏天经常讲冬天的故事，冬天经常讲夏天的故事。如果信了，你就完蛋了。

第7条：无人看多是利多，无人看空是利空

市场上有人看多、有人看空，你也搞不清楚究竟应该看多还是看空。但是真正意义上最可靠的利多消息，是市场上几乎没有人看多，全部都是看空的，这个时候你反而应该看多了。

反过来说，最可靠的利空消息是几乎没有人看空。

往往牛市的顶点，市场上不会有多少人看空，这反而可能是最危险的时候。如果市场上出现这种极致的情况，你一定要非常小心。

所以说，市场非常平淡、几乎没有人看多的时候，我反而感觉反弹就要来了，很可能就要上涨了。

第8条：众叛亲离是买机，一团和气该平仓

众叛亲离是买机，分歧吵闹宜加仓，一团和气该平仓。

这太典型了，我在微博上“测水温”就是这么测的。对于某个板块或者某只股票，大家都不愿意提，你一提到它甚至可能被人骂，没有人对它有任何反应了，完全是众叛亲离的状态，这反而是买入的机会。

但是涨了一个阶段，涨的还不是很多的时候，很多人会说到了阻力位，不可能再涨了，于是市场开始有分歧、吵闹，此时应该加仓。既然已经涨了那么多，而且大家还没有统一意见，此时不加仓更待何时？

什么时候抛呢？大家都一团和气地看好它，没有什么好说的，这个时候反而应该平仓。这是用市场情绪来看股票，虽然简单，但是准确度很高，基本八九不离十。

第9条：徒弟给师父上课是见顶信号

我经常会碰到这些情况，当徒弟很谦逊、天天向你讨教的时候，市场往往会继续上涨。

什么时候结束呢？当徒弟给师父上课的时候。尤其到了行情后期，我的一些学生经常会直接给我打电话推荐股票，有的甚至会说："洪老师，你太保守了，这个地方应该没大问题吧？！"事实上，市场行情一旦发展到他来给我上课的时候，就很危险了。

大盘在徒弟拜师的时候走出底部，在徒弟给师父上课的时候见顶。

这种情形屡试不爽。

第10条：分析师是悲哀的职业

股市分析师最悲哀的地方，就是当他说的话被投资者视而不见、听而不闻、不肯接受的时候，往往是对的。

分析师在股市做的一些分析和判断，投资人未必都全部采纳。可往往是投资人不肯接受的时候，反而最有价值；而当投资人能接受、肯接受、敢执行的时候，往往是错的，或者离错已经不远了。因为投资人永远只接受自己愿意接受的信息，而大多数人愿意接受的往往都是错的。

因此，股市分析师经常会遇到的尴尬情形是：他推荐的股票，没人买就涨，有人买就跌。这个结很难解。

第三章 心态

投资最重要的事，无非心态。

好心态是投资成功的因，也是投资成功的果。

抓住了主要矛盾，才得自在。

你很淡定，就会很清醒地思考当下的问题，找出更合理的策略。

若基本功扎实，出手是自然反应。

当你把整个底盘变得很稳，这个时候随便拿根树枝就是一把剑。

第11条：自认为看懂市场时，风险最大

自认为看懂市场时，风险最大；知道风控重要时，风险相对较小；肯坚持时，考验才刚刚开始。

我曾想把这句话放在第一条，因为太重要了。很多投资者可怜就可怜在这里，当他终于意识到控制风险、控制仓位很重要时，往往是市场风险相对较小的时候。就如2015年股灾，大盘跌到2600多点的时候，铺天盖地的跌停板，大家都在割肉，都认为风险太大了，必须要保存实力，否则就可能被市场灭掉。可是经历过那个风头，事后再看，你会发现那个时候其实是风险最小的时候，随便什么股票都可以买，而很多人却在控制风险。相反，等真正涨得很高了，最应该讲究风控的时候，大家对风控反而没意识了。

我讲过一句话，“能忍则忍，必死无疑”。过去你可能总是在底部砍仓，然后觉得错在没能坚持，然后心里想着等再次出现下跌被套的局面时，你认为自己这次必须坚持，一年也好、两年也好。我告诉你，千万别高估你坚持的能力。因为坚持是最难的，一旦你打定主意坚持下去，那只股票就愣是不涨，而抛掉的股票则眼睁睁地看着不断地往上涨，这时你的

心态会变得非常坏，你还坚持得下去吗？

能坚持到最后胜利的，永远是少数。对大多数人来讲，懂得坚持的时候，往往考验才刚刚开始。

第12条：心态好是一辈子的事

心情好是一时的，心态好是一辈子的。好心态是投资成功的因，也是投资成功的果。这句话把我们投资的目标以及投资的核心都讲清楚了。也就是说，投资最终获得赢利，靠的就是心态好。

心态不好，再好的方法也没有用，你会在不该坚持的时候坚持，在该坚持的时候反而放弃了。因为人的心态很容易受市场的影响，而且还非常大。有时候你会变得很暴躁、很贪婪，有时候你又会特别恐惧。

我一直认为，在这个市场上，心态好的人一定会赢过心态不好的人。哪怕从博弈的角度，前者也一定能赢后者。就像德州扑克一样，最终玩的就是心态。心态好，对方是赢不了你的。

很多人只是心情好，这跟心态好是不一样的。你逮着一个涨停板，心情就特别好。但你要知道，当下这个涨停板的股票也许将来会连续出现多个涨停，可你一个涨停就走了，你的心态会很坏的。

第13条：主要矛盾尽在掌握才能心态好

心态好不是盲目的心情好，而是一切主要矛盾尽在掌握的淡定。比如，市场今天发生的事，是你昨天、前天的思考，你就不会手忙脚乱。

也就是说，如果你对风险已经有了预判，当风险真正出现的时候，你就有方法去应对了，这个时候你的心态一定很淡定。所以，当市场出现一些状况的时候，我经常是很淡定的。别人慌死了、吓死了，我却感觉很正常，因为出现的这些情况，我已经想好应该怎么办了。保持淡定，能让你很清醒地去思考当下的问题，并找出更合理的策略。这个时候，你肯定能战胜那些手忙脚乱的人。

就像碰到“黑天鹅”事件，有些人正拼命卖出，而以洪攻略思维，这反而是“捡皮夹子”的好机会。换言之，大家正手忙脚乱地往外抛时，你反而可以把他们的盘子接过来，捡一个大大的“皮夹子”，第二天你再把“皮夹子”交上去。如此一来，这个钱赚得多开心，心态一定好。

很多的投资策略都和心态有很大关系，有些人虽然在股市赚了一点钱，但是把心态搞坏了，最后严重影响了自己的生活，何必呢？如果再因此影响了你的家庭关系，使其变坏了，或者影响了你的其他方面，那多得不偿失。

所以说，股市跟做人一样，心态特别好的人，赚钱真的很容易。

第14条：能承担的风险都不是风险

你能承担且愿意承担的风险，再大也不是风险；你不能承担且不愿承担的风险，再小也是风险。

投资总要冒一些风险，因为做的是概率。2004年，我推荐大家做券商股票（包括券商服务股票）时，极力主张“宁可做错，不可错过”的投资策略。这是什么意思呢？就是说，哪怕做错了，我也愿意承担这种风险。

对一些人来讲，他可能本来钱就不是很多，有些风险是他不能承担的，亏多了就会崩溃。那一旦出现这种情况，他整个人都会垮掉，怎么可能还有好心情呢？后面稍微跌一点，他就慌了，就可能做出很多错误的决策。

所以，不能承担风险的投资是不可以去投的，因为会影响心态。心态变坏了，决策就会出问题，最后会亏得更多。只有在风险可控范围之内去做决策，我们的心态才会好。哪怕有风险来了，也扛得过去。

第15条：最好的风控是在大趋势上不犯错

真正的风控能力，是指投资股市时能够保持一个让自己心态不变坏的趋势判断、仓位配置及个股选择的能力。

那么，它都包括哪几个方面呢？

首先，最好的风控能力就是在大趋势上不犯错误。也就是说，你对趋势要有基本的判断，不要总逆势而为，这对风控非常重要。

其次，仓位配置。仓位配置直接决定了你对风险的防控能力。

最后，选择个股的能力。有些股票本身就具备防风险的能力，“黑天鹅”会比较少，比如价值投资本身就防风险。

所以，这三个能力集中起来才表示真正具备防风险的能力。不是简单的“跌多少就砍仓”就是防风险，很多这么想的人，经常是砍完仓股，价就上去了。

真正的风控能力不是简单地活命，而是在保持真正战斗力的情况下，甚至不放弃那个机会的情况下，让自己能够具备一种冲锋式的防风险的底蕴，这样才能打好仗。整天抖抖索索地防风险，还不如空仓不做，那样一点儿风险也没有。

第16条：基本功扎实才能有好心态

投资股市就像练武功一样，马步不稳，纵然身怀绝技，也是枉然。如果别人一脚把你踢倒在地，上来就把你踩死了，就算你有再好的招式也施展不出来。所以说，股市里的“马步稳”包括心态好、决策力强等各方面基本能力。

很多人经常会看一些炒股秘诀，比如研究K线图，或是所谓的“独门绝招”，把自己搞得云山雾绕的。实际上，那些东西就像练武功招数，并没有太大的用途。一个投资者只有先把自己的马步练稳了，知道市场的整个运行逻辑，才能够心态淡定，不被市场上的信息所左右。等到马步稳了，再学习一些招式，你就会很厉害了。

所以，我的“洪校长的投资课”也好，写的微博文章也好，都是在调节大家的心态，让大家的底盘变得很稳，这时随便拿根树枝就是一把剑。

当然，每个人都希望自己能够早点练成绝世神功，拿到武林秘籍，集齐十方神器，但是如果你内力不够，神器是会反噬的。同样的一把刀，别人用来砍敌人，你用的时候就可能会砍伤自己的脚。很多人经常会犯这样的错误，以为自己掌握了一个炒股秘诀，便大胆地往前冲，最后的结果却是自己反被市场给灭了。

好的武功是身体的自然反应。而真正的身体自然反应，是需要长期训练的，从而将它变成身体的一部分。就像真正武功高的人，对方一拳打过来的时候，根本不需要大脑反应，拳头就出去了。

很多人经常会问："洪老师，为什么你对一件事情的看法总能找到跟别人不同的那个关键点？"我说："那是我的身体自然反应，因为我一直是这么去思考的。"同样的，我们对盘面的感觉也应该达到这种程度，看到一个现象，立刻就有反应，甚至不用思考，就能做出正确的应对。

第四章　亏损

散户被“割草”，发生在冬天。

熊市是什么概念？那真的是“割草”。草不够怎么办？杀羊。

股市玩不“赚”，思维在作怪。

有些人喜欢天天到处骂，这是一种亏钱思维，这样的人永远赚不到钱。

倒置金字塔，注定要亏钱。

你2000点进场，最后大盘从5000点调到4000点时，你已经亏钱了。

第17条：熊市中散户难逃被“割草”命运

A股这个丛林，永远遵循着弱肉强食的森林法则：羊吃草、狼吃羊，春夏种草养羊，秋冬割草杀羊。

众所周知，丛林法则很残忍，但股市也是这样的。

牛市就是春季和夏季，大家都借着好天气养草或者种韭菜，而这个阶段的草或韭菜也都长得非常好。很多人就会想，股价拉上去是不是要抛给我们，让我们去接盘？实际上并不是这样，牛市中的主力是不会去“割草”的，他们炒的股票通常都是有群众基础的，因为越是这样的股票，涨得越快。也就是说，炒作的主力和群众都在一条船上，大家一起养韭菜，所以指数一直往上涨。

那么，既然有春季和夏季，就一定会有秋季和冬季。秋季和冬季的时候，人们经常会干什么呢？收割。这在股市来讲，就是熊市，即要割草、割韭菜了。草不够怎么办？杀羊。到了一定时候，不光散户被割，那些小的机构、跑得不够快的羊、长得很肥的羊，全部都会被杀掉。

这就是股市的法则。你把这个法则弄清楚了，再来制定策略，一定会受益匪浅。

第18条：散户心态决定A股生态

在A股这个生态体系中，散户是生物链的最末端，是金字塔的底层，是决定A股商业模式的基石。目前，A股的盈利模式源于有一个强大的散户投资群体。

这一条讲起来好像特别专业，但它也是A股市场的最大特征。正因为具备这个特征，才形成了A股独特的商业模式。如果弄不清楚这个特征，就看不懂A股市场。

我所说的“散户”，跟资金量无关，是指拥有散户心态的人。哪怕他有一两个亿，只要他是散户心态，那他就是散户。

这是A股市场最大的特点。这样的人不但在A股市场占比比较高，而且他们的交易量也比较大，在每天的交易里占比70%～80%。如此可见，他们的存在势必会影响整个市场的生态。A股市场热衷于炒题材、做趋势，皆源于此。

未来，如果散户的成交量占比越来越小，甚至只有10%、20%了，A股的商业模式才会发生变化。

第19条：散户的五种亏钱思维

很多人投资不赚钱不仅仅是他的机遇不好，而是因为满脑子的亏钱思维，这与职场中的很多人始终难以获得成功的原理如出一辙。为了方便大家参考，我总结了以下五种。

第一种，和老板斗气。

假如你在职场总是跟老板斗气，你能斗得过吗？显而易见，很难，甚至有可能会断送你的职业生涯。

同样，投资股市你要搞明白，股市的老板是谁？在我国，股市的大老板当然是国家。如果一个人总是与国家的战略、国家的管理、国家的政治方向背道而驰地去炒股票，那他必输无疑，因为这是典型的亏钱思维。也就是说，炒股一定要跟着国家的政策、方针走。

第二种，跟上司抢功。

这种情况也经常出现在职场。试想，如果你作为一个部门经理，总是抢总监的功劳，你还能晋升吗？你不完蛋才怪呢。

股市中的上司是谁？师父。你总以为功劳是你的，师父没有贡献，甚至后来随着你的逐渐成长，你认为自己也可以当师父了。要知道，没有一种谦逊的态度，是接收不到好的信息的。

在我看来，股市里风险最大的时候，往往就是徒弟变师父的时候。徒弟认为师父不怎么样，殊不知人家之所以能成为师父，自然有几把刷子。你以为他不怎么样，只是你还没有想通而已。

这也是一种亏钱思维。

第三种，只听自己愿意接受的信息。

过去，我写过很多文章，也阐述过很多观点，但有些人就是视而不见，只接受自己愿意接受的信息。这也是亏钱思维的具体表现之一。

事实上，在很多人都对市场释放出来的信号视若无睹的时候，价值最高，因为多数人还没转到那个频道来。

第四种，感情用事。

感情用事的案例随处可见。就像有些人，一上来就急哄哄地跟我说：“洪老师，我就是个散户，你别给我讲那么多，你就告诉我该怎么做就好了。”每听及此言，都让我哭笑不得：你是个散户，你就高人一等吗？你是弱者，人家就一定要同情你吗？这不是典型的感情用事吗？实在太莫名其妙了。

感情用事的另外一种表现是赌气。就因为自己看空，他就非要证明自己是对的，跟市场赌气，最后把整个牛市给赌掉了。这不是感情用事是什么？

第五种，只要“鱼”，不要“渔”。

这种人只希望得到一只牛股。你告诉他思维方法，或是找牛股的方法，他都没有兴趣的。你告诉他股市行情分析的逻辑，他也不听。这是典型的亏钱思维。他不重视学习方法，只要一个结果：明天的行情是涨是跌？我该买哪一只股票？

那么，这样做，你有没有赚到钱呢？市场上有很多人在推牛股，你也跟着做了，但你赚到钱了没有？市场上经常会有人讲涨、跌、突破，对你有价值吗？

要知道，投资是做未来。只有懂得思维分析的方法，把整个逻辑搞清楚了，才能把握后面是涨还是跌。等到下次再出现这种情况，自己就能分析出来，找到答案，当然就快人一步了。

以上五种亏钱思维，你把它们克服了，就能大大提高赢钱的概率。

第20条：略有风吹草动，立即满仓或空仓

有些人突然学了一个“绝招”，就大胆地去使用了。比如看到某个技术指标与行情出现了某种因果关系，他就感觉这个实在太准了，等该指标再出现类似情况的时候，他就把全部的钱都砸进去。可市场哪有这么简单？那可能只是一个偶尔的巧合而已。

投资者最容易犯的一个毛病，就是认准一个理由，马上盲目地满仓或者空仓。这也是很多人亏钱的一个重要原因。

有时候，一个理由就足以让他改变对整个市场的看法，比如他认为美国加息，势必会给市场造成一定程度的影响，继而引起股市大跌。然而，只是一个理由并不能决定整个市场的趋势，而且这还是一个似是而非的东西。

很多人之所以会出现这种问题，是因为他骨子里已经看空或者看多，当下不过是找一个理由说服自己，然后再用这个理由让自己做出决策，这肯定是有问题的。

第21条：倒金字塔投资是亏大钱的根源

天天盯盘，到处找牛股，比较喜欢短线，是投资股市不赚钱的主要原因。实际上，真正的短线高手很少，亏大钱往往是因为做了倒金字塔投资。

给大家讲个很简单的道理，假如在上一轮大牛市中，一个人在指数2000点的时候买了10万元股票，到了3000点时，他赚了20万元，甚至到了5000点的时候，他的10万元变成了50万元，赚了四倍。然而，就在这5000点当口，他把家里卖房子的200万元放进来了，变成了250万元在操作，然后指数只要跌20%，50万元就没了，所有的利润也都没有了。这样的人很多，比如他2000点进的场，跌到4000点的时候他已经亏钱了，再跌到3000点，他连本金都亏了一大截，其实指数还涨到50%，就因为他做了倒金字塔投资，指数越高，他投的钱越多，这是一个很大的问题。

相反，有些人在股市涨到很高的时候，把利润都拿出去了，只剩下一些本金在做，所以他永远都没有问题，这才是好的投资方式。

第五章　修行

没来由的妄想，无所谓的担心。

你怎么可能找到顶和底？如果能找到，那还了得？

无休止的炒作，不变化的人心。

刚开始涨，涨10%、20%甚至30%，你都看不见，因为还没出现涨停板。

怎么做最好的交易？何时是最难的坚持？

此时此刻，你唯有用耐心去应对，坚持到底可能就是胜利。

第22条：人性常有真妄想和傻担心

牛市中赚不到大钱的人有个共性，通常他们都有两个真妄想：

一是妄想买到最低的价格，热心找底；

二是妄想卖在最高的价格，热心找顶。

为什么说是妄想呢？显而易见，怎么可能找到顶和底？如果能找到还了得？可是很多人就是在这样的真妄想中，把牛市给弄丢了。有人说，他找到5178那个顶点了，但是据我所知，他在3000点、3500点、4000点、4500点都找过一次顶，几乎没赚到完整的钱，然后正好5000多点，他又找了一次，这一次对了，但此时还有什么意义呢？

他们还有两个傻担心：

一是担心买不到心仪的股票；

二是担心抛不出自己的股票。

一方面，他们总是好像担心错过这个村就没这个店一样，一看到好股票就追高。其实根本没必要，市场上那么多的股票，你会买不到股票吗？关键是追高后市场一旦调整，你的心态很容易变坏，把牛市给弄丢了。既然是好行情，很多股票都会涨，何必在一只股票上追高呢？担心买不到心仪的股票呢？所以这个叫傻担心。

另一方面，他们一看到市场有风吹草动，就担心自己跑不掉，立马杀跌。要知道牛市中哪怕是头部，也会折腾两下的，不会跑不掉的。发生股灾是小概率的情况，不必过于紧张。更何况即便是股灾，只要肯跑，也一定能跑得掉，就看你想不想跑而已。

这就是大多数散户的两个真妄想和两个傻担心。其实散户要赚钱，不赔钱，或者说不赔大钱，还是蛮简单的，只要把很多毛病改了就行。

首先，天天盯盘，必死无疑。天天盯盘就相当于天天在天桥上看热闹，最后一定会买个大力丸回家。因为所有的庄家、市场，都在尽力表演给散户看。大家的心理承受力是差不多的，一旦你一不留神被这种表演打动了，往往行情也就结束了。而对于那些不经常看盘的人，反而耐力会非常好，因为市场拿他们没办法。

其次，到处去找牛股。天天在找牛股的人，是永远不可能找到牛股的。你要那么多牛股干什么？难道不觉得这很违反人性吗？就像你每天在找女朋友，天天到处谈恋爱，你能找到真正爱你的人吗？肯定不能。

把这个简单的心理逻辑弄明白了，面对股市也就心态淡定了。

第23条：板块炒作五步规律

这条讲述板块炒作的五个阶段。

第一个阶段，龙头引领。

一只股票一涨再涨，涨到大家看见它，这个叫龙头引领。

第二个阶段，你追我赶。

由于板块里面有一只股票涨得非常强，后面很多的股票都跟着涨，你追我赶，全面上涨，整个板块走得都不错。

第三个阶段，此消彼长。

因为第一个龙头涨得太牛了，拉车拉得太累了，可能要休息一下，那就换个龙头，再继续拉一段。

第四个阶段，群魔乱舞。

板块内大家认为好的、该涨的，反而在跌；大家认为不好的、该跌的，反而在涨，各种补涨乱来。

第五个阶段，回归平静。

板块内的少数股票“荣归故里”，最后真成功了，但多数股票炒作“辞官还乡”，哪里来的哪里回。

这是一个板块炒作的五个阶段，大家去对应，会发现很有意思。

第24条：炒作的过程对应人心的变化

对一个板块的炒作，大多数投资者的心态历程是这样的：

第一个阶段，视而不见。在龙头引领的阶段，不管是涨10%、20%，甚至30%，他都视而不见，因为那个时候还没出现涨停板。

第二个阶段，开始关注。这个时候市场已经进入了你追我赶的阶段，他发现有好几只股票都在涨，龙头已经走得很高了，开始关注起来。但这个时候他还处于怀疑状态，还会不会大涨？是不是快结束了？

第三个阶段，将信将疑。他开始后悔自己没买，明明之前已经关注它了，但是没有买。此时他感觉有点可惜，但是已经不敢买了，然而这个时候往往是此消彼长、继续大涨的阶段。

第四个阶段，开始认同。多数投资者开始认同市场行情，并小额地买进，这个时候往往暴涨。他们买了之后就是涨停板，很开心，但会后悔买得太少了。

第五个阶段，完全认同。因为之前小买尝到了甜头，现在他敢重仓买入了，对板块炒作也完全认同了。殊不知往往这个时候最危险，股票一般会出现分化、震荡，成功赚钱的股票“荣归故里”，失败赔钱的股票“辞官还乡”，个股炒作已经结束。

散户的这五种心态恰恰是对应板块炒作的五个阶段，很有意思。

第25条：股市就是这么残忍

当你认为自己心态奇好，满仓不怕调整时，这次调整往往会一直持续到彻底摧毁你的好心态才停止。

当你表示认同，并顺应趋势真的采取了投资行动时，趋势往往正酝酿改变。

趋势一直在涨，可你不信，或者还在吵吵闹闹，等你真正认同这个趋势肯定没问题了，下定决心进去的时候，趋势很快结束了。

当你真正接受仓位不能太重的观点，并把仓位大幅降低的时候，过段时间你撞墙的心都有。

没办法，股市就是这么残忍。

第26条：股市的五个残忍定律

第一，赚大钱的股票总是买得太少，不赚钱的股票总是买得太多。

整个持仓结构里面，买得最少的股票通常都会涨得最好。

第二，刚相信未来的时候，未来就结束了。

当你不相信未来的时候，未来一直存在；当你刚相信未来的时候，未来就结束了。

第三，市场总会给你一个理由，让你在黎明到来的时候，放弃曾经一再的坚持。

本来你可能一直坚持得好好的，突然碰到一个牛人给你讲了一个事，或者你突然看到一段文字，你的观点开始动摇了，然后你莫名其妙地就做了一件其他的事情，把你曾经的坚持给放弃了，倒在了黎明前。

第四，当你懂得坚持时，坚持的股票也坚持不涨。

你感觉过去之所以不赚钱就是因为没有坚持，所以大涨的时候已经抛掉了。这次你告诉自己，一定要坚持到底。然而，当你有这个想法的时候，你选中的股票死活坚持不涨，一直考验你的耐心，到最后搞得你很痛苦，实在坚持不了，你走了，股票转眼涨起来了。

第五，幸福的日子常常不超过三天，痛苦的日子总是以月计，甚至以年计。

这是所有投资股票的人都经历过的痛苦，好不容易有几天很开心，结果后面整个月都很痛苦。

第27条：必须认真对待股市交易

股市交易是一件必须认真对待的事，不交易是交易的最高境界。

很多人匆匆忙忙地乱交易，就好像用的不是自己的钱一样，这样他永远都是输，别人认认真真地做都做不好，乱做怎能做好？不一定天天要交易，有时候得停下来不交易。没有机会乱交易，反而会打乱自己的节奏。

第28条：能忍则忍必死无疑，忍无可忍再忍两天

千万不要心存侥幸，容忍把自己逼入绝境的事情发生。如果已经套了一点，自己心里有点不舒服，但是认为自己还能忍耐，认为没什么关系，认为跌不到哪里去，这种时候最好走掉，还能忍时无须忍。但是如果到了真正忍无可忍了，认为自己必须要走掉了，这个时候可以再忍两天试试看。忍无可忍，再忍两天。

第六章　选股

选股要选最强的那个。

只做强势板块、龙头板块的龙头股，这个真的很重要。

选你最不敢买的那个。

做不敢买的股票，成功概率可能会更高。

选最会说故事的那个。

故事很重要，因为它代表了未来，有未来才有故事。

第29条：只做龙头股或“落难股”

股票只分为两类，一类是可以赚得到钱的，另一类是赚不到钱甚至可能会赔钱的。投资，我们也应该只对两类股票有兴趣，一是龙头板块的龙头股，二是落难的英雄、痛点变甜点的“落难股”。

投资就怕心态变坏。当你买了一些不上不下的股票的时候，经常会被市场清洗掉，因为它可能离上涨还有很长时间，你会受不了，最后忍无可忍走掉了，结果没两天，它又上去了。

遇到这种情况，应该怎么解决？

要调整好自己的心态。投资的时候，只做强势板块、龙头板块的龙头股。虽然龙头股往往已经走得很强，多数人不一定下得了手，但这样的股票恰恰是值得做的。不管对于价值投资者还是趋势投资者，龙头股都是首选。当然，做龙头股需要对时间点加以选择，如果市场上所有人都参与了，那行情也就结束了。

痛点变甜点，也叫痛无可痛。已经痛了很久了，这个时候你要关注它，一旦上涨，就很厉害了，因为物极必反。买这样的股票，要给自己多留一点耐心，等到它出现新的行情。

第30条：A股炒作有独特路径

A股一直有一个独特的炒作路径，即由小到大、由里及表、由虚向实、由痛转甜，炒到小无可小、里无可里、虚无可虚、痛无可痛。

1.由小到大

在一个板块大行情中，刚开始往往会炒一些小盘的股票，慢慢再炒到大盘的股票。当然，对于价值投资，有时候会从大炒到小，但更多时候是由小炒到大。

2.由里及表

“里”就是炒业绩，开始炒板块核心的公司，“表”是指外围的公司，后面甚至炒到上、下游去，这个叫由里及表。

3.由虚向实

“虚”是指炒概念，“实”是指炒业绩，从炒概念慢慢转向炒业绩。

4.由痛转甜

刚开始炒一些特别差的股票，慢慢让它逐步走出来，最后变成一个走势比较好的股票。最终一定要炒透，炒到物极必反，炒到极致情况出现，即炒到小无可小、里无可里、虚无可虚、痛无可痛。

第31条：牛股都在讲故事

人性不变，故事永恒。牛股有三个特征：第一，历史的故事有人传；第二，现在的故事有人讲；第三，未来的故事有人听。

《人类简史》里面讲到，人类之所以发展得好，是因为会讲故事，故事可以把人聚集在一起。因此，故事很重要，它代表了未来，有未来才更有故事。

1.历史的故事有人传。就是很多人在讲，这家公司的基因特别好，历史特别有意义。尤其是很多价值投资的白马股，不都是因为有很好的历史吗？但光这一点没有用。

2.现在的故事有人讲。就是很多人在说，现在这个公司业绩很好，各方面都很优秀。

3.未来的故事有人听。炒股票关键是炒未来。讲公司未来的故事必须有人信，比如业绩还在增长、产品还有提价空间、市场份额也在提升、将来还会走向海外等。如果讲了没人听，往往就不行了。

第32条：买你最不敢买的股票

别人给你推荐股票时，要买你最不敢买的股票。

我一直在跟朋友讲，如果消息来源比较多，应该怎么办呢？先给自己限制，大概只能买多少只股票，然后把各个渠道推荐的股票排个序，你最敢买的那个排在第一个，你认为最没诚意、最不敢买的那个排在最后一个。然后买最后那个，就是越不肯买的那个，成功概率会越高。

很多人都在推荐的股票，如果你一眼都能看出会买的，可见市场上其他人也都会买。除非那只股票天天连续涨停，否则这么多人推荐，大家又都敢买的股票，为什么不涨呢？其中一定隐藏着大家不知道的原因。

所以，这是有科学根据的，不是简单地说推荐股票的人都是反向指标。他能作为参考的荐股渠道，说明水平是可以的。他推的股票别人敢买还是不敢买，对应的其实是这只股票所处的行情阶段。

第33条：炒A股遵循神逻辑

第一，选时远比选股重要。

如果时间选的不对，哪怕做名特优股和白马股，也会很痛苦；如果时机选的比较好，哪怕选股能力差一点，也没有关系。反正都涨得挺多的，就算简单地选格力、茅台也都还可以。而时间点不对就不行，就像茅台也会有30%以上的回调。

第二，流动盘的大小比利润还重要。

当市场喜欢炒大股票的时候，要买大股票；当市场喜欢炒小股票的时候，要买小股票。A股的炒作往往跟利润多少没太大关系，却跟盘子大小有关系。

现在，市场炒行业垄断性的公司，就要求标的必须有一定的规模。规模越大，赚得越多，股市走势越好，但未必是PE最低。而炒作题材的股票，经常是盘子小会更好。小公司发展速度更快，成长性也更高，和利润本身真的没关系。

所以A股市场一直在纠结，有时候判断盘子的大小反而比判断业绩还重要，这真的很奇怪。

第三，过去炒亏损股比绩优股成功概率更高。

因为ST股票重组是二次上市，过去A股公司的重组成功率又很高，赌重组就比买牛股还赚钱。过去很多年，炒ST股票赚钱的人很多，当然现在市场有点变化。

第四，顺趋势炒政策方向最重要。

炒股跟党走，跟着行业规划走，跟着政策的趋势方向走，这是A股的特征，政策市、改革牛都是这么来的。

第五，多关注外延式增长，少关心内生式的增长。

资产重组、国有股混改都是外延式增长。现在，因为限制比较多了，有些公司内生性增长更重要。但只要上市公司还希望利用上市的优势，通过并购重组快速发展、做大规模，那外延式增长方式就依然很重要。

第六，顺势而为，风来了扬帆，风没了晒网。

这跟选时是一个意思。市场特别热的时候，大家多参与一些，打打乱仗没有关系；市场没有风、感觉很平淡的时候，胆子就稍微小一点。

第二部分 认识股市 认识自己

第七章 看透中国股市本质

A股二十年，年年有大变，本质始终不变！

看清楚股市的本质，才能持续赚钱！

A股这个天始终没有变，依然是有特色的A股市场。

我们建设中国特色社会主义，我们的A股市场也是有特色的A股市场。有特色的A股市场有没有发生变化，要看它的盈利逻辑有没有变化。那么，影响它的盈利逻辑的因素有哪些？

很多人说，我们跟华尔街有多么不一样，但实际上，我们有很多特色是华尔街没有的，这些特色对A股市场的影响力巨大，我们跟华尔街肯定不一样。

那么，A股真正的特色是什么？

第1条：A股是散户市场

A股具有特殊的土壤。土壤是什么？是投资者结构。A股的投资者结构的最大特点，是中小投资者众多。一只股票每天成交量一两个亿，如果摊到几万人来买这只股票，一个人可能只买几百股。

在这种情况下，操盘的方式是完全不一样的。因为中小投资者这个群体通常都很不专业，他们有很多明显的特征，他们有自己的交易规律，所以必然会有人顺应这种规律去做投资，因为这样做能赚到钱。也就是我们经常说的，“什么样的土壤，长什么么样的庄稼”。

A股市场的这种土壤短期内能不能改变呢？首先，不可能每个散户都具备专业的投资能力；其次，散户的数量也很难快速减少，因为普通老百姓的投资渠道非常少，能投的、市场容量又比较大的，除了楼市就是股市。而且，从一定意义上来讲，A股市场本来就应该是让广大投资人分享国家经济发展成果的，不能不让大家来参与。

所以，中小投资者主导股市的局面很难被改变，这就是A股的最大特色。这个事实我们必须要认，否则就很难在A股赚到钱。在这个基础上，我们更应该帮助广大投资者认识到这个市场的本质，并改掉自身的一些毛病，即适应土壤，而不是改变土壤。

第2条：A股处在发展阶段

众所周知，我们国家正处在社会主义初级阶段，政策、环境、行业等都处在快速发展甚至转型时期。在这个阶段，政策、改革等措施会对市场产生本质的影响，就是我们经常说的改革红利、制度红利。

对这些起决定性作用的外在因素的分析，跟对西方上市公司的分析是完全不同的。A股经常会出现一些非常典型的情况，比如一个政策就可能造成股市的涨或者跌，所以我们要去琢磨政策，研究大势。但是，很多时候我们只能从趋势上去做判断，却很难从定量分析上得出一个确定性的结论。就是说数据分析得再细也没用，因为外在的变化影响太大了，这一点与西方是不一样的。

第3条：A股有特殊的交易制度

A股有特殊的交易制度，即T+1和涨跌停板。这个制度让广大中小投资者忘记了风险。

一方面，涨跌停板制度会让人感觉好像当天不会亏很多，最多也就跌停，这有点像慢性自杀的状态；另一方面，由于是T+1，当天买进不能抛出，无法认错割肉，导致后面亏损放大。而且，两个制度加在一起，特别有利于主力的炒作。

在我看来，无论是T+1还是涨跌停板，都是一个让A股市场变坏的制度。打个比方，这有点像在股市插了一个“浅水区”的提醒牌，众所周知，浅水区一般不会有鲨鱼，这就等于告诉中小投资者可以在这里游泳。但是提醒牌却没有告诉他们，浅水区虽然没有鲨鱼，但鳄鱼很多，一样会伤人。广大投资者认为，既然是浅水区，那不会游泳也没什么问题，随便游就好了，反正有T+1、涨跌停板保护。结果，他们往往受伤很重。

假如没有涨跌停板，那股市就相当于“深水区”，因为当天就可能亏掉很多，甚至是亏光，这样的结果很多散户是接受不了的，所以那些深知自己游泳水平差的人，下次就不会再来了。

第4条：A股新股发行是审核制

A股上市制度是审核制，这让A股具备了很多特色。

审核就会有成本，审核就会有溢价，审核就会减慢上市的速度，审核就会提高公司上市的难度。既然这样，“壳”就会有价值。

有人说，现在监管层不想让“壳”有价值，这其实对投资者是一种误导。有一些确实很烂的公司必须让它退市，但是一个好的制度可以防止坏人变坏。对于很多目前存在问题的公司，我们要尽量想方设法让它能变好，而不是全都一退了之。只不过现在监管越来越严，借壳重组要符合很多要求，其实监管层的用意也是好的，只要我们做得符合他们的要求就好了。所以说，整个体系跟体制并没有发生本质改变。

中小投资者众多，处于发展中阶段，独一无二的交易制度，新股发行审核制，这就是A股的四大特色，正是它们决定了A股独特的盈利模式。

第5条：A股的天变了吗

现在很多人在问，未来A股是不是不会去炒作股票了？是不是要回归价值投资了？A股的天是不是变了？变与不变，要看上面讲的四个特色有没有发生变化。下面我们一个一个来分析。

对于散户，股市仍有魅力

第一个，投资结构开始慢慢发生变化。为什么说是慢慢地呢？一方面，个人投资者发现现在做股票真是很难，他们增加投入的欲望降低，另一方面，私募等机构投资者越来越多，资金量越来越大。结果就导致个人投资者的占比确实在逐渐下降，但是下降速度其实称不上快。我们前面说过，广大人民群众并没有太多好的投资渠道，股市算是一个适合个人投资的市场。还有一点，股市就像赌场，赌博会上瘾，进入股市之后，想再退出其实是很难的。不要听有些人说，现在股市这么难做，他要彻底离开市场。不可能的，等股市稍微好一点，他又回来了，只不过是高买低卖。

所以，A股市场的参与者结构短期之内很难会有重大的变化。

政策红利会长期存在

第二个，我们还是发展中国家，经济也好，资本市场也好，很多东西还需要政策去推动，包括国企改革、供给侧改革、资本市场改革开放等这样的政策红利会长期存在。A股也不可能一夜之间变成美国那样的成熟市场。

交易制度改革举步维艰

第三个，T+1、涨跌停板交易制度，短期内很难改革。

现在监管层打击炒作之风，两个交易制度只会加强炒作，但却没有人敢动它。最重要的是大部分散户也反对改革交易制度，因为他们觉得当前的交易制度是保护他们不至于溺死的“游泳圈”，没有了“游泳圈”，他们就不敢下河游泳了。但是他们却忘了，即便带上“游泳圈”，碰到鳄鱼一样会被吃掉。

每一次，我讲要改变T+1制度，大家都不高兴。我甚至提过建议，在沪深300上先来一个T+0，与股指期货对应，而且大部分沪深300成分股的盘子都很大，市场不会乱炒，至少可以试试T+0，但是这个改革就是没人敢做。

所以说，在独一无二的交易制度改变之前，A股的炒作模式很难发生质的变化。

注册制在科创板试点

第四个，从目前的试点来看，注册制应该很快会在其他板块实施，但我们实施的是有中国特色的注册制。注册制对生态的影响，还需要较长的时间。

综上所述，虽然我们也在推动资本市场的市场化改革，但是这四个特色并没有发生质的变化，只靠修修补补的打压，各位认为有用吗？我认为是没用的。由此可以得出结论，过去研究的那些市场上比较成功的操作模式、比较有效的投资逻辑，都是可以继续使用的。至于未来如何变化，那是未来的事了。

第6条：我为什么劝你买股票

债券、理财、房子、股票，犹犹豫豫投啥好?

最好的投资品种，股市排在第一位。

都说股市风险大，不懂套路当然怕。

股市，如果你不加杠杆，它的风险是可控的。

既然你看好中国，就应该看好A股。

这是一个大时代，这时你不参与，何时参与?

我经常被问到这样一个问题："洪老师，你老在那讲股票、股票，它值不值得投资？如果它不是一个很好的投资方式，可能反而把别人给害了！"

这个问题很关键，尤其是对我这个行业的从业者来讲。在股市投资过程中，我做过一个长期的研究，最后得出结论：股市是一个特别值得参与的投资方式。所以，在很多人、包括我的亲人、甚至长辈问我，可不可以投资股市的时候，我都是答以鼓励的态度。

是否投资股市，取决于六大因素

我认为判断股市是否值得投资，至少需要以下六个方面的思考：

第一，从长期投资收益来判断，股市是否值得选择；

第二，从风险收益比来判断，股市投资风险是否可控；

第三，从投资难易程度来判断，普通投资者是不是也能很从容地参与这个市场；

第四，从健康角度来判断，股市投资是否有益身心健康；

第五，从"大我"角度来判断，股市投资是否利国利民；

第六，从时机选择角度判断，未来股市是否值得参与。

如果能把以上六个问题全部思考透彻，我们就能够判断要不要投资股市了。

股票是长期收益最高的投资品种

首先，我们从股市历史收益率的数据来判断。我们先看海外市场，毕竟人家有一百多年的历史了。以美国股市为例，有人分析了过去两百年来各种投资品种的收益率数据，得出结论：第一位是股市，第二位是债券，第三位是商品，第四位是地产。由此可见，根据西方市场的历史收益率数据对比，股票投资是最好的。

再来看A股，其实也一样。海通证券的研究团队做过一个数据的研究：从1990年到现在，如果你能够坚持每年的年初等量地买进A股的股票，收益率会是多少呢？答案是年复合收益率20%多。这个数字基本可以跟巴菲特的股票收益率持平。也就是说，如果你能坚持这么做，你也能成为“股神”。

可能很多人听到的都是股市投资失败的案例，但我身边的太多人在股市都是赚了钱的，尤其是早期就开始投资股市的人。我们常说，好事不出门，坏事传千里，这就造成大家得到的信息跟实际情况会有偏差。

从海外到国内，股票都是比较好的投资手段。很多人会说，眼看着房价涨得更快，投资楼市说不定比投资股市的收益率更高。有人曾专门研究过这个问题，从2000年到2016年，上海楼市的年复合涨幅为12%，而股市则还是20%多，依旧是股市的收益率高。

不加杠杆，股市风险可控

很多人都认为股市风险很大，但是在我看来，只要不加杠杆，股市的风险其实是可控的。投资高杠杆的期货市场，你可能会血本无归，但股市不会。

我曾经举过一个例子，有个人在股市赚了很多钱，是什么原因呢？当时，他买了股票之后因为违法犯罪被抓到监狱去了，等被放出来之后，发现自己赚了很多钱。他的持股时间那么长，其间也不能进行操作，最后不但什么事也没有，还赚了钱，所以说股市风险其实是可控的。

股市门槛低，老百姓容易参与

收益不低，风险又可控，股市确实值得投资，那它的门槛高不高呢？有些投资可能挺赚钱，风险也不是非常大，但门槛很高，老百姓根本参与不了，有什么用呢？

股市就不存在这个问题，A股市场几乎没有门槛，1万元就可以开户了，普通老百姓很容易参与，交易也非常简单。

投资做得好，心态特别好

我们可以看到，一些投资做得特别好的人，都非常长寿。比如，巴菲特80多岁，芒格90多岁，甚至有人100多岁了，都还活跃在投资第一线。

这里面是有逻辑关系的，如果你投资做得比较好，或者说你有好的心态，有利于长寿。因为做股票要求你经常去思考很多东西，这在一定程度上可以预防老年痴呆。由于你一直在思考，就可以带动你的活力，你的身心就很健康，这也就是我说的，“好心态是一辈子的”。

股市为国家经济发展做出了巨大贡献

A股市场对于整个国家太重要了。过去，资本市场为国家解决了多少问题呢？从最早的国企脱困，到后面的银行改制融资，再到现在的央企混改，而且这么多年，几千家上市公司解决了多少就业问题？所以说，股市对国家经济发展做出了巨大贡献，我们投资股市也是一件特别正能量的事情。

站在资本市场改革开放的风口

中国资本市场的未来非常美好，未来三十年是中国资本市场改革开放的新三十年，是从商品时代到资本时代的转变。这是一个大时代的风口，全社会都会增加股权配置，这个时候不参与就会错失大的机遇。

从上面这六点分析，我们可以得出结论：股市值得参与，而且必须参与。

有人会说，你讲的都是好的方面，为什么不讲不好的方面呢？我认为不好的方面确实有，比如说国家也担心全民炒股，大家没心思上班，这肯定不好。但是，其实那些天天炒短线、追涨杀跌、耽误工作、耽误生活的人，很多都赚不到钱。这些问题不是股市的问题，这是他们自己的问题，洪攻略就是要解决这些问题。

第7条：看多中国，做多中国

经济稍放缓，股民就焦虑。

经济会不会出现硬着陆，这是大家一直担心的问题。

成长永不歇，波动何所惧？

科技发展到了一定阶段，就可能出现本质性、爆炸性的增长。

我们站在了A股长期牛市，史上最长牛市的起点。

勇敢发声：看多中国，做多中国！

转型期引发投资焦虑

很多年过去了，中国的经济经历了四十来年的快速增长。近几年以来，我们国家在调整发展的进程，也发现了快速成长过程中碰到的一些新问题，比如环保问题、腐败现象等，很多的社会深层次矛盾开始凸显出来。

当我们国家经济增长速度开始放缓的时候，西方出现看淡中国的声音，我们自己也切实感受到了一些问题的存在，也担心经济会不会出现硬着陆。

问题一旦出现，就很容易带来焦虑，而这种焦虑在股市的表现非常多。A股曾经在2007年就创下了6124的高点，到现在为止我们还在半山腰，很大的一个原因是我们对经济未来发展心存顾虑。现在如果有人高呼“继续做多中国”，想必没人敢应和，因为说了也没有人相信。

十年前我们可以大胆地讲做多中国，当时西方的很多企业、大量的外资都进入中国，来参与我们国家的建设，也来分享我们国家发展的成果。但是转型这两年期间，大家的忧虑感又来了，人民币开始出现贬值压力，外汇大量地流出海外。

站在史上最长牛市起点

虽然中国的经济任重道远，但是今天我依旧要讲一个更大的话题：我们应该继续做多中国，应该比以往有更大的勇气。

过去我们可能只是后发优势，走了四十来年的快速发展，国家发生了一定的质的变化。现在也许很多领域都没有了后发优势，但我们依旧可以做得更好，甚至可以争取拥有先发优势。这时我们更有理由看好中国、做多中国。

相信大家已经有了一定的体会，因为最近发生了很多事情，我们的很多企业，包括制造业、互联网，甚至在人工智能等一些新的领域，都开始走在全球的前列。可能大家对一些改变没有太大的感觉，但这个认识我们必须要有。这几年国家做了很多针对性的调整，包括反腐、解决引起社会矛盾的一些环保问题、贫富差距的问题等，并逐渐取得了一些显而易见的成绩。

然而，站在资本市场上来看，我们的股市走得并不好，不像有的西方国家经济并不是非常好，但是他们的股市连续创历史新高，像日本已经创了二十几年的新高。

为什么走不好？只有把它背后的原因理清楚，大家才能感受到我们正处在一个特别好的时期。也许在很多年之后，你回头再看今天这个时代的时候，会突然发现，我们站在了A股史上最长牛市的起点。

中华民族弯道超车

虽然我们并不能看到我国经济发展的一些真实数据，但是很多地方无不体现了中国人的一种力量跟自豪感。我是极度看好我们国家的，五千多年的历史长河里，中华民族至少有80%的时间都走在全球先列。这不是一种偶然现象，而是跟我们的民族素质、民族底蕴有关。

可能近几百年，我们落后于西方，但只要找到适合我们发展的路，将广大民众的勤劳、智慧激发出来，给它们一个平稳的环境，一个很好的方向，那我们完全可以再创辉煌，再创历史，实现我们的中国梦。

我曾经看到过一句话，“出国是最好的爱国教育”。只有去海外看了之后，你才能真正感受到中国目前的变化。有比较才知不易，有比较才知我们做得已经很不错了。无论从社会目前的稳定状态，还是各个行业的发展，抑或是互联网、人工智能等这些代表未来先导的领域，我们在很多地方都已经走在了世界的前列。

目前整个时代的发展，给了中国人一个弯道超车的最好机会。我曾经举过一个例子，传统燃油汽车产业最好的技术，都掌握在西方一些汽车公司手上，包括国内很多汽车都是合资的品牌，我们自己的汽车工业确实比较落后。但是，如果整个汽车产业由燃油变成新能源，我们完全有能力在这个新能源领域来一个弯道超车，这就是科技发展带来的机会，从而让社会发生质的变化。

目前，科技发展到了一个奇点阶段，人类包括生命本身都完成了一些突破，出现了本质性、爆炸性的改变。过去可能活一辈子，现在可能活两辈子，你可以活到100岁、110岁、120岁……这个社会的形态、业态都在发生变化。

与此同时，整个商业模式也随之发生变化，这恰恰给了勤劳、勇敢、善良、智慧的中国人一个良好的超车机会，让我们重新站到世界的前列去。

再加上盛世中华，国家非常稳定，虽然难免有这样或那样的问题出现，但是政府都在用很好的手段进行调整、改革，相信我们可以做得越来越好。

天时有了，地利有了，人和也有了。这时，我们要静下心来好好思考，现在我们可能正站在史上最长牛市的起点。

第八章 A股还能炒吗

散户赚钱难，且越来越难。

A股市场还是A股市场。但是从2017年开始，大家对它越来越有类似于香港市场的感受了。

股民泪在飞，基民笑微微。

大家去看，机构投资股市85%都是赚钱的，但散户85%都是亏的。

牛市炒股也好累，赚了指数活受罪。

要么你去把自己提高了，要么你找到市场上好的机构，把钱投给它，只有这两条路。

第8条：A股港股化，机构成主导

中国是新时代，A股也是新时代，散户没有天理的好日子已经过去了。

过去，A股市场的散户打打乱仗也能赚到钱，因为价值投资在A股市场不流行，或者说不一定赚得到钱。过去的股民多是趋势投资者，新入市的股民反而能赚到钱，他们的胆子很大，再高的市盈率也敢买。在这样的市场下，一些非专业投资者或是散户也能碰运气赚到钱，这就是A股市场最大的特点。

现在，A股市场越来越推崇价值投资，越来越港股化，也就是机构化。港股最主要的投资者是机构，包括大量的海外投资机构，他们有自己的投资风格，所以好的港股股票会涨，不好的港股股票会成为仙股。那么，A股市场会不会越来越港股化呢？这个问题很早就在说，但是多年发展下来发现，A股市场还是A股市场。然而从2017年开始，A股市场给人的感觉的确越来越像香港市场了。

究其原因，现在市场上的博弈多在存量之间，新增的资金更多地来源于机构，所以他们有话语权。同时，监管层也在打压乱炒作的行为，鼓励大家去做价值投资，在这样的情况下，市场上的风向自然也就慢慢发生改变了。

第9条：成熟市场赚钱靠被动投资

任何市场都有散户时代，就连发展已相对成熟的美国市场也不例外。随着监管的严厉、法律制度的日臻完善，投资者变得越来越成熟，最后逐渐演变成机构之间的博弈，也就是成熟市场。

那么，在成熟市场怎么去赚钱呢？西方市场近来最流行、最赚钱的反而是被动投资而不是主动投资，主动投资是通过选股能力去获得收益，被动投资则是买指数。

有人在成熟市场做过很多实验，比如2012年的时候，英国有一帮专业投资者举行了一个选股大赛：专业人士为一组，中学生为一组，主办方的猫是一组，然后三组比赛谁选的股票好。最后，比赛结果出来了，第一名是那只猫，第二名是专业投资者，第三名是中学生。为什么会这样呢？在这场比赛中，中学生像散户；机构可能有一定的专业水平，至少不会犯大错；最厉害的是那只猫，它随机选的反而是最好的。当然，我们不排除这有巧合的因素，但是美国人也做过这个实验，他们用一只猩猩去抓，最后猩猩也是第一名，可见，这就是成熟市场很典型的一个标志。

然后，我们再把指数拿出来，最后大家会发现，这三类包括猫都没有跑赢指数，其实最厉害的是被动投资者。

所以，现在西方市场被动投资占有大量的资金。

第10条：韭菜不够割，市场钱难赚

现在，我们国家发展的这个阶段是什么情况呢？历史数据表明，很多散户都跑不赢市场，但很多的基金是能够跑赢大盘的。这一点与西方市场不一样，西方市场的机构是跑不赢指数的，这是什么原因呢？

我经常跟一些基金经理说，如果在A股市场你都赚不到钱，那是你没本事。因为A股市场有一个最大的特点，它既可以赚价值投资的钱，还可以赚韭菜的钱，就是说只要水平够高、能力够强，你还可以赚别人的钱。而在西方市场，机构都挺厉害，你要割别人的韭菜很不容易，所以最终很难跑赢指数。

2017年的A股市场，85%的机构都是赚钱的，但85%的散户都是亏的。在这样的情况下，整个市场确实是在往机构化的方向走。机构还能去割散户的韭菜赢指数，只不过是过去有些机构跑赢指数非常厉害，现在跑赢指数可能要慢一点，因为韭菜越来越少了。

第11条：散户最好的选择是买基金

我天天教大家投资，是希望你也能成为割韭菜的人，当然这确实很难。那么，我们广大的散户究竟应该怎么办呢？很多人说，买基金是不是更好？对，它是一个选择，就像那个炒股比赛一样，中学生应该把钱交给专业人士，他们的水平比较高；或者等将来市场更成熟的时候，甚至可以做被动投资，买指数基金，这也是一种选择。

A股市场虽然年限不是很长，但毕竟也有二十多年了，有一些基金经理其实做得还是不错的。所以你要像选股票一样选基金经理，还是比较好选的。尤其是连续多年表现都比较稳定、比较好的基金，你是能看得出来的。所以现在一些好的基金很难买到，因为大家都在抢。

不过，千万不要去选这一两年才刚刚做得很好的基金，当下好未必就是真的好，应该拉长时间来看，表现比较稳定、比较好的基金，才是值得去选择的。

第12条：若不想放弃炒股，就必须好好学习

在A股市场，要么你拥有自己的交易系统，好好地去学习，掌握一套思考问题，分析股市、交易的方法，就像学好洪攻略，你确实有一套好的东西，再利用个人比较灵活、更有耐心的优势，去赢得市场；要么你就去

寻找市场上好的机构，把钱给它，让它帮你赚钱。

千万不要以为可以凭运气在A股市场赚到大钱，这会越来越难。《中华人民共和国证券法》2019年做了新修订，未来可能会对股市越来越规范，因为监管层希望市场趋于理性，大家都回到真正的价值投资上来，去发现价值，去做真正的投资，而不是像过去那样打打乱仗。当市场越来越规范，经过残酷的淘汰之后，股市就是一个强者的游戏。

我建议对于一些能够站在别人肩膀上的事情，大家还是要多去做，这样在A股市场才会行得通。要先看清自己究竟有几斤几两，自己能够通过什么渠道或方法在A股市场生存下来，最后才能逮住比较好的机会。

当然，A股市场还会有一个过渡期，不会那么快就成为真正意义上的成熟市场。市场上还会出现泾渭分明的两类人，一类是真正意义上做价值投资的，一类是以趋势投资为主、做热点的。这两类人在A股市场还会长时间地存在，因为交易制度，也因为散户群体。虽然散户的占比在下降，但是绝对值还是挺高的。只要他们存在，市场上就会有人去利诱他们，采用炒作的方式去赚他们的钱。虽然讲起来不好听，但这是客观事实。

最终，A股可能通过五年、十年，慢慢地也会像西方一样形成成熟的市场，但这是一个过程。早一点认清自己，早一点找到更好的投资方法，是我们必须去做的。

第九章 手把手带你玩赚全球好资产

我家A股走慢熊，全球股市一片红。

其实很多已经存在的机会，你可能没去关注。

开户换汇嫌麻烦，买不着BAT又眼红。

其实很多好品种，在A股中一直有。

就让QDII做代购，好股尽入我囊中。

大家一定要去了解这些投资工具，并且要学会利用这些工具。

最近的市场都在谈腾讯，它的股价已经非常高了，涨了多少呢？大约有一万倍。已经涨到几乎所有人都看见它了，其利润也是快速地增长。很多人后悔当初几块钱就可以买的时候没买，现在想买要一千多元。

不只是腾讯，很多海外上市的中国公司，京东也好，微博也好，一年来涨得都非常好。很多人可能天天在玩微博，但却没意识到它的股价上涨。其实，很多投资者的知识面根本不够，这些东西他没有了解过，甚至他都没看到过，你让他们怎么去选择？

第13条：QDII代购全球好资产

近年来，腾讯、京东、陌陌、微博等这些在香港、纽约上市的中国互联网公司，股价都走得非常好。

很多人会讲，上面这些公司都是在海外市场上市的，自己根本买不到。但是只要你仔细研究就会发现，其实A股市场是有这样的品种的，比如QDII。所谓的“QDII”是什么？就是基金公司发行的产品，募集的钱是专门用来投资海外的一些标的的。

众所周知，国内基金公司能够去投资、他们比较有把握的标的恰恰是中概股，所以很多QDII基金做的就是这一块。有些基金就在A股市场挂牌，你不仅可以用人民币买，而且还不受限制。这跟港股通还不一样，港股通有一个五十万的门槛，买QDII没有门槛，因为它是公募基金发的。

过去一段时间，这一类的品种走得非常好，包括像中国互联，代码是164906，走势其实不错的。它投的就是腾讯、京东、百度等这样的海外的中概股。早期的时候，这类股票走得不好，所以它的净值也跌下去过，但是现在翻倍了，涨到了1.2元左右。在A股表现这么差的情况下，它的价格是翻倍的。

其实在A股挂牌的这样的QDII品种有很多，有专门投资香港小股票的，有专门投德国股票的，都是普通投资者不好直接买到的品种，但是他们是可以买的。

可以T+0交易的QDII基金

代码	名称	相关标的
161127	标普生物	标普生物科技精选行业指数
162411	华宝油气	标普石油天然气上游股票指数
160922	恒生中小	恒生中小型股
513100	纳指ETF	纳斯达克100
501023	港中小企	港中小企
161124	香港小盘	恒生小型股
160416	国泰商品	国泰大宗商品配置指数
160416	石油基金	标普全球石油指数
159941	纳指100	纳斯达克100
513500	标普500	标普500
162415	美国消费	标普可选消费品精选板块指数
501021	香港中小	香港中小
513030	德国30	德国DAX
161125	标普500	标普500
160719	嘉实黄金	伦敦金价格
161116	易基黄金	伦敦金价格
164701	添富贵金	伦敦金价格收益率

续表

代码	名称	相关标的
164906	中国互联	中证海外中国互联网指数
501018	南方原油	原油价格
162719	广发成石油	道琼斯美国石油开发与生产指数

第14条：资本市场改革开放，丰富你的武器库

现在是讲究资产配置的时代，我国也在和欧洲一些发达国家构建资本市场的高速公路。如何来构建呢？就是通过沪港通、深港通、QDII基金、QFII基金等来构建，在保证风险可控的情况下，打通我们全球资产配置的通路。

未来这条路一定会越来越宽的，所以大家千万不要以为去海外投资，就必须亲自到华尔街，亲自到什么地方，这都是过去时了。过去没有通路，你只能自己跑过去，而且人家的法律法规都很麻烦。现在，对于个人投资者而言，只要你掌握更多的工具，包括我们前面提到的几个QDII基金，你对它们研究清楚之后，等你看好海外哪些股市的时候，你就可以选择对应的基金、ETF直接介入。还有一点，由于是更专业的机构在做这些事情，它会帮你规避掉很多风险，这个是很重要的。

进一步说，对于大部分投资者，包括机构投资者和个人投资者，他们早晚会发现，投资股票最好的方法是购买管理费很低的指数基金。这个观点巴菲特也说过。指数基金也是一种金融产品，它可以帮投资者规避很多短板，比如选股能力比较弱等。然后通过对大趋势的感觉，对未来经济的感觉，投资者再去选择投资指数基金，就能够赚到钱。

所以，大家对这些金融产品必须去了解，要学会利用一些工具，让“巴菲特”们帮你赚钱。

第15条：学会资产配置，关键时候路更多

有些人可能从来没有用过“逆回购”，有七天的，有十四天的。其实

类似的一些国债产品，可以帮我们做资产配置，而且包括货币基金、余额宝等丰富的现金管理工具，可以帮助我们在不同的时间段提高资金的使用效率。

过去，A股被人诟病做空工具不足，现在也大大改善了，包括股指期货、50etf期权在内的多种做空工具，都可以供投资者选择。虽然我不太建议普通投资者用这些带杠杆的产品，因为大家的风险控制能力不够，可能会受到伤害，但是有些时候这些工具确实能发挥关键作用，让我们有更好的投资选择，只是工具的使用比较专业，需要我们去学习。

人就怕被逼到绝路上去了，心态就不好了。但是如果你有很多的路可以走，有一定的资产配置，你选的各种品种又符合你的风控能力，那么在别人走投无路的时候，你总有路可以走，心态一定很好。

这就要求你首先要知道这些路。怎么知道呢？只能靠平时多去研究，多去学习，你就能发现更多的机会。别人都不会走或是都走不通的路，你却能走得通。千万不要总找一些借口，自己把路给堵掉了。

投资是自己的事，必须认真，你只有了解得更多，你才能提前感知哪些品种可能会迎来机会。而且，你了解得更多，你的分辨力也就更强。古人为什么说“书中自有黄金屋”，就是因为书读多了以后，你的决策力会提高。因为，很多情况你在书里面都提前看过了，效率就是生命，你的决策速度比别人快，一下就看明白了，而别人搞不明白，还要再去翻书，自然比不上你。所以，还是建议大家多去寻找自己身边可以把握的机会。

（本文首发于2016年11月28日，请根据当时的行情理解本文的案例）

第16条：中国投资市场四大怪

中国资本市场四大怪：

第一怪：把人民币当白菜；

第二怪：把房子当股票炒；

第三怪：把债券当期货炒；

第四怪：把股票当债券买。

第一怪：把人民币当白菜

市场上一直流行一种很奇怪的现象，大家都很喜欢人民币，但又都不太想持有人民币。好像人民币随时会贬值，不如换成美元投资海外，以至于把人民币当白菜一样，急于脱手。

其实这是一个很大的误区，尤其是我国的经济目前还在以超过6%的速度在发展的时候，就急于去把人民币兑换成外币，这是很短视的。事实也确实如此，人民币经常会在某一天，或者某一段时间快速升值，这不就是在打那些看跌人民币的人的脸吗?

所以，千万不要把人民币当白菜，不仅怪，还很片面。

第二怪：把房子当股票炒

房子作为投资品来讲，其实是需要非常大资金量的一个投资品种。在海外，听到“炒房”这个词的次数并不多。但是纵观国内的房价就会发现，房子在一波一波地炒，所以我们叫“炒房”。

从历史的角度来看，很长一段时间之后，人们一定会发现这是个很奇怪的现象。其实房子本身并不是一个炒作的品种，现在政府也在遏制这种风气，提出“房住不炒”的概念。

第三怪：把债券当期货炒

按道理来说，债券市场应该是一个比较稳定的投资品种。但是大家也时常会看到，我们的债券市场竟然会出现跌停板，可见市场在把债券当期货炒，甚至还有很多狂热的赌徒，不惜放大杠杆，去追求大收益，与此同时也造成了大风险。

整个2016年甚至2017年，市场上有很多这样的怪象。

第四怪：把股票当债券买

现在市场上有一种理论：股市应该像债券一样去买。

一直以来，A股市场的股票都是乱炒，这本是很奇怪的现象，但是这么多年过去了，市场似乎也早已见怪不怪了。

但是突然整个监管部门都开始倡导价值投资，好像买了就该长期持有。这反而可能又走到了另外一个误区，会有一个特别奇怪的现象。

众所周知，债券就是债券，股票就是股票，它们有各自的区分，这是基本的原理。一旦市场上一致认为股票应该像债券一样投资，那市场肯定出问题了。

其实A股市场的一些股票，确实具备长期投资的价值，这类股票当然可以像买债券一样长期持有。比如买到了贵州茅台，买了就可以放着不管，历史也验证了这是成功的。

但股市就是股市，它不像债券有固定收益，股市千万不能给投资者一种“买了就不会赔”的心理暗示。如果大家都倡导一种纯粹的价值投资，甚至像买债券一样买股票，那市场的变化会让很多投资者无所适从。

股市也不应该只承担这一点责任，它还有融资的功能，就是“发展”的责任。一个企业融到钱之后，它会有更快速的发展。

除了这些，股市还有价格发现的功能。股市有股市的功能，不光是简单地赚了多少钱、多少的利益，还有一个更深层次的东西，叫成长。

尤其我国作为发展中国家，我们的经济、我们的企业，其实都在快速成长。在这个成长的过程中，有些公司会成长得更快，发展得越来越好，而有些公司则可能在这个成长的过程中被淘汰。

一个公司的淘汰，可能就意味着一些投资者的亏损，这才是股市的真面目，它是有风险的。所以监管部门也好，媒体也好，包括一些所谓的意见领袖，都千万不要用一种“价值投资”的美好愿景，把大家完全引到那个陷阱里去了。

当大家都这么想，认为买的股票就应该是这样的时候，将来一旦发现理想与现实的差距，那曾经倡导“价值”的公知都是要被骂的。

其实中国投资市场四大怪有一个共因，就是投资者的冲动，叠加上庞大的基数，一旦“一窝蜂”就很容易造成极端情况的出现。比如股票动辄涨停、跌停，抑或是人民币的大面积抛售。

其实各种金融工具都有其功能，人民币尤其是汇率，其稳定是很重要的一个方面。人民币就是人民币，债券就是债券，房子就应该按它的规律来，股市也应该赋予股市本身的规律。

股市是风险居于中等，而收益还比较客观的一个投资品种，而且比较适合广大投资者去参与。但大家千万不要把它当成是一个包赚不赔的市场。

总有些声音会说，股市里的垃圾公司无法生存，打击会很严厉，最后剩下的都会是好公司。然而，愿景很美好，实际上股市依然有很多“垃圾”，甚至是外表“光鲜亮丽”的垃圾，这些垃圾股并不适合进行价值投资。

还有人一看某个公司的现金流比较好，就推荐大家去买它的股票，但你有没有想过，如果它当前的价格已经太高了呢?

所以说，股市有股市的特点，过热的时候，或者说涨得比较高的时候，也可能是风险比较大的时候。再好的公司，在价格高的时候买进，都会丧失它的投资价值，甚至可能会是一次失败的投资。

投资是一件必须认真对待的事情，每个投资品种都有其特点，适合于不同的人。因此，我们可以根据自己的风险喜好和性格特点，去决定投资的品种，找到适合自己的投资方式。不要因为听到一些所谓的“消息”，看几篇文章，就胡乱做出不理智的操作，更不要走极端。

第十章 混股市的都是屁股决定脑袋

股市三教九流，各有各的利益，各有各的声音。

说的话，做的事情，都是屁股指挥脑袋。

利之所在，言不由衷。

老听他们的，你死定了。

兼听则明，偏信则暗。

把这些弄清楚了，你就不会被带到沟里去。

我们每天都会看到很多的信息，这是投资股市无法逃避的一个环节，因为只有去接触这些，你才能做出自己的判断。这是必须经历的，也是有讲究的，选择获取什么样的信息，以及看到信息之后如何思考，这个才是关键。

有一句话永远不要说："我看到了什么，我要怎么样。"这太片面了，因为最终操作的是你自己，而且你永远只接受你愿意接受的信息。即便你去市场上寻求安慰，也都是按照自己的想法去寻找而已，那样你就倒霉了。

为什么呢？因为市场上的信息实在太多了，你一定能找得到那些看上去特别迎合你的信息，但是那些信心不仅可能没用，说不准还会害了你。

第17条：屁股指挥脑袋是正常现象

有些人说的话、做的事都是屁股指挥脑袋。甚至说，如果脑袋不受屁股的指挥，这个人反而是不正常的。换言之，到什么山唱什么歌。如果屁股明明坐在这个位置，脑袋却总是想做些其他的事情，碰到这样的人，企业也是不高兴的。

所以，屁股指挥脑袋是一个很正常的现象，只不过你需要判断，在那种情况下，他说的话、做的事到底是你眼里正确的事，还是他眼里正确的事。

第18条：炒股不能只听经济学家的

虽然股市就像一张晴雨表，但它也有失灵的时候。所谓的“经济学家”也一样，虽然他们是专门从事经济活动的，但他们说的话也未必全都值得信。更何况，经济学家都有一个共同的特点，就是他们都喜欢把一件事情说得严重一点。但是你要知道，经济学家说的那些东西，可不是为了指导你炒股票的。

经济学家是什么？就是帮你分析目前经济运行过程中存在的问题：有些东西过剩，应该怎么办？要供给侧改革，应该怎么办？未来的国际环境不是太好，应该怎么办？

这才是经济学家的职责，他们的屁股坐在那里，可不是只简单地指挥炒股，这个大家一定要弄清楚。

第19条：炒股不能只听分析师的

券商分析师的工作跟普通人的工作并无二致，就像老师的职责是教书育人，分析师的工作就是关心股市。他们讲的东西，既要符合公司要求，也要符合职业习惯。所以，你会发现他们有事没事都在说行情，哪怕有些时候是没有行情的。但是，如果你能理解他们的出发点，自然也就知道什么时候该听，什么时候不该听。

曾经我做研究所所长的时候，手下有好多研究员，他们开会的时候经常会说某个板块非常好，声音很大，给的理由也充分。但是最后却发现，他们说的那个板块一个月不涨，两个月还不涨，久而久之，大家就对他都有意见了。

分析师推荐的股票买了两个月都不见涨，客户意见很大，怎么办呢？正常情况下，分析师依旧会坚持自己的观点，但是声音已经没那么大了；

再过两个月，那只股票还没涨，他的声音几乎没人再听了；但是再过两个月，你会发现股票终于涨上去了。

工作的压力让他无法坚持，可能就犯错了。在这种情况下，我们一定可以察觉到他的屁股正在指挥他的脑袋。

第20条：财经大V的出发点是博眼球

我们经常可以在网络上碰到一些财经大V对当前的经济形势侃侃而谈，但如果你愿意细究一下，就会发现大多数人都只是搞一些博眼球的噱头，其实言之无物。你要明白，财经大V的出发点是什么？吸引你的关注，刺激你的神经。所以，他们经常会讲：今天又出什么大事了，要涨停了，要暴涨了，要跌停了，要崩盘了……因为不讲这个，你可能根本不会关注他。

所以，对于诸如此类的信息你应该忽略不计，否则老跟着他们一惊一乍的，你早晚要完蛋。

当然，我并不是说他们传播的信息都毫无价值，而是要你理解他们的信息的时候，首先要学会判断他们的出发点：一、如果里面牵扯到很多利益关系，这时候千万不要偏听；二、你对他本身的能力要有所了解。这些财经大V通常都有个很典型的特点，就是大部分人都是做股票的。他们仓位重的时候看多，仓位轻的时候看空。所以，通过这一点去做判断，也能帮助你知道哪些东西有价值，哪些东西没价值。

第21条：基金经理不会讲真实想法

很多时候，基金经理的话都是不多的，尤其是公募基金经理，他们是不可以乱说话的。因为受制于监管，他们讲的通常都是一些表面话，更多的可能是私下讲一些东西。所以大家要去判断，不要以为你能看到的都是他的真实想法。

而私募基金虽然现在也开始受到监管了，但是他们的胆子稍微大一点。因为有时候发产品挺难的，他们必须有明确的观点，人家才会把钱投给他，所以他们还是会讲一些东西的。当然，如果老是看空，说市场不好，那他的产品是卖不出去的。这就导致他卖产品的时候的说法，与他最后真正投资的时候的说法会有些许出入。所以说，要多换位思考。

第22条：散户买完才看好而非相反

散户有个最大的特点，就是他们持有股票不是因为看好这个公司才买，而是他们买了这只股票，就永远看好它。至少在他没抛之前，他会到处寻找这只股票的好消息，如果你说他这只股票不好，他是要来跟你反驳的。这很可怕。

因此，对于散户的那些信息，很多时候是不值得参考的。当然，如果你了解散户的情绪，知道他的屁股坐在哪里，再去看他的信息，你就会有很清晰的认识了。

第23条：选择性听取市场的声音

什么时候应该重视谁的观点呢？在我看来，真正来大行情的时候应该多听私募经理的，这时候他们是指哪儿打哪儿，甚至包括券商的一些研究，在牛市的中途阶段通常都是很准的。但是到了后期，就不适合再听他们的了，听他们的你会死的，而且这些机构在高点的时候声音也着实不会太多。有时候，他们会向客户善意地提醒风险，但是要么过早，要么过晚，总是不准的。然而，他们中途提供的信息通常都很有价值，即打乱仗的时候信息最有价值。

那么，到底该如何学会听呢？这就需要你认真听取每一种声音，认识到他们自身的优点，汲取一些有用的信息，然后去思考他那样说的原因。有时候他们也难免会说错，但你要知道那是他们的身份所在。只要把这些都弄清楚了，你就不会被带到沟里去。如果你老是被带沟里，说明你自己根本没有把路看清。

第十一章　你接收的知识是公鸡型还是母鸡型

经常有粉丝在我的微博下面反映，说我的微博内容在当时看和事后看，给人的感觉完全不一样。他们常常疑惑不已：为什么当时就没看出来，不明白，但事情发生之后，就恍然大悟了？

在我看来，这样的粉丝都是非常好的学习者，因为他们知道认真比对。但更多的人看过就过了，不会去总结，因为他们不明白，甚至还带着过时的思想去理解发生的例子。这样做肯定不对，因为他们只是在寻找自己肯接受的信息。

第24条：你能听到的只是你想听到的

很多人看信息，只接受他愿意接受的内容，他不愿意接受的，灌都灌不进去，完全视而不见。所以我写的很多东西，他根本视若无睹，即使看见了也不会认真看，归根结底，不在一个频道上。

有些人虽然看到了有价值的信息，但得出的结论其实是他脑袋里固有的思维，可怕的是，他那种想法可能本来就是错的，最后验证也不是那样，这时候他反而认为自己看到的东西没价值。

有些人事后回头看以往的信息，就发现其实当时是自己没认真思考，没接收这个信息的价值，所以错过了正确的指引，或者说没有坚决地执行。如此一来，他下次就明白了，面对有价值的信息，应该仔细去看，反复理解。就这样，他把我输出的内容整理成一套他能理解的洪攻略，然后他离洪攻略越近，洪攻略对他的价值越大。

洪攻略是我二十多年总结提炼出来的一整套知识体系。然而，现在这个社会最大的问题是人们不光对待财富和人际交往急于求成，甚至对待学习和知识把握也是急功近利。

大家都热衷于看快餐文化，看微博、微信，看很短的信息，以为自己只需要看这些信息就是长见识、长知识了。可是市场有那么多信息，你真的能完全吸收得过来？我们看到的，通常都是自己感兴趣或是愿意接受的知识，而对于那些自己不了解或是不清楚的部分，依旧是一无所知。这样看，其实你一直在你的知识圈、你的认知里面打转。越是在市场上寻找这种信息，对你越没有价值。

第25条：输家愿意看的信息更容易流传

我在研究财经信息的时候，发现一个问题：如果你把掌握的碎片化财经资讯，尤其是股市投资的知识用来做投资，必死无疑。因为机构、媒体、记者、报纸、电视、大V……他们追求的是流量，越多的人看，他们生存得越长久。可实际上，很多大V发出来的内容，看起来花团锦簇，人气高涨，却没有太多价值。因为股市投资必须承认一个事实，80%以上的人都是赔钱的，赚钱的人，十中有一。输家占了80%，所以一定是输家愿意看的信息才会流传，这叫“眼球经济”。一个没流量的媒体是活不下来的，为了生存，他可以无限量地向你输送你喜欢看的信息。但你忘了，如果你是输家，你看的那类信息越多，可能输得越惨。

在我看来，财经信息是劣币驱逐良币的一个最典型例子。市场上越是充满吸引眼球的信息，越容易让投资者掉到坑里。我曾经对此研究过，大部分的输家下一轮行情还会成为输家。可能这就是所谓的“强者恒强，弱者恒弱”。

那些天天吆喝着卖大力丸的，很多人都喜欢上前围观，看得多了，说不定哪天就买个大力丸回家，这跟智商没关系，因为市场氛围摆在那儿。可是只要你肯细心观察就会发现，往往某个东西涨到一定程度，所有人都开始讨论的时候，很可能马上就要结束了。因为后知后觉的都是输家。

抓牛股、跟风、凑热闹、追涨杀跌……这些招数都是输家愿意干的，而那些信息会引领着他们去那么做。总跟着输家，你也会成为输家。

第26条：信息与知识分为公鸡型和母鸡型

很简单，市场上跑得好，你又特别喜欢看的，基本都是公鸡型知识。不要看它叫得很响，就算它是公鸡中的战斗机又怎么样，依旧是不会下蛋。天天在那儿讲追热点、抓牛股，这些信息不让你掉到坑里就算是万幸，就别指望它能为你赚钱了。很简单的道理，做投资需要那么多牛股吗？谁能一直抓住那么多牛股？仅是这一点就应该让你清醒了。

母鸡型知识通常是告诉你怎样找牛股的能力，而且一旦抓住牛股，能够拿得住，还能赚得多。这有点像练武功里面的扎马步，真正的目的是练心态。很多人说，心态大家都知道，都是理论性的东西，没有用。其实，在你没有掌握之前，它都是特别有用的。练基本功、扎马步的确枯燥无味，看上去也没劲，也似乎不能给人带来直接收益。但是它能真正调整你的心态，甚至给你一些方法，就是我们说的“渔”。

一旦你的内功练得很好，马步扎得很稳的时候，后面那些花里胡哨的公鸡型知识就很明了了，你再看到猜顶、猜底的那些东西就会觉得很搞笑。因为你的逻辑清楚了，你的反应比他们都快，出手比他们都狠，这是公鸡型知识和母鸡型知识最本质的区别。

还有一种是训练你的思维，让你能够抓住主要矛盾，保持跟随聪明的钱的状态。而不是总在高位接盘，低位又把筹码交出去。控制好风险，根据不同的市场节奏采用不同的策略，这都是母鸡型的知识。

洪攻略作为一套投资知识系统，真正喜欢他的人，用得比较好的人，他们顿悟的那一刻，都会觉得好开心、好幸福，但是这一切需要时间去沉淀，需要接受它的人慢慢去学、慢慢去领会。

当然，也有很多人不愿意接受这套知识体系，他们天天忙着追涨杀跌，期待撞大运，这些人如果哪天赚了钱，他会输得更惨。就和守株待兔一样，抓住一只兔子，就一直守在那里，认为还可以逮到兔子，怎么可能呢？但是市场上大部分人真是这样做的。

我身边就有这样的例子，一个朋友几年前正式开户成了一个股民，但几年下来却没赚到什么钱。一开始进入股市时，他总是喜欢买各类财经书籍回家自己钻研。最初看经典的经济学书籍，接着就发现那些书太晦涩难懂，只好选一些讲述如何抓黑马、几招决胜股市的书籍，期望短时间之内就可以让他成为股市高手。可是，那些速成的经济学书籍看完了以后，他依然没有赚到钱。于是他又转而看财经节目，但凡是那些股评专家讲的热门板块及强势股，他都会一一记录下来，然后第二天选择买入，殊不知热门板块不少都是一日游行情。而等他注意到那些强势股的时候，其股价已经涨得非常高了，最后也没有赚到什么钱。来回这么折腾依旧没有赚到钱之后，他的炒股热情下降了不少。现在的他既不看书也不看财经节目，反而喜欢在日常生活中打听别人买了什么股，听到别人赚钱了也跟着买入，如果没听到什么赚钱的消息，就让资金躺在账户里。

像我朋友这样的经历，应该在不少股民身上都发生过。可是你想过吗？他为什么没有在股市赚到钱？一是他接收的信息及知识对他的炒股能力没什么帮助，一是他的耐心太差了，太希望能在股市中快速赚到钱。

后来我总结出信息传播和投资之间的关系：财经信息分两类，公鸡型和母鸡型。公鸡型信息，通常都很“漂亮”，比如牛股、黑马、逃顶、抄底……看起来特别绚丽，特别抓人眼球。而且公鸡会打鸣，往往电视台在播，报纸在写，大V在讲，很容易被大家看到。这是公鸡型信息，在市场上跑得最快，叫得最响。

那么，这样的信息有用吗？

作为心灵鸡汤或许是有用的，但是对你的投资没有帮助，因为公鸡不会下蛋。你本来希望通过它能获得更多，但你接收到的却是公鸡型信息，谁都知道让公鸡下蛋是异想天开，门都没有。

看什么样的信息才可能有收获？才会下蛋？母鸡型信息。众所周知，哪怕炖汤都是老母鸡的汤，虽然母鸡长得不漂亮，也不会打鸣，但是它会下蛋。你之所以看不见母鸡型信息，一是它不出彩，二是很多的媒体都不说，而大部分人也不愿意听。

所以，你获得的信息，通常是不会下蛋的，而真正会下蛋的信息你又看不见，市场就是这么可怕。

第27条：投资需要扎实的基本功

只有静下心来，体系化地去学习，接受超出自己能力圈的信息才能成长。尤其是股市投资，如果还是沉浸在过去那些东西里，根本不可能成长。

洪攻略的一整套体系，如果你真的肯用心学，把原理和背后的逻辑搞清楚，毫不夸张地说，你会受益终身。但多数人不愿意，每天就在自己的能力圈之内，想象他能接受的信息。他说："洪校长，你的H333，不就是高抛低吸，谁不会？"我说："你不能总在你的见识里面来理解我的东西，这个里面一定有严密的逻辑关系。"

如果不能改变自己的学习态度，天天在手机上看那些你自以为有用的信息，你看似在学习，其实只是在寻找自己肯接受的信息，甚至是功利性特别强的，只是想立刻解决现实中的问题，头痛医头，脚痛医脚，那对你的未来和成长毫无益处。这样的人，投资想要赢是很难的。

那么，什么样的人会学得很好？能够主动走到师父的整个体系里，一点一点地慢慢修炼，甚至有可能后面会自己成为一代宗师。如果只是到处学个花拳绣腿，这里学两招，那里看两招，就像现在的快餐文化，根本不可能成为大师。

所以，学习一定要寻找母鸡型的知识，它才能下蛋。天天看公鸡型的知识，只会打鸣，最后却不会下蛋。

第28条：知识的核心在于培养能力、形成体系

公鸡型知识讲的都是短平快的结果，母鸡型知识则是让你具备战斗的能力，具备好心态，这恰恰是赚钱的本质能力。

掌握一套好的方法，包括思维、操盘、选股、选时等方法，这些恰恰都是隐藏在背后的母鸡型知识。它不会自动跑到前面，因为电视台如果天天讲这些东西，没多少人看，没流量。而如果讲一些花里胡哨的，诸如暴

涨、暴跌、满仓买进卖出、牛股、热点等信息，大家都会伸着脖子倾听，因为那些长得很漂亮又会打鸣的公鸡型知识都是结果型。

跟着那么多结果型的东西，根本赚不了钱。即便如此，为什么还是有人一直跟着呢？究其原因，不过是人的急功近利心理在作祟，一个人如果无法把这种心理拔除，那他在股市就永远摸不着门，无法顿悟。

所以说，公鸡型跟母鸡型知识很好分别，市场上莫名其妙、乱七八糟的东西，基本上都是公鸡型知识，尽量不要去看。很多投资大师都说过，人多的地方少去，人多的地方就是公鸡在打鸣，这是投资最根本的一个原则。

把这个分清楚，然后再去找真正可以让自己进步的好知识、好观点，这样在股市才能赢。

第十二章　散户博傻时代已终结

风格在变，赚钱越来越难。

小散户面临的竞争，是根本竞争不过机构。

监管在变，呵护越来越少。

如果不理解这一点，还以为跟过去一样，那你在这个市场可能就亏大了。

市场在变，机会越来越平等。

大家都有机会，但是如果你还想用博傻的方式去做，那肯定不行。

这是一个投资者走向“名特优”的阶段，将来一些好的基金公司、私募、社保机构，包括那些大的机构反而有更好的能力去获取更多的利润，这个时候我们会发现一般的散户行情越来越难做了。因此，我感觉散户的好日子快要到头了。

第29条：A股的“工匠时代”已经到来

靠着博傻的方式就想在股市赚到钱会变得越来越难，这就跟做小企业是一样的。

有时候小企业也博傻，发现市场上的东西能卖得掉，就大量地生产，也不管市场情况怎么样，但是它的业绩好像还可以，但是这个时代不是过去了吗?

在A股市场，我们的小散户就像小作坊，你会发现自己根本竞争不过人家，这个领域同样也到了一个逐步淘汰的时代。

越往后走，你越会发现制度性的变革，就像对于环保的要求一样，股市也在讲环保，监管越来越严厉，股市里也在反腐败。那些乱炒作的方式都会受到打压，它跟我们的社会发展一样，都在走向更规矩、更好的方向。

A股市场可能要出现一个新时代，是什么样的新时代呢？

工匠时代！

什么叫工匠时代？就是跟我们的社会发展一样，一些企业会逐渐走向两个极端：一类企业做得很大，靠规模、优势去做，叫赢家通吃；一类企业不但手艺特别好，而且还能做出特色来，这是一种工匠精神。

A股市场也是一样，要么是一些大机构才能在里面生存，要么是有一定工匠精神，能找到一套好的投资方法，也有很好的投资理念的人。

过去靠这种简单的博傻，行情好，选股也不需要能力很强，这样在股市能赚到钱，但是这个时代已经结束了。

在这种情况下，所谓的散户、个人投资者，谁才能生存下来呢？

第30条：股市的三把保护伞已经没了

为什么散户能赚钱？现在A股市场有一个最大的不同，即过去对散户那种过度溺爱的政策已经开始发生改变，不是那种保护方法了。过去有三个保护方法，我认为以后不一定有这种机会了。

1.退市

第一个保护方式，过去A股市场上对散户投资者最大的保护措施，恰恰是现在大家天天讲的一个政策——退市。这么多年来，A股市场没多少公司退市，从结果来看退市是对散户最好的保护。

过去在上海，经常会碰到一些老太太做股票，她是赚钱的时候就赚钱，亏钱的时候就装死，或者说亏钱就不管它了，跳广场舞去了，等跳了大概一两年之后突然发现她的股票又上来了。过去很多年都是这样的，既然已经被套牢了，姑且就留在那不走，说不定将来就又把钱赚回来了。

之所以会有这样的反转，就是因为我们的退市政策。很多公司采用借壳上市，所以很多股票不会退市，通过资产重组，它逐渐又回来了，相当于把老太太的股票又给救回来了。

但是现在的市场政策是要加快退市制度，退市的股票越来越多，可能老太太跳了两年舞再回来，突然发现自己的股票不见了。

2.发行新股

第二个保护方式，就是所谓的发行新股。过去，每到行情不好的时候，就停止IPO，暂停了很多次，这也是保护投资者的一个政策。现在不管股市怎么走，照发不误，这个保护政策也没有了。

3.国家买股票

第三个政策，是国家买股票。这个政策用得比较少，将来也不一定会再用，国家直接去买股票，那是因为出现极端情况。就像2015年的股灾，如果当时“国家队”不进来，可能指数在2000点都扛不住，多少人会因此而倾家荡产！但是“国家队”掏了3万多个亿进来，平稳市场，来救大家。这么好的事情，就是在A股市场发生的。

所以，我一直认为监管部门不太会讲A股的故事，做了很多好事，但是大家都不理解，天天骂。像上面这三点，对我们广大散户的呵护就应该好好说道说道。当然，这些呵护有点过于溺爱了，导致人们的心态都变坏了，这是有问题的。

现在想不用这种方式溺爱，希望用其他方式来保护大家，希望大家要去理解，这是很难的。但是如果你不理解，还以为跟过去一样，那你在这个市场上可能就要亏大了。

第31条：要么成为“名特优”，要么成为“工匠”

其实A股市场和社会一样，已经发生一个变化，要么是“名特优”，要么成为“工匠”，散户博傻的好日子已经到头了。

股市本来就是一个社会整体经济的反映，里面的群体也是一个小社会。如果想在A股市场生存，尤其未来在股市治理到一定阶段的时候，大家的机会是均等的。但是有机会的时候，如果你的能力非常差，还想用博傻的方式去做肯定不行。所以，我们要有“工匠”精神，多去看看《A股赚钱必修课》，提高投资能力，成为A股市场的工匠。

第十三章　学投资，为何越学越亏钱

专心致志学投资，为何越学越蒙圈？

因为大部分的人，都是亏钱思维的人。

支撑阻力算分明，用时时灵时不灵。

迎合市场去学，但是未必真的有用。

不是投资不能学，是你路子没走对。

如果掌握了最基础的思维方式，投资并非难事。

点醒梦中人，告诉你为何越学越亏钱？

为什么学习炒股，越学水平越差，越学越赚不到钱？这个问题我曾经思考过很长时间。

很多人不是不努力，他们不仅听了很多观点，看了很多书，还参加培训班，每天复盘，对很多公司烂熟于心，甚至对K线图、数浪等都非常熟悉。但是，当被问起投资收益率，他们却说："没赚到过什么大钱，现在还在亏钱。"

这究竟是为什么呢？

第32条：投资者大多是亏钱思维

在A股市场上，有很多人炒股炒了很多年，但是依旧没怎么入门。因为他们都是亏钱思维的人，甚至说是输家。怎么会这样呢？个中奥妙，其实跟个体投资者自身没有关系，而是整个生态体系造成了这样严重的后果。

为什么这么说？因为投资这一行为本身就是要把投资者的劣根性去掉，然后才可能赚到钱。但是大部分投资者都想投机取巧，而且有这种想法的人还非常多。A股市场的实际结果是，赚钱的人是少数，亏钱的人是多数。

大多数人亏钱，这说明了什么？说明他们学到的东西出了问题，虽然在学习，但是他们学的东西可能全是错的。

市场上大量的信息，都是在投其所好。大众喜欢听什么、愿意信什么，信息就去传递什么。这些没有用的，甚至误导的信息，反而是市场上的主流。

第33条：迎合市场学习未必有用

很多人都希望有人给他一只牛股，告诉他是涨还是跌、是买还是卖。当几乎80%以上的人都在寻找这个东西时，市场就会去迎合你。反过来，这时你从市场上得到的东西大概率是没用的。

比如所谓的技术分析，市场上有一大堆，但是真的有用吗？

第34条：投资如练武，须扎稳马步

一个真正的投资者要克服的是什么？贪婪和恐惧。

从人性层面讲，如果你做人很好，你做股票一定不会差。

我一直在用“武功”来表达这个理念，因为要想成为一个武林高手，最重要的是马步一定要稳。马步扎不稳的人，说明你的内力还不够。

但是，大多数投资者在干什么呢？他们从来不肯练内功，认为练内功太简单枯燥，扎马步太辛苦。他们总喜欢一上来就去练降龙十八掌，练葵花宝典，动不动就寻找什么炒股的秘籍。

而真正的高手呢？真正的高手出拳的时候并不经过大脑思考，而是条件反射，这恰恰是经过漫长而枯燥的内功和扎马步所修炼出来的一种能力。做投资也一样，一定要做到条件反射，比如我的洪攻略，看似很简单，但需要一遍一遍地去练，最后练到与你自己融为一体才算掌握了里面的知识。如果你没有好的内力，功夫没练到家，怎么可能会有条件反射的状态呢？

第35条：掌握好心态，练好基本功

很多人问我："为什么有些板块你可以那么早就切入呢？"

很简单，我用的就是那些最基础的东西。

比如，我的心态比较好，好在哪里？就是能稳得住，不会被一两天行情折腾垮。

市场上有很多天上掉馅饼、投机取巧的机会，如果你不能克服、克制，那在A股市场你就永远学不到好东西。

所以，如果你掌握不了好的学习方法，也不知道该怎么去学习，反而对那些输家喜欢的东西兴趣满满，那你肯定完蛋。那些都是市场热的时候，大家都凑过来看热闹用的，你如果也跟进去，只能把自己心态弄坏，也就学不到东西，一直在兜圈子，最后不仅追不到目标，反而是原地踏步。

就像刚开始习武就找遍十八般兵器，即便给你神兵利器你都抬不起来。相反，如果你的力量真的足够大的话，即便是一根树枝也是一把好剑，甚至能达到"手中无剑，心中有剑"的终极状态。

所以，乖乖从扎马步开始，马步稳，下盘稳，虽然很枯燥、很无味，但还是要天天练。

第十四章　海外资产配置是个坑

人人都在谈海外资产配置，你明白怎么回事？

我说是陷阱。

人挤人的地方别去，不了解的东西别碰！

你只是增加自己的麻烦，其实又不能防多少风险。

前段时间，我参加了很多论坛，发现论坛上很多专家都在谈海外资产配置，又被称为“全球资产配置”。很多投资者对这个非常有兴趣，但从整个过程看，问题很大。问题大在哪里？主要是一边倒，很多事情一旦出现一边倒的情况，我们一定要给个问号，因为这里一定会存在某种问题。

为此，我想专门谈谈海外资产配置这个问题。海外资产配置是什么？在我看来，它是个陷阱。这个问题在我的微博、微信里一经发出，马上成为爆品。很多人就这个话题提了很多想法和建议。紧接着，我又阐述了一下，“为什么我说海外资产配置是个陷阱”，指出了海外资产配置真的是个陷阱。

走到今天，我们需要理性地看待海外资产配置这个问题。

第36条：舆论不应过分鼓吹海外资产配置

海外资产配置，需要有很多前提，但是我们的专家，甚至媒体，并没有给大家讲清楚海外资产配置的利和弊。他们讲了太多的利，却没有讲它的弊。

比如盲目的海外资产配置。为什么讲盲目呢？海外资产配置，甚至全球资产配置，如果配到了我们说的不适当的人群身上，问题就大了。虽然全球资产配置有人有需求，但是绝对没到要在大量的人群里宣传应该去做海外资产配置的阶段。为什么这么说？因为海外资产配置的第一个目的是为了防止汇率大幅度贬值。这是一个很基本的概念。

第37条：海外资产配置隐含大风险

本来海外资产配置就有很多无法预测的风险，一般的投资者能不能承受这样一种风险？一旦海外投资这个市场出现问题，你有没有能力去解决？而且我们现在寻求海外配置的一些中介公司，它们是不是都达到了做这件事的能力？有没有在里面鱼目混珠呢？全都不得而知。

而且，人民币目前还处于不可自由兑换的一个阶段。在这种情况下，海外的一些资产流动，甚至包括一些金融机构，都没有强大到那个状态。他们还没有能力去帮助那么多人，甚至去处理那么小的一些单子。

这样的话，如果我们大家一窝蜂地冲进去，那会产生很可怕的后果。第一个后果就是所有的人都冲进去，将会对人民币汇率产生很大的冲击，而且是极度负面的冲击。因为有些人喜欢用很多很可怕的事情来吓你，比如有人会用苏联的卢布来举例子，可是你别忘了，两者根本没有可比性，历史阶段不一样，我们跟现如今的俄罗斯也不一样。

还有人用日本房地产崩盘来讲这件事情，说什么日本失去二十年的发展时机。但是他却不告诉你，日本之所以没有跟上脚步，主要是日币升值造成的。日本签了个广场协议，一方面是日本人当时挺膨胀的，另一方面也是西方，尤其是在美国的诱导下，签了这个广场协议之后，还真的实施了日币升值的内容。可是他们却没预想到日币升值的后果，那就是他们的房地产崩盘了。

现在来看我们国内的一些情况，很多也是一些矛盾的内容。有人说人民币要贬值，又有人说是和日本一样，房地产要崩盘，但我们要清楚日本是升值的崩盘。所以很多东西，其实都站不住脚。哪些信息是真实的，哪些信息是吓唬你的，我们应该搞清楚。所以，广大的投资者应该要慎重，多思考，多去了解，尤其对一个投资产品，不熟不做，熟了以后再去做。什么是熟呢？那就是要考虑自己有可能面临的风险，不要因为怕鸡蛋碎了，就全都扔到一艘船上。万一这艘船不稳呢？万一这艘船上有强盗或骗子呢？如果你什么都不考虑，就闷着头上去了，那你的损失可能就大了。

所以，如果你确实想把所有的鸡蛋都放在自己的篮子里，应该怎么办？那你就应该了解篮子是否可靠，篮子放在什么地方更安稳。一旦出现问题，你能不能顺利地把鸡蛋拿回来？如果确实篮子翻了，尚有完好的鸡蛋，那你需不需要让自己冒那么大的风险去处理这样一些事情？

第38条：海外移民跟全球资产配置是两回事

海外移民跟全球资产配置，本来就是两件事。移民，是另外一种想法，你考虑更多的可能是其他的事，比如子女教育问题、健康问题、环境问题等。如果你只是考虑全球资产配置，那你首先应该站在投资的角度、真正安全的角度，用投资的逻辑和思维来做这件事情；其次，全球资产配置可能并不适合大部分人，因为大部分人的资产量根本不够。仔细思考你会发现，全球资产配置只是增加你自己的麻烦，并不能帮你防范多少风险。

第39条：应对人民币贬值有多种选择

首先要指明，很多人以及我们的经济发展都并不支持人民币大幅贬值。然而，万一出现人民币贬值应该怎么办呢？

其实有很多好的选择可以去应对人民币贬值。比如，你可以在A股市场寻找一些受益于人民币贬值的板块和股票。另外，尽管人民币贬值了，但是它有利于“一带一路”。比如有利于一些与“一带一路”相关的出口公司，他们可以通过买一些这样的股票，对冲人民币一旦贬值可能造成的内贬。以这样的方式，可以从其他地方去补回来，对你来讲是可控的，而且是非常好的。这都是我举的一些例子，所以说很多时候，我们要多去寻找一些适合自己的好方式、好方法。

对于海外资产配置，我的观点是，它可能是个趋势，但它是分阶段的。就像做任何投资，其实都有这样的特点，时机很重要。

第40条：当前做海外资产配置不合适

当前这个阶段，可能大部分人都不适合去做海外资产配置，一是可能不合算，二是没有能力去做一个更好的投资判断。另外，从整体来看，目前这个阶段也不是恰当的时机。

可能有些人认为自己已经有这个条件了，也确实有能力、有需要去做一些海外配置，那你就要清楚认识到这种配置的利和弊，以及你对海外资产配置了解得够不够多。有些人会建议你去投资美国房产，但你要清楚，经过收益率的对比分析，房产在美国并不是特别好的投资品种。美国的最好投资品种是股市，股市排在第一位。

但是，如果投资股市，对有些人来说又会面临一个新问题，那就是当前美国股市的点位处于历史新高阶段，这个时间买入，是否合适？万一它出现问题，你能不能控制它的风险？或者说，你能不能承受这个风险所带给你的压力呢？

当然还有些人觉得可以去投资非美国之外的一些小的海外国家。那这个问题就更大了，为什么呢？因为按道理来讲，美国可能还会因为它国家大而更稳定，但是那些小的国家，你知道它会发生什么事？它的汇率，它的其他经济方式，都可能会不稳定，由此给你带来的不确定因素有可能更多。所以说，即便确实有那个条件，也有这个能力去做这件事情，你同样要多去了解投资海外的一些真实情况。然后再考虑，作为一个投资者你应该怎么来选择。

第41条：海外资产配置是陷阱

为什么说到海外资产配置的时候，我一定说“陷阱”这个词？我是希望能够引起大家的重视。陷阱是什么？是你看不见的深渊，是有些人真的会掉下去。

实际上，如果盲目地倡导大家去进行所谓的海外资产配置，除了对人民币汇率稳定不好，还有一部分原因是，如果因为很多不规范的动作，或者老百姓根本不理解，就这么急哄哄地投资海外去了，万一出了事情，可能会引起很大的社会矛盾和风险。所以，我们应该主动把这件事提出来，让大家做出一些理性的投资和思考。这个阶段真的是有必要让大家认识到，盲目地或者用一些恐吓的方式去倡导大家进行所谓的全球资产配置，有可能是一件祸国殃民的事。

最后，希望大家可以理性思考，现在的时机是否适合投资？如果适合做的话，应该采用什么样的方式，才能做好投资？你只有让你未来的风险降到最低，才能真正达到分散风险的目的。

（本文首发于2016年12月6日，请根据当时的行情理解本文的案例）

第十五章 都在股市混，为何受伤的总是你

别人一平二赚，你属于七亏。

人尽皆知的时候，往往是非常不好的投资阶段。

心痒痒追高小赚，心慌慌杀跌大赔。

你觉得是自己运势不好，其实并不是。

反复被割韭菜，都怪输家思维。

输家想看的，想接受的，往往都是亏钱的信息。

第42条：题材来了，为何别人赚钱你大亏

2017年4月1号，雄安新区这个消息出来的时候，瞬间引起外界诸多关注。根据这个热点，我第二天在微博上紧急发表了一篇名为《雄安新区是哪些人改变命运的机会》的文章。

当时大家虽然对这个消息很关注，但多数人都觉得与自己无关。大家只是纷纷在讨论，大家都在谈论，说这是个机会，但是没有多少人真正地行动。等大多数人反应过来它有可能会给股市带来影响时，已经不太好行动了，要么都涨停了，不涨停的也不敢乱买。

后来，一些从一开始就连板的股票在2017年的4月6号就打开了，4月7号也打开了，之后连续涨停。当时我也天天提醒大家注意雄安，但并没有多少人去行动，也没有人真的去寻找机会。

一直到最后，五个涨停板的时候，大家又开始非常关心了。他们要去寻找自认为一定会大涨的股票，可是当时我推荐了好几个觉得不错的股票，但他们一定会选择那个未来涨不好的股票，最后他们觉得这是自己运势不好，其实不是运势不好，是选错了！

所以当时我就总结出一个经验：未来我不能再举例子了，哪怕提的股

票有很多个，也许有几个是精准的，但输家选到的那个一定是不行的，这怎么办呢？但如果输家不敢选，说不定那个股票还真涨了。

大的题材一经出现往往会带来一阵风，这就是一个快进快出的过程。你说它不是机会吗？六个涨停，有些还七个涨停，这当然是机会。中途还有开板的，也有三四个涨停板，你说怎么可能不是机会？现在整个A股市场，一年才涨百分之几，那几天工夫赚20%、30%，绝对是很好的机会。

那么，这样一个好机会，赢家思维是如何考虑它的呢？看到雄安消息之后，赢家思维的第一反应通常是，认为这是个非常好的机会，然后立刻开始寻找股票。比如我，雄安1号发布消息，我在5号、6号就完成了布局，后面我确实赚了挺多的。

赚到钱以后，心态也就不一样了，等五个涨停板之后，我再写文章的时候，我的想法是什么呢？我认为板块炒作肯定会进入下一个阶段，也把下一个阶段的几种股票写得很清楚：能不能封住涨停？不能封住的又该怎么办？各有策略，各有方法。

第43条：当断不断，反受其乱

从事我们这个行业的人有时候真的很痛苦，你提供了有价值的东西，大家视而不见；等多数人真的肯花工夫去了解、去挖掘的时候，往往价值又不大了。

2017年，我刚开始讲名特优行情的时候，很多人根本就不考虑。有些人还光笑，问我："名特优是什么？"不知道不要紧，你可以百度，然后你就会知道什么是名特优企业，比如格力电器、茅台等。

现在大家应该都知道什么是名特优了，因为格力电器、茅台等企业的股票都涨到很高的价格了。关心的时候，你自然就什么都知道了；不关心的时候，你什么都不知道。

所以，你如果不把心态调整好，不掌握思考问题的逻辑，不能把整个的投资思维弄清楚，你永远是个输家，视而不见，追涨杀跌。

第44条：把握市场波段理论

市场上永远是三段论：第一阶段，在不知不觉中悄然上涨，这一阶段先知先觉的资金开始进场，很多人并不关心，因为大盘整体气氛还在熊市中，大多数人还不看好，但其实已经重启了；第二阶段，在吵吵闹闹中往上涨，这一阶段，市场分歧始终存在；第三阶段，在大家团结一致的时候见顶。

第二、第三阶段还可以细分，分为若干波浪。

波段理论就讲了八个浪：第一浪是上涨；第二浪开始调整；第三浪又上涨；第四浪调整；第五浪要结束整个牛市；然后下跌第一浪是A浪，再反弹是B浪，最后大跌是C浪，最终完成一轮行情的完整过程。

还有些人会说浪中浪，就别搞那么复杂了。在我眼里，如何去用这种波浪理论，在于你怎么来想这个问题。

明白我讲的这三阶段，你再去考虑这个问题。

开始不断关心到很关心的时候，最后到特别大胆的时候，就那么几个过程。从行情来讲一轮牛市整个大的阶段也就那么几个阶段。

第二浪调整什么？等了一段时间以后，它会有一个风吹草动，因为那个时候经济还不好，或者说很多东西都还不好，市场气氛也没到那个程度，股价还是会跌甚至跌得很惨，就是第一波，有时候下调调得很深的。

第三浪上涨的时候，往往时间比较长，因为这个时候市场正在慢慢地恢复，很多人一开始是看空的，于是大家会慢慢地叫我们投降，然后就有人开始叛变，也开始看空。

再然后，慢慢看多，看多就逐步买进。买到一定程度，获利盘自然会很丰厚。获利盘丰厚了，它就会调整，这个时候的调整大家就会表现出一个特点了，就是很多人都不愿意再抛售股票了，因为这个时候已经很强了，已经有了财富效应了。

所以经常会说，第四浪的这个调整，它的低点不会低于我们说的一浪的高点。为什么会这样？因为大家已经稀释过了，不可能再愿意卖。后面就是波澜壮阔的第五浪。因为这个时候大家都不肯卖，很多人早早地就抢去了，还不等它调整到位就想上。所以它就会调整到比较高位，第四浪往往还没有经历很长时间，第五浪就出来了。这样的话，到最后就是所有的人都叛变了。结果就是战争结束，敌人没有了，在第五浪就结束了。

第一波下来之后，为什么就B浪反弹呢？股灾期间，其实也有一点点反弹的，只是那时候完全打乱了。

这种B浪怎么出现的，我告诉你很简单，因为很多人是活在过去的，对过去刚刚发生的事情记忆犹新，因为他的股票都看到过高点，那个时候他已经不敢买了。

他就会说，甚至有些人很聪明地说，“我有本事我能够卖到高点”，这种往往在什么情况下？就是在下跌的时候。因为他想起自己的股票涨过那么多，他一定会早早地又买进去，再梦想后面还有一个大波往上走，这个时候他就会被套得很深。

所以，B浪出现的时候，有很多买进的人，等到最后C浪大跌，他的所有东西，包括他的信心都被摧毁了。最后，经过漫长的盘整，他之前的思维彻底被清洗掉，然后后面还会有新一轮的行情。

整个过程，大抵如此。通过认真总结，你会发现，其实行情没走出来之前没人看得见，甚至有些悄然上涨，涨了很久都没有被发现，等你发现的时候已经涨得挺多了，但你不敢买了，就在你犹豫的过程中它又上涨了很多，最后等你真的下决心大量去买，你就真的完蛋了。

第45条：调整好心态再行动

其实投资真的是人性层面的东西，甚至我做节目都一直做得很痛苦，收视率特别高的节目往往价值不大，收视率不高的我倒认为效果很好。

就像在熊市中，股市很低的时候，都没有多少人关心；高的时候就很多人来关注。永远有人在高买低抛，这是人性。所以，股市里面赚钱的人才会是少数。

如果你对阶段拿捏不稳，你就看看身边的投资者是什么样的心态，他们大概到什么情况，往往这个行情就在什么阶段。

这是一个定律，叫人性不变，永远在不该贪婪的时候贪婪，不该恐惧的时候恐惧。还要提醒大家一句话：要相信逻辑，不要相信某个人。如果你认为我的逻辑是有理的，认为我现在讲的这个东西跟我的逻辑不符，随时可以向我提问题，如果我意识到这个逻辑不通，我这句话是不对的，我会去修正的。

如果你一定要在股市做的话，一定要把心态调回来，尤其是在你脚步乱了的时候，更应该静下心来，静之思之，然后再行动。

第十六章　不焦虑才能成为赢家

看病还得排队挂号，买房你有焦虑症！

天天盯盘追涨杀跌，炒股你有焦虑症！

有些人一惊一乍，这个暴涨了，那个暴跌了，其实是在放大焦虑。

在焦虑中决策，是投资大忌！

一个冷静的人面对一个焦虑的人，你说谁会赢？

不焦虑，是赢家本色。不管做不做股票，这句话都对你有一定价值。

首先，先问一下自己："有没有因为投资而焦虑？"人在焦虑中做的决策，往往不是最理想的决策。如果你在投资过程中出现了以下症状，说明你患上了投资焦虑症。

1.总觉得入不敷出，老在思考财产如何保值、增值；

2.无论赚多少钱，都觉得银行账户在缩水；

3.有时不看重理财，有时又觉得理财无比重要；

4.像强迫症一样关注一切投资信息。

在股市中，投资焦虑症非常害人。其实股市一直就在制造焦虑，在你仓位不重的时候，股价往上涨；你好不容易买了股票，在你的仓位比较重的时候，股价又不涨了，开始盘整，甚至下跌。如此等等，都会让人特别焦虑。所以说，整个股市交易过程中，如果你的心态不好，焦虑将无时不在，无处不在。那么，投资焦虑症有没有治疗的好方法呢？

第46条：两招治愈投资焦虑症

告诉大家，有两个方法可以治愈投资焦虑症。

第一，投资的时候，一定不要超出自己可以承受的范围，或者说承受的底线。不要超出你的可承受能力去投资，因为一旦超出你能承受的范围，焦虑将变得无法消除，谁劝你都没用，这是最重要的一条。

第二，你应该遵循一个可以不让自己焦虑的投资方法。这就是我一直在说的："痛点变甜点，甜点变痛点。"

第47条：什么是痛点变甜点

痛点，就是痛无可痛的板块；甜点，就是让你获利丰厚的热点板块。"痛点变甜点"的思考方式是看多时最喜欢听到反对意见，越多越好，看空时也一样。

当一个痛点变甜点时，越犹豫，越不受人关注，越没人信，越要相信自己的判断。因为板块的切换一定是复杂的，痛会痛过头、痛到没知觉，甜会甜到爽，怎么做怎么赚，这样才会出现真的切换。

请大家思考一下，你认为目前什么样的市场，或者什么样的股票，什么样的行业或者板块是痛点？而且未来可能转化为甜点？

第十七章　炒股，你要有赢家思维

股市没有专家，只有赢家和输家。

有钱人似乎会变得越来越有钱，会炒股的人越炒越来劲。

你不想成为输家，就必须远离输家。

别人的输家思维，正好跟你的输家思想是匹配的。

你想成为赢家，先假设自己是赢家。

你要考虑赢家怎么做，千万别考虑输家怎么做。

股市其实没有专家，只有赢家和输家。不为输赢而来股市的人其实是很少的。

首先说明一个事实，赢家总是能赢得更多。有钱人似乎会变得越来越有钱。问题出在了哪里？我告诉你，就是出在了思维上。思维决定出路，思维决定成败。

赢家有一个特征，就是心态特别好。人在心态特别好的时候，容易做出一些更好的决策，稳扎稳打，节奏感也会把握好。在投资过程中，赢家因为有利润了，在调整的时候可能就会加仓，而输家可能永远不敢买，因为当下的价格一直比他抛出股票时的价格高，输家是这样的思维。

何为赢家？赢家是指之前一段行情中跑赢大盘并踏准行情节奏的人。

何为输家？输家是指之前一段行情跑输大盘并节奏混乱的人。

第48条：成为赢家第一步，必须远离输家

市场上可分为两种人，一种是赢家，一种是输家。赢家成为下一轮赢家的概率比输家要高。输家想要成为赢家，有一个诀窍，就是培育赢家思维，这很关键。

那么，第一步怎么做呢？你必须远离输家，远离那些对市场判断毫无逻辑、成功率不高的人。你现在可以理一遍你的关注列表，好好地研究一下他们的过去，看看他们对大盘的看法成功概率是高还是低，他们对股票的判断准不准，他们对信息的解读准不准，等等。对于那些成功率不高，不值得关注的人，最好取消关注，否则的话你永远无法逃离输家的频道，更不可能成为赢家。

第49条：用赢家思维来炒股

要假设自己是赢家。举个例子，对于某只股票，或者某个行情，假设自己买到了低点，在上涨的过程中你会是什么心态？打算怎么做？学会假设，模拟赢家的想法，这个很重要。

如果出现大阴线的时候该怎么办？首先考虑赢家怎么做，千万别考虑输家怎么做。

第50条：赢家思维是需要训练的

可能对有些人来说，明明输了，还假设自己赢，太难了，但这是想纠正思维必须要训练和经历的。

为什么？如果你是一个输家，心态和愿意接收的所有信息都是输家思维，节奏已经乱了。每当有踏错节奏的人来问我，说他想怎么做的时候，我都会说："那是你想把我带到你的频道去，你到我这儿来，是来寻找符合你的逻辑的东西，你是来断章取义的。"他走不出自己的输家逻辑，来我这儿就是想来找安慰的。

第51条：不陷入固有的思维，不钻牛角尖

假设自己是赢家，顺着赢家思路，按照赢家逻辑，回到赢家频道去思考，你会发现这样做很舒服。这就对了，赢家思维本就没有那么难。

其实赢家是决定了股市走势的人，所以具备赢家思维特别重要。如何才能做到像赢家一样思考呢？

1.必须忘记自己的仓位和持仓的股票；

2.必须忘记自己的账户情况；

3.要假设自己在底部就建仓了，而且板块也踏准了节奏；

4.在这个基础上，你最希望后面的行情怎么走?

5.假如这样的话，你会做什么动作?

这叫模拟赢家思维。

但是，这其实很难做到。那就让行动和自己的思维反着来，但是这很反人性，大多数人可能还是做不到。

还有一个终极办法，就是强迫让自己远离输家，靠近赢家，关注赢家的思维，按他们的思维做。

有一点需要提醒：这一轮的赢家也许有可能在下一轮沦为输家。这里就有一个度的问题，因为有些赢家是阶段性的，长期来看并不能成为最终赢家，这样的人的“赢家思维”，其实也是非常害人的。因为某些成功率低的人，当他们碰巧对某一轮行情判断越准确时，他们后面的危害也就越大。

任何事情都是辩证统一的，物极必反，当一种多头思维或空头思维走到极限时，市场就会掉头。所以，当市场赢家越来越多时，他们的思维未必有效，他们中的很多人的思维未必是真正的“赢家思维”。

第十八章　白领炒股有奇招

白领炒股有大忌，工作、投资难兼顾。

偷偷摸摸地看行情，偷偷摸摸地下单，这样都能赚钱，这不科学。

学历高、水平低，自己不认识自己。

上班一族都没有心思上班了，认为股市赚钱很容易。

熊市自弃当鸵鸟，牛市膨胀要辞职。

你的思维和你的动作，表明你简直就是被人收割的韭菜。

经常会有人问我：“作为一个上班族，或者是作为一个白领，没有那么多时间炒股票的人，怎么来投资A股，或者说适不适合投资A股？”

其实做投资，包括股市，不存在“适不适合”这一说，关键是投资者要认清楚自己，进入A股市场，自身的优势在哪里？所谓“知己知彼”，首先要“知己”，即要把自己的一些优点发挥放大，扬长避短。如果能够把自己的逆势变成优势，那这个市场对你来讲就是非常好的。

很多进入股市的投资者，他们可能本身比较忙碌，但在A股市场的投资依然顺利。所以不是这个市场适不适合谁，而是适不适合你。大家都在同一个市场，能不能赚钱是由你的行为、你的想法、你的思考决定的。

作为一个白领，可能确实没有太多精力放在股市上，但也并不是说你就成了任人宰割的一只肥羊，或者说被人割的韭菜。

市场上对于一些白领炒股票有个说法，在专业人的眼里都把他们叫“小白”。他们的特点是经验不多，也没有明显的优势，很多人都把他们当作待割的韭菜。而一些白领小白呢，确实他们的行为和动作，都被牵着鼻子走，与韭菜无异。

白领如何改变境遇，赚到属于自己的钱？首先是认清自己，找到最适合自身的方法。

第52条：白领往往时间不够、信息不全、资金不多

白领通常都有以下特点：

第一，他们时间不多，因为要上班，不能每天盯盘；

第二，白领的主业不在这里，专业知识不足，也没有可靠的信息源；

第三，作为打工一族，白领没有那么多钱可以在股市里面随便试水，更没有那么多钱去交学费，输不起。

这三条听上去好像都是劣势，但其实我们可以把它变成优势。大家都知道，股市里面亏钱了，我讲得最多的一个原因：盯盘太多，数K线太积极。

作为一个白领，每天要上班，其实是没必要去看盘的，对吧。但是如果你还像别人一样经常去看盘，那就成了“去天桥看热闹”。看热闹就可能会落入一些活跃资金的陷阱，他们就怕散户不看盘，越看盘越能激起散户的欲望，激发你的恐惧或贪婪，从而让你掉入陷阱。

第53条：白领可以化劣势为优势

白领没时间看盘，其实这是个优势。现在互联网时代让白领看盘变得更方便，其实这不是好事。白领本来就没必要去看盘，一边工作，一边看盘炒股，而且你还想去抓短线，有这种可能性吗？

人家专业的投资者实时盯盘，技术比你高，反应比你快。你盯盘的时候还得害怕老板、领导看到，断断续续地看，偷偷摸摸地下单，如果这样都能赚钱，这不科学。

所以白领，或者说股市小白，想要在股市赚钱，需要一些量身定做的方法，或者说必须遵守的原则：

1.忌追涨杀跌

如果说看盘不是好事，那就不要老是盯盘。做短线，盘中追涨杀跌，那可能不是白领能够去做的，其实也完全没必要。在A股市场上，甚至全

球股市靠做短线赚到钱的人，都是极少数，那都是高手中的高手。

所以，不光是白领，甚至一些普通投资者，有充足时间去炒股的人，我也不建议大家做短线。做短线，手续费交了一大堆，大行情来时，甚至还可能会错过，靠这种蝇头小利能赚到什么钱呢？

2.做中线投资

少看盘，不做短线，做中线投资反而是容易赚到钱的。

3.不参与小行情

不参与那些小行情。牛市来了，就狠狠地参与一把，大胆参与，打打乱仗也无所谓，买什么、卖什么，都不用经过太多的思考。

4.参与极端行情

所谓“极端行情”，就是说行情是会出现转折的，很可能出现特定情况，比如极端下跌的时候。我比较注重盘中去看。对有些股票，下跌到我认为的关键位置了，我可能也会去看。这其实就是所谓的“有的放矢”。这样看的话，一年下来其实也没几次值得关注的时候。有些股票也是，可能它的机会也就出现那么几次，所以这种时候我会去盘中盯盯盘，这是值得做的，其他大部分的时间是不需要的。

5.痛点变甜点

我一直用的一个说法叫“痛点变甜点”，这什么意思呢？就是说一些痛无可痛的股票，这种股票从下跌到痛无可痛往往有很长时间的过程，我们要盯牢这种股票。其实通过盘终盘后去做分析，是不需要考虑盘中的。

一旦这只股票到了痛无可痛的时候，我们考虑加大关注，可以早一点切入。这个时候去等待转机的出现，也不失为一种好方法。

6.长期跟踪一只股

盯着某一只股票做，这样的话你也不用花太多时间，因为白领平时很忙。等你对一两只股票烂熟于心了，你对它就很有感觉，有机会的时候就参与，没机会的时候就不参与。

这种方法特别适合于平时不太有时间看盘的人，这样长期做，长期跟踪，一定比那些天天追涨杀跌的人要赚得多。

7.长期跟随一个人

发现一个靠谱的分析师、研究员，就长期跟踪他，然后就很简单了，按照他的方式坚持做，这样你会发现自己的成功概率其实也挺高的。站在巨人的肩膀上做投资，这也是个特别好的方法。

第54条：不要幻想辞职炒股赚大钱

每一次大牛市来的时候，我都会有一点儿担心，就是广大的上班一族都没有心思上班了，以为股市赚钱很容易，都想辞职了，直接就全职做股票。

其实这个时候国家也不愿看到这点，如果我们大家都不上班了，那实业谁来干啊？大家都去炒股票了，那肯定是不行的。

好在市场真的是很残忍的，很多人刚刚做好准备，要以炒股票为事业的时候，可能就把钱又输回去了，于是一部分又老老实实地回去上班了。

为什么会这样呢？其实是因为绝大多数的人如果真的天天去炒股的话，他们未必能做好。

第55条：找到适合自己的操盘方法

作为一个上班族，一定要认清自己的状态，找到属于自己的操盘方法。前面提到的七个方法，如果能把握好，你会发现这样赚钱很轻松。

专业人士的眼里，很多的上班一族真的是“小白”，大家应该努力一下，摘掉“小白”的帽子，不要一直被别人当“小白”。

第十九章　你真的适合炒股吗

适当性管理来了，炒股你够不够格？

其实很简单，就是说要去投资和你可承受风险相匹配的产品。

风险评估表填了，炒股你赚不赚钱？

在我眼里，合格不合格跟你有多少钱并没有太大关系。

你真的了解股市吗？你真的了解自己吗？

不要做超出自己能力范围的事情，千万不要去做。

前期监管部门，包括证监会和其他部门都出过一个政策叫《证券期货投资者适当性管理办法》。

解读这个的人很多，但我不想就原来的那个角度去解读什么叫“适当性管理”。因为我一直认为，所谓的“投资者适当性管理”，就是让你去投资和你可承受风险相匹配的产品。

我很支持这件事。在我看来，所有成功的投资都有一个共同特点，那就是心态好。如何保有自己的好心态是投资中最重要的事。

第56条：有好心态才有好成绩

做任何投资决策都应以保持好心态为前提，如果能做到这一点，投资不可能不成功。但是现在市场上很多人根本不知道自己能够承受多少风险，在风险发生的时候才发现自己承受不了，立刻就乱了阵脚，甚至可能在不该砍仓的时候砍仓。

即使自认为忍耐力很强，但发现别人都在赚钱的时候，人性的贪婪也让人心痒难耐，没有终极的忍耐力，也一定会去追高。所以只要失误一次，就会一直恶性循环下去，永远都赚不了钱。

这次关于适当性管理，至少给大家指引了一个方向：根据自己的风险承受力去做出决策，这样心态才不会变坏。

当然，这是监管部门希望达到的目标，怕投资者受到伤害，然后到处骂人，发泄不满，甚至去跳楼。投资者亏了无法承受的钱，可能带来社会的不稳定，甚至发生极端的情况，这肯定是监管部门不愿看到的。

第57条：大多数投资者都是不合格的

其实市场上的大多数投资者都是不合格的，根本没有投资行为能力。

所谓“可怜之人必有可恨之处”，他们不肯学习，又梦想天上掉馅饼，每天不知道在干什么，甚至连基本的投资理念、交易规则、市场情况都不了解，就把自己辛辛苦苦赚来的钱砸进去，希望赌一把。

股市是一个有中高风险的地方，太多的人对自己有几斤几两都毫无概念，他们不亏谁亏呢?

第58条：投资者是否合格与资金量无关

这个“合格”不是美国市场所定义的“合格投资者”，美国市场是用简单粗暴的分类方法将资金100万美元以上的个人和资金1000万美元以上的公司视为合格的投资者。

国内也有类似分法，新三板就是投资者必须有500万人民币才能投。其实这里有个“合格投资者”的概念，只不过我们用的是钱多少（资金量）来衡量的。

当然，监管部门为了管理方便，认同钱多可以扛的风险比较高。因为一个人既然能赚到那么多钱，总归是比较聪明的，承受力自然也应该更强。

第59条：合格的投资者要知彼知己

在我看来，任何市场都有其独特性，“什么样的土壤长什么样的庄稼”。

如果让我来评估一个A股投资者是否合格，我会问：“你对A股市场有没有最基本的认知？”

首先，A股市场不同于西方市场，有很显著的特点。我们的政策就和西方不一样：我们有T+1、涨跌停板、监管、政策市；我们有庞大的散户群体存在；我们的公司治理结构方面存在一些缺陷；而且我们A股的年龄比较短。

其次，你是否对自己足够了解。很多人对自己根本不了解，会错误地估计自己的能力。散户千万不要做超出自己能力范围的事情，必须清醒地认识自己是比较贪婪、胆小的，一下子跌到一定程度，就会慌乱。

既然这样，你就定义自己是一个普通的人，先分清楚什么东西能做，什么东西做不好，然后去做自己有把握的事。然后，就还是那一条最基本的原则——知彼知己。

很多人输，其实是输在对自己不了解。所以，一定要先检验自己是不是一个合格的投资者。然后再谈在A股市场上能不能赚到钱，能不能掌握更好的方法，甚至去战胜市场。

第60条：学习是唯一让自己合格的方法

在A股市场，首先要认清自己，然后认清市场。如此一来，唯一的方法就是学习，站在巨人的肩膀上找到适合自己的一套方法。

我认为只有一个懂得学习的人，一个懂得分析过去成败的人，才适合A股市场，因为A股市场永远在发生变化。一腔热血冲进来，就想战胜市场，那只有靠运气，但运气是无法持久的。只有摆正自己的位置，找到属于自己的方法，不断补充自己，不断学习，才有可能去战胜市场。

希望大家都能尽快成为一个合格的投资者，当然这很难，但是如果连最基本的学习都懒得去做，那你输的概率会更大，这是很可惜的。

第二十章 科创未来是国运之争

科创未来，我们用洪攻略找出当中的逻辑，把思路讲清楚，你会发现“科创未来”的整个逻辑链，即证据链是非常完整的，所以我们用几篇文章来具体阐述科创的未来。具体来说，有以下几个层面：

第一个层面：为何科创未来是国运之争？

第二个层面：科创发展的路径是什么？这对我们理解“为什么选择资本市场”有很大帮助。

第三个层面：华山一条路。必须借道资本市场，资本市场如何担起这个责任？如果担起这个责任，资本市场怎么发展？担不起，资本市场又怎么发展？

第四个层面：发展科创板，对资本市场的反作用有什么影响？

第五个层面：科创借道资本市场，对大盘、板块、投资者包括洪粉家人意味着什么？

我在私享会上说科创未来是国运之争，“国运之争”这个词是形容科创的地位很高端。但是大家不一定非常理解，怎么就上升到国运了呢？众所周知，科学技术是第一生产力，科教兴国是我国一贯坚持的国家政策。所以站在国家层面，科创一定是国家战略，属于顶层设计的。现在明确把科创未来看作是国运之争，当然还有各种各样的具体原因。

1.内忧外患需科技救国

改革开放40年，我们取得了很多进步，但是我们也碰到了很多问题。2018年，用“内忧外患”四个字来形容我们遇到的困难一点儿也不为过。比如中兴通讯事件，以及现在华为遇到的一些情况，都让我们感受到科技创新的迫切性。这就警示我们，如果在科技方面再不创新，再不有所发展，那我们未来怎么办？未来我们怎么有机会发展得更好？

2.我国经济发展转型的需要

随着改革开放的逐步深入，我国的很多传统领域也发展得相当不错，甚至个别行业已有发展过剩之嫌。这就有一个寻求转型的问题，即有没有其他路可以走呢？发展科技，用科技带领我们各行各业的产业进行升级、转型，这样才能满足广大民众不断增长的需求和需要。

3.走向全球市场发展的需要

经过几十年的努力，我国的国际地位已大幅提升，市场占有率在世界范围内也非常高。在这个时候，很显然国家需要更大的市场，需要走向全球。采用过去传统意义上的低价策略，或是没有知识产权的一些东西是走不远的。所以，我们一定要创新，要勇于发掘更有技术含量的产品。

4.2008年“救”经济中的遗憾

2008年，我们在经济方面碰到一些大问题，当时国家用4万亿人民币把经济救起来了，但是大家还是感到有些遗憾。因为当时承担这个重任的，仍然是传统经济。这一次，我们同样碰到一些经济方面的困难，但是达成了一种共识——稳经济的方式不应该重蹈覆辙。所以，所有的稳经济的力量都应该放到科创上来，而且科创板一定要采用注册制。从这个角度来看，如果这次中华民族不能转型成功，那么我们很可能会遭遇大麻烦。

5.美国经济转型的成功经验

美国在发展过程中同样碰到过这个问题。20世纪第二次世界大战结束后，美国经济快速发展，随后他们的传统行业也出现了各种各样的问题，就连汽车城底特律的发展都步履维艰。然后美国人走了一条自救的路，即科技救国。他们利用互联网技术，牢牢抓住了这个机会，继续站在了世界的最前列。可以说，美国之所以能继续领跑世界，领先于世界上很多国家，靠的就是技术的进步、科创的发展。

6.科创强国成为时代共识

总之，科创强国已成为时代共识。现在国家非常着急想发展科技，由此采用的一些促进政策在资本市场表现得非常明显。

比如强推独角兽指数，中概股回归，甚至涉及cdr来，其目的是什么？

就是想支持其他科创企业。2018年11月份，股市奇差无比的时候，科创板推出了注册制。以前一提到“注册制”这个词，就会觉得特别吓人。因为注册制的提法曾让股市出现过股灾，但即便是这样还是要强推出来，可见市场完全达成了共识。

我们中华民族要突破重围，也要借道科技发展，这才是华山一条道。虽然这条路不好走，但以中国人的智慧，再加上这么大的决心，我坚信这条路一定能走成、走好。

所以说，科创未来一定是国运之争。大家一定要牢记这一点，它跟后面的逻辑关系是相通的。

第61条：取道资本市场——科创未来的华山一条路

科创未来应采取怎么样的发展路径呢？

过去科创的发展路径——有不足之处

过去，我们科创的发展路径是什么呢？投资军工。众所周知，军工都是高科技，在当时的情况下，我们没有条件自己去研究那些高端技术，而别人又不愿意卖给我们，但是国家的发展又必须有军工做后盾，因此我们不得不将钱投入到军工上面。后来，我们国家的很多科技创新都来自于军工方面，又叫军转民。这是一个过去的路径。

过去的路径发展到现在，投入非常大，但是它的投入产出比却不高。为了发展国防科技，国家当然应该不计成本地去投入，但是如果我们的民营或者民用的科技发展也需要国家大规模投资的话，很显然并不现实。

西方的一条成功之路——硅谷的发展：资本和科技创新的高度融合

西方有很成功的一条路，尤其是美国人走的一条路，被称为“硅谷”。硅谷是什么？硅谷在科创发展方面做得非常好，但是它更借助于多层次资本市场。美国的华尔街很厉害，美国的创投也很厉害，其实它们都借助于整个资本市场的推动。美国资本市场的结构或者说金融市场的结构跟我们的完全相反，它的整个结构很清楚，银行支持企业的资金只有20%多，其他资本市场对于整个市场的资金提供却有70%多，几乎接近80%，这与美国整个经济的发展是完全相匹配的。

之所以会是这种情况，是因为美国的科创企业很厉害，服务业很厉害，人很有价值。相反，那些重资本的传统制造业却不是很强。因为转型了，而且成功了，所以现在大家都说美国也在讲制造业回归，其实这个制造业回归模式跟大家理解的是不一样的。它其实是一个新型制造业的回归，也是一个知识产权更高的制造业。它真正制造的部分价值并不高，反而是其他的附加值更高。这跟我们过去是不一样的。从这个角度来讲，美国的金融体系和它的经济发展是完全相匹配的。

目前我国科创发展的软肋——间接融资比较难

在我们国家，科创发展一直是我们的软肋。原因很简单，我们传统的以银行为主的融资体系，也就是间接融资体系，无法支撑新型的科技的发展。因为科技没有重资产，向银行去借款的时候，需要抵押资产，而科创企业仅凭一两个科学家或是某个专利技术是很难借到款的。但是科创企业它又没有很多的土地、很多的厂房，也没有颇具规模的生产线，也就是说它根本没有可以值得抵押的东西，怎么可能借到款呢？然而要想从银行贷出款来，必须要有抵押品，这是银行的固定收益。

科创未来华山一条道——取道资本市场

要发展科技，必须借道资本市场，这已成为共识。既然借道资本市场来实现我们的科创未来已经是一个定论了，那么中间肯定会有曲折，这个也是华山一条路。也就是说，不管经历多少艰难险阻，我们都必须走到这上面来。否则的话，我们就只能处于被动地位，受制于人。

第62条：资本市场能否担起发展科创未来的责任

既然要借道资本市场，就要思考资本市场能否担起发展科创未来的责任？但是在我看来，现在的股市绝对担不起这个责任。每周发行两只股票、三只股票或是四只股票，大家就已经很紧张了，因为市场根本承受不住。如果是这样的速度，如何去支持科创企业发展？因为现在有大量的科创企业，都嗷嗷待哺，想上市，即便能融资几百个亿，又能解决什么问题呢？我认为资本市场必须要为科创企业输送千亿元，甚至万亿元，才可以实现我们所谓的“科创未来”。

只不过现在很多人在讨论科创板的时候，还盯着“科创”两个字，而忘了“板”。所以，当前的市场是承担不了科创未来这个重任的。

可是，既然大家已经意识到科创这条路必须走，不借道资本市场又走不了，那我们就要想办法解决面临的问题。应该怎么办呢？建设一个强大的、充满活力的资本市场，就成了一种共识。当然，这需要一点时间，所以我们用了一个词叫“科创未来”，过程可能不会一帆风顺，但这个意识一定要有，否则这个任务是完不成的。只不过现在科创板没开出来，大家还不知道它究竟是什么样子，能不能成功，能不能完成任务。

（本文首发于2019年1月27日，请根据当时的行情理解本文的案例）

第三部分

A股的时代机会

第二十一章 这是时代的机遇

回顾A股的历史，自1990年国内股票市场设立至今，我们经历了庄股时代、游资时代、基金时代到价值投资的时代。同样也经历了6124和5178两波大牛市，以及创业板从585点一路涨到4037点，这些都成了那个时期鲜明的记忆点。在这个过程中，有的投资者搭上了这班车，从中获得了不少收益；有的可能成为股市中的牺牲者。大家和股市一起从不成熟到渐渐成熟，再到现在的逐渐国际化。

A股的国际化如同中国经济改革开放一样，股市遗留的一些历史问题随着国际化的到来也将得到有效化解。从过去中国人自己玩到现在国外玩家的加入，投资风格和理念的碰撞，让人们对股市有了更好的认识。在即将来到的新时代中，股市越健康，对经济社会发展所起的作用也会越重要。

根据这么多年的投资经验，我总结出一个非常大的逻辑，它跟随了我很多年，其间我也讲过无数次。对我个人来讲，我认为思考它是特别受益的。所以在这里，我要把它再说一遍，只讲“大我”大家可能不愿意听，所以我要把“小我”带进去，从“小我”来推导“大我”。

第1条：金融业改革开放是博弈筹码

首先，我们从现在投资的一些表象上去看问题，大家都在谈中美贸易战，它已经不光影响到国家的前途、未来，A级市场的投资者也在关心它究竟会对股市产生怎样的影响？比如每次中美之间谈判的消息一发出来，包括特朗普发条推特，大家都很紧张，可见这件事情对我们有很大影响。

我一直用过去讲的“大我”来思考这个问题：为什么会出现中美贸易战？因为过去我们已经高速发展了40年，祖国变得越来越强大，在这个过程中，美国越来越感受到我们对它造成的一种压力。

过去我们做了很多动作，它可能都不在意，但现在它变得特别在意。现在你的体量足够大，它受不了。从贸易顺差，就对我们来讲如此之大，或者说我们制定的规则、产业保护的政策，它认为可能是不公平的。

在这样的关键时期，国家做出了一项关键的应对，开启了“博鳌论坛”，这是我们针对中美贸易战打出的一张牌。我们就是要更大的开放，尤其是金融领域。

第2条：资金价格迷失是所有问题的根源

其实过去我一直在讲一个观点，我们要打一场金融领域的战役，从上海打向全球，走出一条资本之路。也就是说，金融领域要走出国门，真正融入世界，真正实现中国梦。

过去几十年的改革开放，其实只做了一件事情，解决了商品价格的扭曲问题。所有的方式、方法及采用的策略，目的都是希望我们制造商品的能力变得更强大。事实确实如此，经过多年的改革开放之后，中国的产品已经卖到全世界，这是之前不敢想象的。

在这样的情况下，我们突然发现有一项更重要的事情制约着我们的发展，产品价格找到了，资金的价格迷失了。我们根本不知道人民币值多少钱，说人民币高估的有，说人民币低估的也有，但就是不清楚具体方向。

从资金的利率可以看出来，去银行借钱6%、7%，但是民间30%、40%，同样是钱，为什么在银行就不是很值钱，在民间就特别值钱？中间的差价和当年的商品一模一样，当时商品有钱还买不着，要凭票，因为那个时候商品市场极度不发达。

从这种角度来讲，只能定义一点，我们的金融市场还是不够发达，并不是印了多少人民币放在那里，钱多就很发达了，而是钱的使用能力和市场化进程都没有与时俱进，所以才造成了资金价格的扭曲。事实上，几乎所有的问题都跟资金价格扭曲相关。

第3条：金融市场只靠监管还不够

为什么说中美贸易战和它有关系？因为国与国之间的博弈，最怕的恰恰是金融领域出问题。众所周知，我们的金融市场是个逐渐走向国际化的市场，这很容易遇到很多新问题。所以我们才会对金融进行强监管，强监管的后果是什么？股市一直跌跌不休，涨不上来，有些股票市盈率很低，很多银行都跌破它的净值。

另外，我们在压杠杆，这就导致很多企业融资更难。现在市场上的资金价格变得越来越高，我们被迫降准，采用各种各样定向的货币手段，期望缓解问题。这些都是很被动的方式。按道理，现在全球经济都走好的情况下，我们经济也不是太差，我们的资本市场不至于这样。因为目前的金融资本市场造成了我们对市场的判断存在了重大误差，不知道股价应该多少合理，甚至都不知道房价应该怎么样比较合适。

这样的情况，对很多方面的影响都非常大。如果市场不能解决金融问题，那现在很多问题都无法解决。

第4条：迎接金融开放大时代

由于金融改革方面的滞后，让我们几乎失去了一个互联网时代。百度、腾讯、阿里巴巴、京东四家代表我国互联网先锋的顶尖企业，其股东都是外资，它们也都在大陆之外上市。这四家公司在大陆赚了很多钱，但大部分的利润要分给海外的投资者，相当于他们在分享我们的互联网时代。我们在金融领域的教训其实非常多，包括当年银行的改制，也是海外的机构赚得盆满钵满。

市场化不够充分，根本判断不了这个市场怎么回事，哪怕在人才培养、制度建设等方面都大大落后于西方。在它面前，我们就像一个永远长不大的小学生，不知道应该怎么样才能够做得更好。这恰恰阻碍了我们的发展，也碰到很多问题。举个例子，其实我们早就意识到应该快速改变金融的状况，也在做金融的改革创新，但后来又碰到大量“P2P”公司出问题。

我倒认为这其实是很正常的现象，“P2P”公司，就跟30年前倒卖商品的公司一模一样，它们在赚价格双轨制的钱。因为资金的价差非常大，就会有人利用。

其实我们应该鼓励这样的企业，让他们找到钱的真正价格，但一定会有人鱼目混珠，做很多不法勾当。这跟当年商品领域一样，生产假冒伪劣商品，以次充好。那个时候，我们的解决办法是一把火烧掉那些假冒伪劣的商品。

我们真的应该感谢那一代的改革者，他们并没有因为这一点就走回头路，还是坚定地改革开放，最后让中国制造走向了全球，让我们国家现在成为全球第二大经济体、第一大工业国。但是在金融领域，我们还要奋起直追。

这一次的倒逼式改革，路真的走对了，金融领域要大开放。如果这个结一旦解开，就像有位证监会领导说的，前40年是中国商品引领全球，未来40年应该是中国资本引领全球。

既然这样的高层官员都意识到这一点，相信未来金融资本市场改革开放的新时代已经不远了。

第二十二章　流量为王的时代，A股的机遇在哪里

何谓商道？流量为王。

哪里流量大，哪里就能赚到钱，所以大家都在抢入口。

何谓“流量”？人、信息与资本。

过去修的是产品的高速公路，现在修的是资本市场高速公路。

机会何在？在三四线，在消费升级。

三四线城市的人口其实是壮大的，其需求也会加大。

第5条：哪里有流量，哪里就有商业机会

一个好的投资者，必须认清楚市场的商机究竟在哪里。

现在是互联网时代，大家都看流量。有流量就一定能赚到钱，所以大家都在抢入口。只要大量的人在关注，在往这个方向走，就一定会有商业机会，而这一切都与“流动”有关。既然流动就要付出成本，而这些成本就是有些人的商业机会。

俗话说，此山是我开，此树是我栽，要打此路过，留下买路财。最赚钱的生意就是，如果能够镇山为王，让别人从这儿经过的时候，都要付你钱，这叫有流量。如果这没有人过，那你赚不到钱。如果把它引申为收费站，那么最赚钱的就是建一个收费站。巴菲特在8岁的时候就想过在家门口建一个收费站，如此一来，路过的人都要付他钱，然后他就成富翁了。同样，哪怕你想开一个小卖部，都要开在人流比较繁华的地方，这样才能赚到钱。

因此，关注流量很重要，把它引申为商业机会就是什么地方有流动，什么地方就有商业机会。这个道理放到股市就是，资金流向哪里，那里可能就是能赚到钱的机会。

第6条：人流，信息流，资金流

第一大流动：人的流动。中国为什么房地产业那么好？就是因为人的流动。

第二：信息流动。在互联网时代，大家为了抢流量恨不得打破头。百度、阿里巴巴、腾讯都是因为抢占了流量，所以赚了很多钱。

第三：钱的流动。金融机构并不生产具体的东西，但是它们却能赚到钱，究其原因就是吸纳老百姓的余钱，然后再将这些钱贷出去，从而赢得利润。也就是说，钱从它那里流动一下，金融机构就赚了钱了。

所以全球都在抢国际金融中心，就是希望全世界的钱都跑来过一下，流动一下。钱的流动是最大的商业机会，包括证券市场、资本市场都一样，都是资本、资金流动的过程。未来的改革也讲要致富先修路，过去修的是商品的高速公路，现在修的是资本市场高速公路。从这个角度去思考问题的时候，就会发现商业机会很简单，就看有没有流动。

第7条：一线城市的流量已经遇到天花板

最早期，大学生都想留在大城市，而且各个小城市的人，甚至包括农村的人，都去了大城市工作、生活，因为大城市里有很多的资源，所以大家全往大城市聚集。这就导致大城市的人口一直在快速增长，上海也是从1000万人到1500万人，再到2000万人，而人员的增长，自然而然就会带动消费。

比如，一个人待在大城市，首先要解决住的问题，要有自己的住房或者要租房子，这就造成了一线、二线城市资源的快速聚集，最后造成了房价开始快速上涨。这在农村的城镇化过程中，一直是一个非常大的虹吸现象，即一线城市吸二线城市，二线城市吸三线城市的，甚至整个农村走向小城镇的过程。这个过程走到一个阶段，你就会发现一线城市的房价涨得越来越高，从而导致一线城市的人生活成本大幅度提高，大家压力非常之大。

当然，国家也不希望一线城市的房价继续涨，于是用减少一线城市土地供应的方法，企图遏制房价的继续飞升，这个措施虽然在一定程度上起到了调控作用，但是依然无法从根本上解决房价继续上涨的问题。于是，国家一边限制城市的土地供应，同时又限制它的人口扩张速度。从2015年开始，上海人口的流入已经是负增长，其实这是很可怕的。因为人口减少，消费就会减少，这对城市的发展是不利的。

第8条：三四线城市的流量刚刚启动

过去大学毕业之后，很多人留在北京、上海，现在这些人选择回到三四线城市去，这就是人员的回流。人员回流这种情况一旦出现了，会影响很多的市场表现。很简单的一个道理，因为三四线城市的房子很便宜。这些人一旦回到了三四线城市，三四线的人口一壮大，需求也会加大。

但是三四线城市的消费习惯跟一二线城市是不一样的。三四线的房价相对一二线城市来说，相对较低，人们买房子不需要花太多的钱，这也就促进了其他消费的增长。而且，现在的年轻人已经跟父辈从本质上拉开距离，他们的视野比父辈更开阔，教育理念也比父辈更超前，有些年轻人即使回到三四线城市，也继续保持着不错的消费水准。有些品牌在三四线的销量并不差，这与年轻人的消费理念发生极大的转变是分不开的。

第9条：小镇青年带来消费升级

三四线城市的流量一旦启动，随之带来的就是消费升级。

消费升级是什么意思呢？由于他们在三四线城市待遇还不是很高，可能不能拿到很高的工资。但是也不用花大量的钱在房子里面，所以他们的消费能力还是不错的，但是也不可能追求特别一线那种大品牌。这些城市迅速成为奢侈品品牌的一个新战场，很多奢侈品品牌会渠道下沉，要走向三四线城市。另外，由于三四线城市是年轻人为主，增量比例非常高，占到百分之三十几。由于现在是互联网时代，信息的交流非常快，对品牌的认知度也是非常强的。这种时候就会发现，三四线城市的消费，对于很多上市公司的影响是最直接的。可能很多过去的二线品牌卖得最好，因为这些恰恰是三四线城市的小镇青年的消费主流。过去他们可能不会去买这些品牌的家电，现在需要了，甚至包括一些个性化的服饰。他们也会有自己的教育观念，对于小孩的教育，跟父母一辈是不一样的，包括对于互联网的应用也是不一样的。

消费升级，还不是简单的一线城市的消费升级。一线城市可供选择的品牌的服务更高端，价格也更贵。而三四线城市能够承受一定程度的高价，但不是特别贵的。然而它的群体基数大，可能会催生一批过去被划为二线的品牌的崛起，包括一些教育、健康产品等。比如，随着互联网的发展，很多过去在三四线城市根本不会挂牌的消费品牌开始渠道下沉，走向三四线城市，而且卖得还不错。过去人们不会买的东西，或是不轻易消费的东西，现在也能主动消费了。而且，三四线城市的主力多是年轻人，增量比例非常高，占到百分之三十几。三四线城市的人买车通常不会买特别高端的车，所以总价在十万到二十万之间的车可能就卖得很好。如此一来，就会拉动一批类似这样的消费，相关的上市公司肯定就受益。这个趋势刚刚开始不久，只要国家关于一线城市口子不放开，或者一线城市的房价一直是那么高，三四线城市相关的投资机会就会突显。

人们就这样从一线回到二线，二线回到三线，三线回到四线，慢慢地回流回去，三四线城市的消费模式和习惯也会逐步缩小与一二线城市的距离。顺着这个思路去买，我们就能买到一些好的公司、好的投资标的。

第二十三章　人工智能，让人类“永生”

都说2018年的股市是科技股的天下，谁能抓住这个机会，就能有一个不错的收益。

在科技领域中，人工智能是一个绕不过的话题。国内国外的大佬每逢重要场合必谈此事，普通大众对此也是热情不减。“人工智能”本身就是个科幻感十足的词汇，与众多领域也有密切关系，像机器人、自动化设备等，可以说是计算机科学中非常重要的分支。

此前，阿尔法狗与柯洁的围棋比赛，到现在还令人记忆犹新。不仅围棋界的人士高度关注，金融界的人士也如此。当时诞生了一个新的热门概念——“阿尔法狗”概念，顿时与人工智能有关的股票成了热门炒作对象。2018年，中国国际大数据产业博览会开幕，大数据、人工智能再次成为热议话题。但对于人工智能的态度，其实各界看法不一，有乐观也有悲观。

已故科学家霍金、特斯拉创始人埃隆·马斯克都是“悲观派”，他们认为人类应该更为谨慎地对待人工智能。与之相反的乐观派们，则认为对于人工智能的焦虑是多余的。其实，不管乐观还是悲观，科技的发展总离不开一个准则——以人为本。

我曾经写过一篇文章，名字叫《镜像机器人——让那个你更喜欢的自己永生》。那篇文章只是很简单地讲了一个逻辑，这里要把那个逻辑升华两层。

说到“永生”，可能很多人都看过、想过，每个人都希望永生，但是大家都知道那是一个不可能实现的事情。

我在做“洪校长的投资课”第二季的时候，专程讲了机器人、人工智能，当时我做了很多的思考，得出一个结果，我认为“永生”即将变为可能。

第10条："永生"的三种方式

关于永生，其实人类有三种方式：

第一，生物学上的"永生"。

所谓"永生"，就是一直活下去。在古代，无论哪一个国家的皇帝都在求长生。那些术士、道士，都为了永生找长生不老丹，包括徐福东渡，带了三千童男童女。他可不是为了去日本，是希望找到仙丹可以长生不老。但是这么多年，这么多个朝代轮换，没有人炼出长生不老丹。

现在科学进步了，通过基因技术，通过科学方法，有没有可能让人达到"永生"的目标？目前没有实现，以后能不能实现，一切都未可知。

第二，哲学上的"永生"。

这个已经实现了。有的人活着，他已经死了；有的人死了，他永远活在人们心中。这就是哲学上的"永生"，也是人类的一个追求。

第三，科学让人"永生"。

人工智能可不可以让一个人永远存在？我用的是"永远存在"，不去讨论这个人的生与死，讨论的是他过去所有的状态是不是永远存在下去，而且是一个"真"的他。这个"真"是指他的思想、思考、思维是真的，什么都是真的，但躯体不一定是真的。那这个人是不是真的？不知道。但他一定永远存在，因为人的所有交流都是一样的。

第11条：对人类"永生"探讨的四个方面

数字化：将人类所有的数据统统上传到电脑上，这样人类就可以抛弃肉体局限，达到一种死亡后的全新生存形式。

生物技术：也就是通过DNA技术的突破，使得细胞衰老速度变慢或者一直保持活跃，这样人类的寿命可以不断延长，并且年轻的时间也更长。

机械化：这个其实算是对生物技术的替代方案，如果人类始终没办法突破细胞衰老的难题，最后将人的身体组织替换成机械。

克隆技术：这个技术现在已经不算难题，但克隆出来的人可能如同白纸一张，所以需要将被克隆者的记忆等信息全转移到克隆的身体中去，通过这种不断更换身体的方式让人永远地生存下去。

这些技术对于喜欢科幻的朋友来说，是耳熟能详的，所以这里也只是抛砖引玉。

第12条：人工智能完成“永生”

人工智能能不能完成“永生”？当然可以。所以人工智能再往后发展，一定会出现让人“永生”的一个考量。

我曾经举过一个例子，等人工智能发展到一定阶段的时候，一定可以有这种情况。假如一对夫妻，太太怀孕了。这个时候，他可以同时间去人工智能的工厂预定一个机器人孩子，把它领回家，和他的孩子同时出生，共同长大。一个是机器人，一个是他的亲生孩子，这两个孩子天天在一起深度学习，互相交流，机器人可以从这个时候开始伴随着他的孩子一起长大，程序一直更新。等到一定阶段，机器人一定可以做到和他的小孩一样，逐渐有自己的思考能力，就这样陪伴着孩子一直长大到18岁。所以，将来人类变得不再孤单，自从出生的时候，就有一个和你一样的镜像机器人一直和你在一起，做着和你同样的事，彼此共同成长。而且机器人比人类更强的地方是，它肯定比人类更有耐力，比人类能够吃更多的苦。它可以读很多书，人类不愿意读的，它可以去读，翻阅资料的能力也比人类强。

如果真的是这样，一直到这个孩子18岁、50岁、100岁，甚至孩子都去世了，这个机器人还在。但是，因为它跟这个孩子是一模一样的，所以它可以一直伴随着这个孩子的家人。这时候，如果孩子只是消失了，但整个的这个人还在，就可以解决思念之苦，那些爱他的人，他爱的人，其实都不会消失，因为这个机器人还在，他的音容笑貌一定是一模一样的。

这算不算“永生”？我说它是“永生”，至少永远存在了，而且它的存在还会比自己更好。人都会有个特点，随着他慢慢地长大之后，可能到60岁、70岁的时候，都想留下来的自己是更完美的。

第13条：智能核心载体是数据支持

谁都希望人工智能机器人做得比自己好，不希望真正留下来的“他”有自己的臭毛病，尤其是和人类价值观不太合拍的毛病，要把它去掉。那个能够“永生”的自己，可能比自己还要优秀和完美，这就非常有意思。等人类发展到那个阶段，真的很好。

但是，回到眼前，我们又忍不住会想：这和现在的生活有什么关系？毕竟现在还没有人工智能的工厂可以去订一个孩子，这才是关键。

古往今来，那些名传千古的大人物，他们之所以能流传百世，正是因为他们的事迹被记载下来。而被记载下来的人，通常都是英雄、皇帝，或是改朝换代的人。后人以史为镜，社会自然不断向前发展。人工智能也一样，只要给它足够的数据，一定可以把很多的事情分析出来，甚至可以往前推进，这叫大数据支持。只要有一定数据，我们就可以让过去重生。比如，通过考古，我们可以还原历史，拍古代的电影、电视剧。

所以，如果你想让自己“永生”，那就尽量留下更多的数据，多留下你的音容笑貌，把你的思想、想法多多地记录下来。

第14条：“永生”是重塑人脑思维

虽然目前的生物学还不足以让人类达到“永生”，但将来却未可知，或许500年、1000年以后，人类期待已久的“永生”能力就实现了。所以，现在我们要多武装自己的思想，等到人类再造人体的能力加强了，就可以把我们的脑系统还原、重生，还可以把我们的心脏系统，甚至整个身体，包括皮肤、血液都能再造，届时我们就真的“永生”了。甚至说，你想把自己“永生”在多少岁，就可以“永生”在多少岁。

第15条：科技“永生”，追求平衡

过去我一直研究佛教、道教、基督教，有个问题一直没解决：大家究竟在修什么？

有些人是在修今生，有些人修来世，有些人修今生为来世，有些人修来世为今生。不管哪一种说法，好像都很虚无缥缈。

其实，通过科学技术的日益发展，即便人可以“永生”，仔细想来，也是轮回。因为“永生”是在故我的基础上构建出来的，你原来是什么样的，“永生”的你也是什么样的。

如果有一天人类真的可以借助科技“永生”，说不定会制定规则，比如只有对社会发展有贡献或是符合一定指标的人才允许永生，而那些对社会毫无价值、毫无贡献的人是不能永生的。因为如果人人都能永生，想必地球也装不下。当然，现在人类已经发现月球、火星，将来也可能会发现其他的星球，到时候哪里都适合人类生存，可能就允许任何人“永生”了。

第16条：人或有永生，人性存始终

若人能“永生”，一定会选择最喜欢的自己留下来，这是很符合普适价值观的。

随着科技的发展，人工智能可能会把我们未来的时代变得完全超出我们的想象，但唯独人性不变。从人性角度考虑，我们当然希望有向善、感恩之心，让人感觉到舒服的行为能够保存下来，这样正能量才会永远传播下去。对此，我们满怀期待，希望有一天我们都能“永生”的时候，留下来的都是最美好的自己。

（本文首发于2017年3月9日，请根据当时的行情理解本文的案例。）

第二十四章　中国式价值投资，你值得拥有

何为价格？何为价值？

巴菲特说，一定要买价格远低于它的价值的股票。

价值投资是不错，趋势投资也挺好。

完美的股票谁都喜欢，因为它既符合价值投资的特征，又符合趋势投资的特征。

现在市场上谈论得最热烈的话题，莫过于价值投资了。但是首先需要大家明白的是，我们的价值投资与西方的价值投资有着截然不同的区别，如果你把两者混为一谈，将来可能是会吃亏的。这就要求我们必须搞懂，所谓的“价值投资”到底是什么？大家都知道，买一个企业的股票，首先要看它的成长性是否稳定，盈利能力是否较强，如果全都是正面的肯定答案，那这样的公司股票毫无疑问会涨。投资的理念和一个人的逻辑思维是相通的，这并不是让你去投机，而是让你找到一种真正意义上适合A股市场的，让你赚到钱的一种方法。

实际上，不管是投机还是投资，甚至于价值投资，这些都是很多人强加上去的定义，严格意义上并不标准。如果你一定要按照书本上讲的概念，狭隘地理解“价值投资”，那肯定会有问题的。A股市场虽然大讲“价值投资”，但是大家炒的什么？那些市盈率比较低、业绩比较稳，然后走得也比较好的股票，确实是有价值才涨的。然而，A股市场并不爱炒这些！

第17条：痛点变甜点是A股市场的一大特色

市场上有不少好公司，还有那些股价比较稳、业绩比较好的公司，由于盘子比较大，或者说在成长性方面不是很有想象力，所以它没涨。

那些曾经很有影响力的一些公司更多的炒的是它的成长性，因为你关

注它的成长性，就会有期待。如果最终没有兑现，那价格就会下来。

当然，市场上也会出现资金面比较少的时候，然后资金就会买更稳定的股票。既然是稳定，又想风险小，这就是“痛点”的股票。什么叫“痛点”？它并不是我们简单意义上讲的“价值投资”本身。

大概在2016年，当时有很多人向我询问下一个“痛点”在哪里，我当时回答的是在港股，然后我还告诉大家那个痛点应该会变成甜点。之后大家回头去看，2016年的港股真的还蛮甜的。

当时香港所有的股票估值都比较低。那时一说要价值投资，香港是最好的选择，它走得一定要比A股好。所以，2016年的港股恒生指数走得比我们的A股市场要好，原因之一就是价值投资的回归。顺着这个思路思考问题，你会发现一只股票有没有价值是要跟它的股价相比较。用巴菲特的说法，就是一定要买价格远低于它的价值的股票，它总会回来的。价值不会缺席，它只会迟到。

如果一个有价值的股票，它痛点不够痛的话，是没有机会的。即便它在其他的市场，也依旧没有机会。过去，我们的创业板也曾经跌到过500多点，这个数值很低。如果那个时候以“价值观”去看的话，恐怕很多人都认为它的500多点是没有价值的。如果真有人这么想，那从当下这个500点到后面的几千点，行情都跟它无关了。

第18条：所谓的价值投资，只是价值回归

一个企业的价值应该分两块，内生性成长的价值和外在性成长的价值。很多人习惯于把价值投资理解为内生性的一种价值，就是这个企业会有多少利润、盈利能力怎么样。

如果只是简单地理解到这个层面，就难免会忘记其他几个因素。我国每年的GDP增长还是6%多，是一个快速发展的国家，是一个成长性的国家，所以一定要考虑中国企业的成长价值。

A股市场上那些被炒作的股票，被打压得很厉害。因为它们的市盈率已经够高了，而且它们还有一种流动性溢价。另外，热点在哪里，炒作之

风也会往哪里吹，大家就会感觉这些股票有卖点、题材多。

一些好的公司，只要它的未来具备想象力，那么这种股票还是会被炒作。只不过，如果市场的资金量不够，这些股票仍会等待一个回归的过程。

第19条：要用发展的眼光去理解市场

当然，其实大家都希望炒那些业绩比较稳定的公司。但是，如果一个企业真的平稳发展，那市场给它的估值就是有限的。只有业绩好，又能成长，才是更好的。

所以A股市场的价值回归，其实是一个行业发展到一定阶段，大家对市场的认识开始发生变化，从一个大周期来讲，价值也是大家眼中公司价值的本身。讨论一个企业有没有价值，这本身就是一个静态的问题。但是A股市场炒的永远是动态的东西，包括市盈率也一样，它是动态的市盈率。

因此，我们只有从发展的眼光去理解整个市场，才是真正意义上的价值投资。现在风靡的价值投资，最终还是要从市场找认同，就是找到价值跟价格之间的差距。过去我们看到很多只有几倍市盈率的公司，可能过于低了，但它的盈利又很强，市场选择又不多的情况下，它们就变成了最安全的资产。因为毕竟像养老金这样的钱，它们是更希望做一些稳健的投资，它们考虑风险是第一位的。

有些企业正在快速成长，而这种快速成长也会有问题。它们可能更多地去学习那些稳定的公司，发展企业的内在价值。现在就能体现很好盈利能力的一些公司，它们的价值是现成的，是看得见的，养老金去买这样的一些股票的时候，就不用解释，心里也很稳，也不会受到指责。这也创造了一种价值投资的氛围。但在A股市场，价值投资永远只是我们整个投资里面的其中一个选项，甚至有时候它是阶段性地在市场上占上风了。

价值投资到了一定阶段，大家会炒作“价值投资”，可能过了一个阶段，价格又会远离它的价值。这个时候市场上就会平静下来，再来一个“回归”。

最终，大家所有的投资可能都不是为了分红，分红是最后的保障而已，更多的还希望在股价的差价上面能够获得更大的收益，这应该是股市参与者的一个共识。所以现在的价值投资，尤其A股市场的价值投资，对大多数投资者来讲是很难的，特别是散户。判断一个公司究竟好与坏其实并不容易，他们能做的更多是跟风，包括跟风去炒价值股票。

如果你有细心留意不难发现，怎么某一天创业板又强了呢？次新板块怎么也炒得很厉害呢？A股市场只要交易制度不变，我们广大的中小投资者还在，在A股市场鼓吹价值投资，还是要打一个问号的。

当然更重要的是，我们是一个发展中国家，我们更多的是寻找股市中的发展机会。因此，在这个市场上，如果我们要选股票，当然要选那些目前价格不高，这个企业未来还有很好的成长空间的股票。这是最好的，也是最理想的。这样完美的股票，既符合价值投资的特征，又符合趋势投资的特征，谁都喜欢。

还有一些有成长性的股票，它的价格高于它的价值，你可能就会认为它没有价值，其实当它的价格跟它的价值比较接近的时候，它的其他优势就体现出来了。到那时你去买它，就是一个很好的价值投资的标的。所以千万不要简单地去定义价值投资，弄得你像是要分红一样，那就完蛋了。

只要A股市场的关键特色没有变，这根弦就还是要有的。当然创造价值投资，也是未来的方向。推行价值投资，其实就是告诉大家A股市场也需要有一个发展的过程，让大家不要乱炒。但如果把价值投资当作一阵风的话，也是不对的。它是一个长期存在的东西，只不过它的重要性会变得忽高忽低。

价值只是我们投资股票的其中一个重要原因，所以千万不要简单地去理解哪些有价值，哪些没有价值，我们更多的是投资未来。

（本文首发于2017年3月9日，请根据当时的行情理解本文的案例。）

第二十五章　再战上海投资迎来历史大机遇

人生最大的机会一定是时代给予的，明白我们所处的时代位置，才能抓住时代赋予的机会，活出我们最精彩的人生。

2008年，一场源于美国的次贷危机让我国股市猝不及防，上证指数从2007年的6124点下跌至最低的1664点，跌幅达73%，堪称“股灾”。

2008年，我国改革开放了整整三十年。这三十年，是中国经济重返世界舞台的三十年，是民营经济飞速发展的三十年，是改革开放的春风把中国制造吹向世界各地的三十年，也是生态环境遭受空前破坏，产能逐渐走向过剩，金融改革严重滞后的三十年。

人们在为三十年改革开放取得巨大成就鼓掌的同时，对生态修复、消费升级、企业转型、金融变革的呼声也一浪高过一浪。

2008年底，我提出“战上海”，正是基于当时的市场环境，预言2009—2038年会是改革开放的新三十年，会是中国经济全面融入世界的三十年，会是资本市场改革开放的春风把中国资本吹向世界的三十年。而这一次，上海有能力、有责任、有条件走在前面。

前三十年的改革为解决物资贫乏问题，改革是从解决商品价格扭曲问题入手的。新三十年的改革必须从解决资本、资金价格扭曲问题入手。而上海是天然的金融中心，是和世界相连的最佳结点。

1979年开始的那轮改革，重大贡献是彻底解决了计划经济下的“物品短缺价格严重扭曲问题”，现在的中国物品丰富，价格不再严重扭曲。这三十年，我国通过大力发展民营经济、搞活商品市场、要致富先修路、招商引资等举措让中国制造具备走向全球的价格优势。

2009年国家确定上海要建设国际金融中心，2013年国家确定在上海建立第一个自由贸易试验区，2014年发布资本市场新“国九条”，十八大定调发展互联网金融等，都是力求解决我国资产结构、资本价值、资金价格严重扭曲等问题。

这一次改革路径也差不多，先搞活资本市场，要致富先修路，这一次修的是资本、资金高速公路，沪港通、一带一路、丝路基金、亚投行等项目的快速推进，都是希望以资本、资金打头阵，带领中国制造、中国服务走上台阶，并走向世界。

第20条：当时我们面对的是三十年一遇的历史大机遇

我们必须得弄清楚可以改变一个国家、一个企业以及每一个人命运的逻辑，否则我们很容易被黑暗的表象蒙蔽双眼。三十年河东，三十年河西，这是古人对历史风口的智慧解读，不是二十年，也不是四十年，是三十年。1949—1978年，1979—2008年都是三十年。深圳的成功源于最早站在了上一轮改革开放的历史大风口，深圳成功的最大受益者是最早站在深圳的弄潮儿。

对个体而言，A股投资者作为资本市场建设的参与者，很幸运地站在了资本市场改革开放的历史大风口（所有参与资本市场高速公路建设的人无疑处在风暴的最中心）。

相信通过新三十年来的努力，中国经济可以真正融入世界，并助力世界经济再上台阶，站在历史大风口的我们都将成为中华民族伟大复兴的功臣和最终受益者。

我国已经走到了资本市场改革开放的历史大风口！

正是因为这样的思考，我们很完美地抓住了2014年开启的那轮改革，抓住了资本市场改革开放受益最大的龙头板块券商及券商服务，洪攻略一战成名。

站在长江之口，传承历史，面向世界开拓未来：

从地理位置看，上海离美国更近，短兵相接。

从转型方向看，上海离未来更近，轻车熟路。

一个半世纪前，西方殖民者就一眼相中了当时还是小县城的“上海”，预见到这个长江入海口的荒滩必将成为东方世界的经济中心。在1842年中英《南京条约》中，上海被选为五处通商口岸之一，并很快因成为东西方贸易交流的中心而迅速发展。

至20世纪30年代，民国时期的上海不仅是中国人心中的“十里洋场”，也是民族资本家和民族资本产业最集中的地方。这里是冒险家的乐园，充满了创新和活力，成为东亚地区最繁华的商业中心和唯一的金融中心，被誉为“东方巴黎”。

独一无二的地理位置、百年“通商口岸”的历史，已将商贸基因、金融基因、海派文化基因融入上海的血液之中，上海是中国对外开放的窗口，是中国参与国际经贸大循环的重要枢纽。

新中国成立后，上海的主要任务就是服务于内地。改革开放后，上海成为中国对外开放的前沿阵地之一，走上高速发展的轨道，其商贸金融属性再次发扬光大，上交所是新中国第一个股票交易所，上海港也成为世界第一大港口。过去十年，高铁最先从这里驶出，世博会、迪士尼、大飞机等纷纷落户这里，自贸区、自由港也从这里试点起步。

放眼未来，上海作为“一带一路”倡议的桥头堡，引领中国资本市场改革开放，领导中国资本走向世界，建成国际金融中心，这是上海注定要承担的历史使命。

第21条：“战上海”抓住A股牛鼻子

2008年，正是基于对改革开放新三十年的判断，我提出“战上海”财富梦想行动方案，从抓主要矛盾、紧跟聪明的钱和做有可控预期的投资三个方面破解人生财富密码，构建了一套“战上海”投资哲学，以此为理论基础，才发展到后面的洪攻略投资体系。

2009年年初，我说过对“战上海”早理解早受益、晚理解晚受益、不理解不受益，事实证明确实如此。2009年理解了“战上海”的人赚得盆满钵满，如世博、迪士尼、双中心建设、国资重组、京沪高铁、大飞机六大战役，每一战都取得了辉煌的战果，并涌现出上汽集团、老凤祥、中路股份、外高桥、斯米克等多只涨幅超过3倍的大牛股。

再到2013年的自贸区，2018年的科创，都是六大战役的进一步延续。

所以，十年前我说“世界看亚太，亚太看中国，中国看上海”绝不是一句空话，选择在全球金融危机的低谷，战略上坚决看多并坚决做多的上海，才在后面新一轮的财富分配中占据了有利地位。

第22条：道路曲折艰难，趋势不可逆转

十年过去了，这是资本市场改革开放起步的十年，道路艰难曲折。

国家在金融改革方面做了很多尝试，也产生了很多问题，2015年A股发生了震惊世界的股灾，2016年险资“野蛮人”扰乱市场，2018年P2P又集中爆雷等，都直接导致金融强监管的降临、改革停滞甚至出现后退。

过去改革开放的三十年并不是一帆风顺的，这一次也不可能一蹴而就，一定会碰到很多预想不到的困难，出现反复，甚至矫枉过正也非常正常，但趋势不可逆转！

2018年，中国经济遇到近十年来最严重的困难。中美贸易摩擦升级，我们的出口企业被加税，我们的科技企业被卡住脖子，民企融资难问题暴露，导致内外交困，居民消费增速出现下滑，而以基建、地产“救灾”的模式难以为继，货币政策也受美元加息周期所掣肘，同时去杠杆政策上的误判更加剧了这些问题的短期爆发。

国家意识到中国经济转型升级的紧迫性，必须要加大科技创新力度，支持民营经济发展，而这一切的前提是要打破所有垄断的金融体系，建立多层次、充分竞争、更加强大的金融资本市场，发挥其资源配置枢纽功能。

第23条：科创五点要求，上海责任重大

2018年11月份，首届进博会在上海成功召开。从广交会到进博会，从出口到进口，这本身就是中国经济转型升级的标志，这一次国家选择上海成为领导者。

进博会期间，国家领导人提出在上海成立科创板、试点注册制，并对上海提出了五点要求：

一是更好地为全国改革发展大局服务。要把增设上海自由贸易试验区新片区、在上海证券交易所设立科创板并试点注册制、实施长江三角洲区域一体化发展为国家战略等三项新的重大任务完成好。

二是推动经济高质量发展。要把高质量发展着力点放在实体经济上，加快建设实体经济、科技创新、现代金融、人力资源协同发展的产业体系，全面提升上海在全球城市体系中的影响力和竞争力。

三是推动改革开放向纵深发展。要深化资本市场改革，吸引培育本土更多科创企业发展壮大。

四是深化社会治理创新。

五是提高党的建设质量和水平。

自贸区扩大，给上海加的是对外开放的担子；在上海证券交易所设立科创板，压的是创新突破的担子；提升长三角一体发展为国家战略，压的是龙头引领的担子。考验上海大气包容的时候确实到了，如何抓住这次历史机遇非常考验上海的干部队伍，创新意味着要打破规则，这对讲规则的上海而言是极大的挑战。

第24条：金融改革开放新时代，上海有大作为

通过改革发展金融资本市场去解决科创企业、民营企业融资难的问题，是新时代国家交给上海的任务。

2009年国家就提出建设上海国际金融中心，然而十年过去了，说实话效果不尽如人意。上海金融业并没有如预期快速腾飞，发展速度不够快，金融资产规模不仅被北京赶超，而且还被深圳不断追赶，上海虽然拥有全国最繁华的高楼大厦和金融大厦，国家已经定位它是国际金融中心，但离期望中的“国际金融中心”还有点距离。

中国太需要对金融系统来一场划时代的“改革开放”，像当年商品市场改革开放一样，需要无比的智慧和勇气，金融市场更需要市场化变革，

打破金融资源国有垄断。

这一次，国家对上海的要求不仅仅是把科创板办好，更提出要推动改革开放向纵深发展，要深化资本市场改革，这是对上海的信任，也是对上海的要求。金融资本市场改革开放的成功是实现中国梦的必由之路，打好金融这张牌，上海亦责无旁贷，大有可为！

第25条：经济升级创新驱动，国企改革必须破局

这一次国家选择上海，应该还有国企改革方面的考量。

强势国企与弱势民企的对立，传统垄断与科技创新的对立，都在上海集中体现。

虽然上海的人均国民生产总值居国内第一，但上海经济的主要支柱还是国有企业。在2018年上海企业百强榜上，上海本地最强的民营企业复星集团仅位列第22位，排在前列的是上汽集团、宝武钢铁、交通银行等国企。

上海曾经有许多家喻户晓的消费品牌，但现在只剩下上海家化、光明乳业这两家企业，且上海家化已经是深圳企业，光明乳业已陷入需要“拯救”的困境！在这些非垄断领域，国企的效率和活力显然不如民企。民企相对国企过于弱小，国企在资源分配中占据绝对优势，这破坏了上海创新土壤的形成，以至于在民企占据绝对优势的互联网新经济快速发展的十年中，上海反应迟钝，被北京、深圳甚至杭州远远甩在后面。作为一个国际性大都会，竟然没有一家真正属于上海的知名互联网企业！

国家期望上海能吸引培育本土更多科创企业发展壮大，首先就要培育科技创新的土壤，而国企改革是绕不开的坎，如果上海不能在国企改革方面取得突破，“科技创新”也终将成为一句空话。尽早启动上海国企的第五轮改革开放，尽早向国务院申请创建国资国企综合改革试验区，是上海的当务之急。

第26条：上海，是中国新一轮改革开放的名片

国企改革看上海，民企空间看上海，金融改革看上海，新一轮开放看

上海……

一个城市影响力和竞争力的重要体现之一，是这个城市所拥有的明星企业，如华为、腾讯、万科、平安之于深圳，百度、小米、京东之于北京，阿里巴巴之于杭州，这些具有国际竞争力、影响力的企业就是其所在城市的一张亮眼名片。

什么才是上海的名片？有世界竞争力的国企、有行业影响力的金融机构、有世界影响力的金融要素平台、有全球影响力的科研机构、有引领全球风尚的人群……

第27条：“战上海”投资哲学不会过时

历史总是惊人的相似，这一轮救市行情，上海本地股、科创股再次大放异彩，不到一个月的时间，市北高新涨幅超过200%，绿庭投资、张江高科、复旦复华、上海三毛等股价也实现了翻倍。紧跟聪明资金“再战上海”的投资者都已拔得头筹，以一个胜利者的姿态迈入2019年。

因为历史再次选择了上海，在未来金融资本市场改革和国企改革破局中，上海本地企业值得关注，但聪明资金一定会将这些演绎成资本市场最美丽的“故事”，“再战上海”意义非凡。

所以，“再战上海”决不仅仅是投资上海本地股，“再战上海”源于对资本市场改革开放新三十年的判断，“上海机会”完全可以扩展成为“上海效应”“科创效应”“金融改革效应”“国企改革效应”，继而向全国扩散。就像2014年券商板块的大行情，就像金融互联网的十倍牛股，就像围绕“一带一路”倡议的“炒地图”。

虽然这些年来资本市场从投资者结构到制度监管都发生了一定变化，但“战上海”投资哲学并没有过时，掌握洪攻略，理解“战上海”哲学，只有抓主要矛盾，跟随聪明的钱，做可控预期的投资，才能更好地抓住这次财富机会！

（本文首发于2018年11月30日，请根据当时的行情理解本文的案例。）

第二十六章 “独角兽”来了

绿色通道开了，“独角兽”来了！

要么你去寻找可能成为新的“独角兽”的公司，要么你去追求已经成为“独角兽”的公司。

拥抱它？远离它？

我告诉你，它可能是我们将来长期选股的一个方向。

近几年来，科技股逐渐成为市场关注的热点，其实背后都有政策的支撑以及未来国家发展方向的引导，也因此一下子打开了这些股票的投资预期。

从360回归A股再到富士康IPO闯关成功，证监会为科技公司IPO开辟上市捷径等，作为一个投资者一定能感受到一种新时代的来临，未来中国将更重视科技、网络、通信等带来的新变化。

作为一个A股投资者应该会感到非常幸福，因为过去我们国家的一些优秀的科技公司都在港股或者国外上市，想投资这些股票并不容易，而以后这些股票都可以在A股买到。

那么，我们该如何投资这些“独角兽”？如何拥抱“独角兽”，而远离“毒角兽”呢？

这几年来市场上最热的话题——“独角兽”，监管层要对“独角兽”企业开绿色通道，要回归A股，为此引发了广泛讨论，大家都在讲：这会在市场上产生什么样的影响？投资会有什么样的变化去应对它？

第28条：“独角兽”何以在此时引起大家的重视

“独角兽”一直存在，不管在E界、VC界还是风投界，大家都希望投一家“独角兽”企业。因为这样的企业一般在某个领域都很厉害，甚至会有垄断性的情况发生，而且它的成长性也很强。由此很多部门就给“独角兽”企业划定了一定范围，比如要有10亿美元以上，甚至百亿美元。现在大家之所以如此重视这个话题，这与近两年来股市的走势是分不开的。

近年来虽然A股市场不太景气，但是传统蓝筹，包括银行类、保险这样的股票涨得都比较好，可见传统行业更抗风险。但未来如果一直发展传统领域，是无法实现我们的中国梦的，所以国家也加大动作，推动科创板。

其实风投，包括VC、PE投资的企业，早期互联网领域、科技领域这样的企业更多，所以“独角兽”企业也是这样的企业里讲得最多的，这是它的一个基本的原理。

既然要用科技创造未来，那支持科技创新、代表未来的企业和新经济的发展，这是一个顺理成章的事。

第29条：什么样的企业未来能够成功

一说到这个话题，很显然就想到了“独角兽”企业，因为它具备了一定的成功模样，大家自然很容易想到它。而且，“独角兽”企业本身的健康发展，也容易让大家对它寄予厚望。

科技发展其实是让整个社会体系，包括行业的结构发生一些本质的变化。

第一，科技发展能解放生产力，还能大幅度提高人类的管理能力。比如说互联网是科技发展出来的，互联网可以扩大服务范围，过去可能一个企业服务于周边，有了互联网，就可以服务到更远的地方。

第二，科技发展可以提高服务效率，甚至可以直接通达到个人。

第三，科技发展可以降低服务成本。因为它可以服务很多人，所以成本会下降。它还可以让管理变得更简单，这就是科技的力量。

随着时代的发展，强者恒强，赢家通吃的时代已经出现。所以2016年、2017年，虽然国家的经济形势很严峻，但是很多大的企业业绩反而越来越好，其实是这个时代造成的。

由于社会进步、科技发展、管理能力提升，让大的企业甚至大的城市都具备了更强的竞争力。因为城市大的时候反而可以降低很多成本，所以将来可能要面临的都是一些企业会变得特别强大的市场。

既然这样，大家都会寻找未来会做得很大的企业，要么是已经长大了的蓝筹，要么是有可能会变得那么大的企业。

第30条：寻找“独角兽”是长期选股的方向

过去一直说从量变到质变，所以大家都在争流量，其实流量就是数量，但数量本身是很低层面的，真正的高层面的是质量和品质。这就是量到一定阶段的时候，大家要争取品质跟质量。

时代发展到这个阶段，更高品质的产品才会赢得大家的喜爱。要做一个好产品，大企业有品质管理、各方面成本的优势，它可以让品质做得更高。而一些小型企业生产的东西受各种条件所限可能就很粗糙，品质也不太够，它可能更多的是满足我们从无到有的需要，但还不能满足我们从有到好的需求。

所以说，寻找“独角兽”企业不是一时脑袋发热，它可能是未来长期选股的一个方向。因为科技发展或者说管理能力上升到这个阶段的时候，要么做大，要么就要面临死亡。越重视大的企业，越重视“独角兽”，那越平庸的企业就会完蛋，会越来越没有市场。

也就是说，在股市投资里要尽早远离平庸的公司，因为时代已经决定了它们不会有太多机会，甚至资本市场也在给将来能够长大、能够成为“独角兽”的企业很好的融资支持，目的是希望它们能提供更高品质的服务，带给我们科技的未来。

因此，将来要么优中选优，选择强者恒强这样的企业，要么就去寻找有可能还在边缘地带，但是有足够创新能力的公司。换言之，要么去追求已经成为“独角兽”的公司，要么去寻找可能成为新的“独角兽”的公司，只有这两条路可走。

第31条："独角兽"的问题在哪里

"独角兽"通常都很大，所以它占有的资源也会非常大。如果将来越来越多的"独角兽"公司进了A股市场，到时候我们的资金可能根本就跟不上，可能就会有很多平庸的企业的股价会越来越差，甚至A股可能会失血，这是我们可能要去思考的问题。

现在大家对"独角兽"可能有很多的定义，想法也不一样，参股的，投资的，各种各样的都有，甚至各种概念都乱炒一气。这个时候会造成把"独角兽"炒成"毒角兽"，最后导致它可能根本就成长不起来，或者说它根本不是"独角兽"，甚至不是这个概念。如果把它价格炒得很高，或者买了一个假的，那就很麻烦了，这样假的概念会炒得很厉害。

还有一种可能性，它确实是"独角兽"公司，但一家公司好不好和你能不能赚到钱是两回事。如果我们对"独角兽"公司给予过高的估值，恰恰在A股市场上它又推出了，你买的时候价格已经很高了，那对投资来讲它不是一个好的标的，你可能又赔钱了。

所以，结合过去我讲的很多理论，用洪攻略的思维抓住它的主要矛盾，然后去理解背后的逻辑，最后才能找到真正的"独角兽"。不管它是题材炒作或者长期的发展方向，你只有在其中能够赚到钱，才能够立于不败之地。

（本文首发于2018年3月13日，请根据当时的行情理解本文的案例。）

第二十七章　鼓励生二孩，投资机会有没有跟着来

鼓励生二孩，投资机会有没有跟着来？

政策出来之前，是最好的阶段。

是做娃娃生意有钱途，还是做老人生意更靠谱？

如果把这些逻辑关系理清楚之后，你会发现对我们投资非常有好处。

如果人口红利时代要终结，做什么投资才能逆袭赚大钱？

未来还有很多机会，股市也一样，你看你能不能抓住。

2015年10月，国家正式放开二胎政策，鼓励大家生育。这件事从表面来看，好像并不算是一件大事，但细究它背后的深意，就不难推测出我国经济正处于一个什么样的阶段。过去很长一段时间，由于国家各种物资不富裕，一直在积极推行计划生育。随着人民生活水平的提高，养育二胎好像不再是很难的事了。但是，古语有云，“牵一发而动全身”，放开二胎会对我们的经济产生什么样的影响呢？股市又会蕴含着与此相关的哪些机会呢？

第32条：全面二孩是人口红利的解药

全面放开二胎，就是人口红利快结束了。一旦我们的老龄社会到来，如果想保持一定的经济发展速度，那就必须缓解很多的压力。因为现在的人口结构，如果说还是一胎，那年轻人以后会很辛苦。一对夫妻要供养4个老人，对于整个社会来讲，压力非常大，这就是整个政策转向的背景。

那为什么人口老龄化，会造成我们的经济增速下降呢？其实这里面有一个很简单的道理。如果社会上赚钱的人少了，达到65岁以上的人口占到了7%以上，社会基本上就进入了老龄化。众所周知，老年人的消费力会下

降，同时劳动效率也会下降，整个投资也会下降，继而引发整个社会经济的下滑。

第33条：新红利和动力正涌现

时代不同了，但是在中国，人口红利是否真的消失，还是未知数。有些专家有不同的看法，他们认为我国的人口红利肯定是结束了，未来经济再维持高速增长是不太可能的。但也有经济学家认为，应该还会有一个比较好的发展速度。比如现在一部分年轻人不愿意走出家门去外地打工了，因为农村开始有新的一些经济模式的发展，年轻人就算在老家，也能获得不错的收入。而且国家现在免了很多的农业税收，就算在家乡工作，如果能有一定的收入，不一定会比去城里工作差。

另外，现在有一部分人在城里打拼几年以后回到家乡，可能会发展一些新的领域，这在一定程度上也提高了当地的生产力。这样的话，就不能简单地计算人口红利的流失，因为他在家乡的生产力可能更高。

第34条：人才红利取代人口红利

科学技术是生产力，科技的发展会产生新的生产力。进入21世纪以后，我们的制造业快速发展，正好填补了这个世界的空白。而当人口红利逐渐下降的时候，世界又走到了一个新的阶段，即人工智能阶段、互联网时代。在互联网时代，各方面的效率都显著提高，很多低端的工作也逐渐向高端工作靠拢。

生产效率的提高必然会减少对劳动力的需求，所以人工智能对整个市场的影响将是无法估量的，有专家预测，再过几年人工智能可能会替代50%的工作岗位。这听起来很可怕，但是一定有些岗位会被人工智能所取代，而导致很多人就此失业。

当然，在新的发展方式下，也会产生新的岗位。对于一些数据领域的人、IT行业的人员可能会更重视，包括一些新领域的岗位也会产生。还有一种可能是，每个人都借助于科技的力量，都在提高自身的效能，那么整个经济发展的速度未必会下降。

从解放生产力方面来考虑，其实我们还有很多改革红利。人的积极性依然在持续释放，一些不合理的制度还得改，使其变得合理，这也是提高社会效能的事。比如，可能一个人原来只用了30%的力量，而在好的制度下，或是在新的模式下，他可能用到60%，甚至70%、80%、90%，甚至超能发挥。所以说，这样的一些力量还是很大的。改革也是生产力，改革的红利也是会很多的，所以甚至可以否定前面关于人口红利消失的说法。

第35条：无须担忧中国经济增速

随着人口的缓慢增长，进入老龄化社会，届时社会压力增大，人口红利又减少了，势必会影响我们的经济发展。但是，也不必把人口红利这件事看得那么重。因为这个问题如果真的对经济发展造成巨大影响的话，股市还哪儿来的牛市。

我们必须要用特别/殊的眼光，脚踏实地地看待中国的经济发展，还要将它放到一个时代中看，因为它与日本当时增速下滑的情况、美国出现的经济萧条情况是不一样的。

中国资本还没走向世界，我们还有很多可以提高的地方。甚至在我看来，我们还有10年、20年比较高速的发展，6%以上的增速在发展，这已经非常快了。这样的话，我们中国的经济还会有一个很好的前景。如果要认同价值投资，经济的快速发展就是价值最好的理由，那牛市就完全可能来到。理清这样的逻辑，对投资非常有好处。

第36条：靠逻辑分析出热点板块

既然整个经济未来还有很多机会，那股市也会有很多机会。

有些股票在市场开始放大的时候，能够获得市场更大的份额，当然后面会有一个落实的阶段。大多数事件公布的时候，实际上对事件的炒作已经差不多结束了。比如2015年国家刚公开二胎政策的时候，正好碰到了股市大牛市，两者相互推进，所以炒作得比较厉害。

其实大家可以看得远一点，因为二胎政策一经打开，短时间内是不可能再回到一胎政策的。随着社会越来越进步，以后还可能会鼓励三胎、四胎。从这个角度讲，它只是一个越来越好的过程，而一些好的公司还是值得参与的。

另外，说到二胎、老龄化，这必然蕴含着一些机会，人工智能会在其间承担着什么样的作用，一切都没有定数。因此，如何用全新的逻辑和思维来考虑二胎政策、老龄化社会和人口红利消失的问题，取决于我们的思维格局。

（本文首发于2017年3月13日，请根据当时的行情理解本文的案例。）

第二十八章　人口老龄化，带来这些确定性机会

中国正在老龄化，是你看空中国的理由吗？

实际上，并不是老人变多了，而是有钱的人变老了。

老龄化是确定的风险，还是确定的机会？

人口老龄化的出现，会衍生出一些与养老相关的机会。

人口红利消失了，科技的红利能否将其替代呢？

人工智能的出现，会产生百倍、千倍级的公司。

中国正在步入老龄化社会，很多人认为人口红利消失了。但如果将这个问题放到整个中国的大环境和时代背景来看，我们会发现，所谓的“人口红利消失”，并不是像西方有些国家那样，造成经济的急速下滑，而是可能还会出现其他的一些机会。尤其是人工智能的出现，造成我们的经济发展速度未必像过去那样，因为人口结构发生变化，而造成一个低速发展的结果。

既然这样，不妨用乐观的心态去看我们经济发展的速度。多关注国家发布的一些关键政策，如开放二胎，鼓励企业开设养老院等。这里还有人工智能提供的机会，顺着这个思路思考，你同样可以在股市里找到合适的商业机会。

第37条：养老产业的机会是确定的

所谓“老龄社会”，很简单的道理，老年人的数量增加了，但不是简单地老人变多了，而是大部分的有钱人变老了。这跟过去不一样，过去是年纪变大了，啥也没有，老年人的积蓄很少。但现在的60后、70后，等到他们变成老人的时候，其实手上是有一定财富的。所以说，当他们在年纪大的时候，消费能力还是蛮强的。既然这样，那就会有很多刚性的消费需求，这就是一个巨大的投资机会。那些服务于他们的机构就能赚到更多的钱。

在养老产业里，不但有养老保险还有养老房产，这些都是不错的发展机会。所以，与养老有关的投资机会，并不是简单地去开一个养老院，因为现在政府也在创造一种“居家养老”的模式，就是老人在家里，就可以享受到社区提供的养老服务。过去，老人年纪一大，就没办法在家里生活，因为他们不能干重体力活，可能买东西都没办法。但是现在就很方便，不管是吃东西还是买东西都很方便，甚至按一个键就行了，科技化让社会服务能力在加强。甚至看病，都可能不必非得跑到外地，可以进行远程医疗。所以居家养老就变得很容易实现了，只要条件允许，你甚至可以在家里住到85岁或90岁。如果实在年纪很大，不太能自理了，再想办法去养老的机构也不迟。

第38条：重点挖掘现代养老产业机会

人工智能的发展，方便了人们的生活，其中在养老方面也起到了巨大的作用。日本机器人的发展，最快、最好的，恰恰是在对老人护理方面的机器人。一是因为这个行业大量需要人；二是机器人力量大，速度快，没脾气，任劳任怨。所以现在很多服务于老人的产业，机器人都占有很大的优势，所以它的发展速度也非常大。

从这些角度来看，我们在关注养老产业时，应该可以选到更好的公司。那些新型的养老方式，在科技的基础上，面对一些资金富足的老人会更有价值。当然，投入的方式不一样，受益的企业也不一样。

顺着这个思路选股票，你一定能找到很有意思的股票。

第39条：人工智能或产生千倍级公司

人工智能的出现不可避免地替代了一些岗位，而时代也正好有强烈的需求，所以它才会发生爆发性的增长。因为这个技术爆了，而社会需求又已经发展到一定阶段，所以这里面会产生百倍千倍级的公司。而这样的公司一经出现，会比我们想象的速度发展得还要快。

过去，我们在科技的发展上可能落后于西方，但是现在我们该有的都有了。互联网时代已经把我们跟世界的距离拉近了。我一直认为，中国人非常适合做互联网，因为现在我们的技术水平和人口结构都发展到这个阶段了，很多东西都聚在一起了，而且国家又有庞大的财力和物力去支持这个产业。就像现在的百度、阿里巴巴、腾讯等企业，它们都冲到人工智能产业里去了，而且是带着大量的钱去的。

第40条：用洪攻略炒作人工智能

人工智能既然作为一个具有前瞻性且值得关注的板块那么被看好，具体该怎么来操作呢？第一点就是，必须长期关注它。有些股票会调整，它在调整的时候，看到好的机会，你就要买进。买进之后，对于一些好的公司，甚至可以长期持有。

另外，这个领域的发展刚刚开始，可能会比较乱，甚至有些公司可能是假的，发展未必会很好。但是风一来，它又被炒一把。所以，有些股票有炒作的成分。既然还有很长时间去运作，就不担心买不着它。有些股票可以参考洪攻略，低的时候买，高了就走，然后低的时候再做一些轮动。这个地方既然容易找到好股票，那就多花些精力在里面选上几个好的。

有些股票现在可能是平台级的公司，有时候走得比较慢，但动不动就会来一把。可能调整也不一定调整得很深，下次再来一波。当然像一阵风一样炒作比较厉害的公司，有些估值也太高了。而未来也看不清楚的一些公司，就可以在高位的时候走掉。

所以这个板块里的机会怎么去把握，还是要回到心态上来，这才是最重要的。否则你永远在追涨杀跌，那就死定了。记住，再好的公司，如果价格过高，那也是风险。

（本文首发于2017年3月19日，请根据当时的行情理解本文的案例。）

第二十九章　A股盈利，全靠围猎模式

大资金不进来，股市难有行情，但大资金抽身离去时，股市往往要下跌。

一般投资者因为资金量小也难以撬动股价，这时就盼着大资金来给自己抬轿。

当大资金离去时，往往是一般投资者比较痛苦的时候，这就是俗称的“割韭菜”。

A股市场盈利，全靠围猎。这其实是A股市场的秘密和真相，但这个真相真的很残忍。可能你看到的每一个A股市场的阶段行情，甚至某个板块的炒作、题材的炒作、中级行情，某一次牛市或者熊市都是一次围猎。

第41条：什么是围猎

所谓“围猎”，就是打围狩猎。传统说的“割韭菜”在一定场合是不能用的，然而“围猎”更可怕。A股市场所有快速盈利的方式都是一种围猎模式，那么大家最关心的未来最流行的围猎模式是什么呢？

A股市场历来有一个特别的盈利模式叫炒ST，它确实很赚钱，这可能是A股市场历史上最成功的一种围猎模式。只能把这种炒作定义为“围猎”，因为这是整个主流媒体，包括监管部门都特别提醒大家不可以做的。在他们眼里，炒ST简直十恶不赦，甚至规定很多公募基金不可以买这种股票。

因为炒ST股的风险很大，但它又是最赚钱的盈利模式，这就是真相。虽然所有人都告诉你这个风险大，但是过去很多年长期做ST股票的人赚钱最多，这也是事实。

炒ST股其实是炒它二次上市，因为A股市场大部分的利益都给了原始股东。另外，还因为上市价格比较高，还给了炒新的人，给了一级半市场和打新的人。连续涨停板，那些炒新的人赚一波，后面再去买的时候当然赚钱少了。这就是新股上市时，最容易的赚钱方式。

ST股有一个特点，就是借壳上市。借壳上市在A股能产生巨大利润，比如江南嘉捷，2017年360从美股回归的时候借了它的壳上A股，最后成功了，那么只要当年在低价买的，就能在借壳成功后获得丰厚利润。所谓的“借壳”，并不光是借ST的壳上市，还有很多其他的ST重组。只要被别人借壳成功，其实就等于是重新上市了，那所有的利润都能看得到，很丰厚。这种情况下不少资金就大批买ST，押五个哪怕中一个就赚大发了，成功率还是挺高的。

ST股还有一个特点，进了ST的股票多半是问题股，股价特别低，容易形成炒低价股概念。低价股在A股市场一直被人炒。记得在写《2018年下半年股市展望》的时候我说过：“只要市场有一点转暖的迹象，就可能会出现低价股的爆发行情。”事实确实如此，写了没多久，之后很长一段时间都是这个模式，低价股爆发了，包括乐视网这种问题股的爆发程度都能翻倍。在那种熊市下能够有翻倍的行情，是很疯狂的。

这里面其实蕴含着一种很残忍的盈利模式。如果没有在一轮牛市中，赢家要怎么赚钱？就是靠围猎。2017年炒了一年的价值股，但到最后发现也是一种围猎。这个价值股最后结束了，后来炒科技也不行。但在大盘下跌的过程中有个新的炒作模式，也是最好的炒作，炒的恰恰是低价股，炒作的是超跌会反弹，这是一个规律。如果不能往上做就往下做，打价格。这样根本不用花力气就能把股票价格打下去，打到一定的时候，只有猎人知道这个是他自己打到这里的。同样，他要做上去也很简单。一只股票如果从30元打到3元，再涨到6元、7元很正常，这其实就是一种围猎，就有人会跟风。这样的炒作链过程大家都会明白，它的炒作成功率是最高的，围猎成功概率非常高。

第42条：主要目标是低价股

庄家有个出货模式，很多人都不太明白。比如说一直涨甚至翻了10倍的股票，最后怎么出货？慢慢地往下走是一种出货方式，但有一种特别聪明的出货方式，叫作连续跌停板出货。利用的就是人的一种心态，出货非常彻底，三个跌停，到第四个跌停开始有人抢反弹了，甚至到五个跌停，这时候可能全部冲进去抢反弹，几乎可以把全部的货都倒给散户，出货非常快。这就利用了人们抢反弹的心理，股票价格比较低，散户参与比较方便，都能买100股或200股，再没钱的人都能买，所以千万不要小看这个。

为什么送股之后，股票性质都没有发生变化，但是股价会涨？大家炒送配，炒送股，10送10、10送20、10送30的都有，送得越多涨得越高，其实公司没有任何变化。之所以还有人做，重要的原因是本来这个股价是20元，一送变成10元，A股市场有很多人对20元的股票一手都买不起，但是跌到10元就能买得起，过去股票参与的人少，只要价格降下来参与的人就多了，这也是中国一个特别的原因。散户多，而且散户参与交易的积极性特别强。实际上是散户决定了A股的走势，如果散户是猎物，那些猎人甚至赶着猎物往前走的人就赚了最多的钱。虽然散户交易量大，但他们是被动交易，而不是主动交易。

追涨杀跌就是被动交易，贪婪心上来的时候追涨，恐惧心上来的时候杀跌，然后最低位抛出，其实就是围猎。而低价股具备了很多能够成功炒作的特点，所以千万不要小看，这个模式是可以长期用的。举个极端的例子，30元跌到3元，从3元炒到7元、8元很正常，但只要在5元左右出货就能够赚很多钱。那个时候炒的股票一定要让人肯接盘，如果人家不肯接盘，货是出不掉的。围猎不是想自己赚多少钱，而是想能不能让猎物乖乖地在关键的价位把我手中的股票重新接回去。

30元跌到3元的股票，市场上会营造一种反弹气氛，比如它会给你只要反弹三分之一就可以回到10元的想象空间。在这个过程中，你一直买，但猎人定的目标到5元就可以了，所以他根本不愁出货，到了5元，肯定会有人买，因为距离5元涨到10元，还有一倍。这其实就是一个围猎模式，参与者很多。

事实上一些绩优股票根本没有波动性，也没有想象空间。比如茅台的股票在300元的时候，没法想象能很快涨到1200元、1300元，所以大家不会去做。但是3元的股票很容易联想它会涨到6元、9元，市场就利用了人们思维的特点。

第43条：不被围猎，只能远离平庸

从30元到3元，3元炒到7元、8元，哪怕最后又回到5元左右出货也没关系。这只股票下一次什么时候做？5元继续跌，跌到1元或1.5元，对猎人来说可能无所谓。他最好从3元、5元跌到1元，这又是一种新的围猎。1元怎么做？大家想象1元做到2元？其实不需要。1元到1.5元就够了，大家想象2元的时候他就可以做了，从1元炒到1.5元，又是50%，很舒服。

一直平庸的股票，千万不要去简单地想象垃圾股将来是否会变凤凰。平庸股尽量少碰，如果掌握了这套方法，出现围猎的时候可以参与一下。但一定要提醒自己，这只是一次围猎，千万不要把它变成炒重组成功，不要相信这个公司业绩变好。并不是说这些公司不会好，而是概率很低。这样的公司能变成凤凰，也是百里挑一。就告诉自己，这只是一次围猎，围猎结束就再也不碰它了。

假如3元参与的股票，不管有没有赚钱，或者中途参与过，4元、5元买了，涨到6元、7元的时候该走就走了，千万不要梦想将来这只股票还会到多少。这一轮炒完就结束了，不要再碰，哪怕将来还会涨回10元、20元、30元，这跟你一点关系都没有。因为概率很低，不用考虑。等下一次跌幅非常巨大，再考虑要不要参与围猎。因为这样的机会会越来越多，很多股票的价格真的会越来越低。这样的股票炒作完一次就不要再碰了，围猎结束，等下一次围猎，除非它重新跌70%以上，你才可以再考虑。

第44条：仙股化不改围猎模式

A股开始仙股化，而仙股化就证明这样的围猎机会很多。因为我们的交易制度没有改变，散户还占70%～80%的交易量，只要这两个指标还在，根本不用担心，无论监管部门怎么打压，这个模式一定会存在，只是偶尔会消停一段时间。因为需要季节配合，情绪需要培养，股票要跌到位，然后才开始下一次围猎。

打围狩猎，把围打好需要时间，打到一定时候又来围猎。这一旦变成一种模式，那些活跃资金都会参与其中，非常热闹，最后就是一轮一轮地“割韭菜”。

因为很多人都无法抛弃幻想，他们以为这样的公司将来真的会变好。可能有会变好的，但概率很低。要告诉自己参与的就是一次围猎。整个围猎过程像一个板块炒作一样，一定会有龙头股。每一次围猎都会有一个龙头，龙头会走得很好，但千万不要以为另外跟随的股票也会和它一样，同样是3元，龙头可能到8元，你以为跟随的也能到8元，那就错大了。它可能5元、6元就结束了，甚至在4元就结束了。

用洪攻略的理论来理解，这都是通的。洪攻略会注意到这样的机会是因为它符合大极端大交易。洪攻略讲大极端大交易，成功率比较高。A股市场上这样的股票在狂跌，跌了很多幅度的时候就是极端，可能是一次交易机会。

第45条：策略：速战速决，降级处理

用洪攻略去思考，一定要很清楚，参与不参与这只股票要看它的季节，一定要按它的季节理论，千万不要乱想象。虽然有个大季节，但一旦炒作就要用一个新的季节来区分，会有一个比较短时间的春夏秋冬。要速战速决，甚至还要降级处理。

围猎成功也是有概率的，在熊市中概率会相对比较高。绝对的概率可能只有20%、30%，但其他股票可能只有5%在涨。但这里有20%、30%的股票在涨，这个概率比较高，但绝对值都不到50%。为了防止概率上出问题，就要降维使用洪攻略，它的目的就是防风险，控制仓位，采用的是秋季策略。

在这类股票上有一个不追涨不杀跌的策略，用这样的策略应对这样的概率，抓这样的机会，而且只要散户成交量的比例不下来，就证明他在被人围猎。如果要作为猎人参与围猎过程，还是要仔细研究和认真思考的。

这个模式很残忍，由于那些制度没有改变，如果行情又是下降过程中，又有跌出来的机会，只要下跌，机会更多。只有清楚围猎模式的原理，才知道应该怎么应对，怎么面对未来会出现的机会。

如果你能逮住一两次围猎机会，说不定能跑赢大盘，甚至成为赢家。

第46条：A股市场生存第一步：先走出围猎圈

A股是个围猎场，要在A股市场生存，第一步必须走出围猎圈，即要么销户离开猎场，要么提高自身能力，洪攻略是带领投资者走出围猎圈的有中国特色的股市交易系统。

如何利用洪攻略帮助自己先走出万恶的围猎圈？

首先，用洪攻略最基础的策略先摆脱围猎。

要想使用洪攻略必须从易到难，从最简单能做到的策略开始。先不要管什么洪攻略思维，也先别考虑什么滚动幅度，只是先解决满仓操作的问题，把仓位在行情涨的时候降下来，降到2/3、1/2、1/3都无所谓。就是手上留些钱，用于捡皮夹子，即用于极端交易。极端行情捡到的皮夹子，记得及时上交就好了。如果这一招你肯坚持做，你就能摆脱围猎，不再任人宰割。

任人宰割的猎物特征：

1.长年满仓。只有换股的需求，只对牛股感兴趣，每天到处打听牛股，喜欢荐股群，喜欢追涨杀跌，总是活在不远的过去。

2.倒金字塔投资。追涨杀跌，指数越涨，投入股市的资金越大，股市越跌，投入股市的钱相对少，是猎人眼里的肥羊。

3.被动投资。股市极端跌时没钱买，只能恐惧地斩仓；股市极端涨时没有股票可抛，只会贪婪追高。

洪攻略看似非常简单，其实化解的恰恰是大多数在股市亏损的根本原因，是帮助散户摆脱围猎的良策，不满仓才可以拿回投资的主动权，摆脱倒金字塔投资的厄运，才能慢慢赢回好心态。若你能灵活应用洪攻略，那你也有可能成为一名好的猎人。

简而言之，放下贪婪的心，把仓位调整到进可攻退可守的不满仓状态，这样就把交易的主动权拿回来了，再循序渐进地学习洪攻略，慢慢感受洪攻略的价值，一旦入门，进步会神速的。

第四部分

赢家的得胜技法

第三十章　解密活跃资金

散户崇拜主力，主力究竟是什么样的存在?

有人说主力好像有上帝之手，有很强大的力量，可以引领市场往哪里走。其实，这个解释不确切!

主力诱捕散户，有什么痛点一击即中?

活跃资金一直有一个特征：会选择痛点。

主力到底是什么?在我看来，就是赢家。赢家在市场上总是处于比较主动的地位。买入股票的时候，他都是非常主动的，不像散户，很被动，被迫去买，经常涨起来了，不得不去追。如果套了，散户就不动了。其实市场上很多真正赚到钱的人，恰恰是一股主动的力量。

这股力量包括哪些呢?其中，有一个叫活跃资金。在一段时间内，它可能会有一个一直买入的动作，然后在另一段时间内，它一直是抛出的动作，时间可能是几周，甚至几个月，但很少是几年。这就是市场上说的短线资金，又称“活跃资金”。

第1条：活跃资金决定行情短期走势

在我看来，活跃资金在市场上是一种作为主导地位的资金。这种资金至少会决定一个行情的短期走势，甚至中期走势。当然长期走势，可能会跟价值、整个政策环境以及市场的脉络相关。但是中期和短期的行情，甚至板块的行情，很多都跟活跃资金有关。其实，活跃资金经常会受到打压。监管部门经常隔一段时间或者隔几年就会打压一回。但大家会发现，最终打压来、打压去，这样的资金依然存在。

究其原因，就是市场环境比较适合这样的资金存在。就像种庄稼，有人说种水稻能赚钱，监管部门就认为应该种水稻，但是这些活跃资金可能认为种大豆赚钱，他们觉得这个土壤只能种大豆。但是监管部门说，一定要种水稻，他们能种吗？如果去种水稻，他们可能赚不了钱。所以，仅仅靠打压，治标不治本。

第2条：活跃资金做左侧交易

活跃资金在市场上的一大功能就是寻找新的平衡。市场之所以会跌，是因为资金失衡了。如果买股票的钱不如股票的筹码多，重心就会慢慢地下移，直到开始趋稳，也就是说有些人觉得跌了这么多，不肯抛了。慢慢地，活跃资金进场买入。因为这个时候活跃资金是左侧交易者，不是右侧交易者。其实市场上的活跃资金是有很大贡献的。

左侧交易是活跃资金的一个特点。下跌的过程，活跃资金拿筹码的特点是拿可控的，盘子越小，题材越多。对散户来说，对这个理念很认同的一些股票，他肯定愿意拿。所以说有群众基础，甚至有很好的故事，这样的股票他就会去拿，就是我们常说的活跃资金进场。

在市场下跌末期，以市场底部为界，凡在“底部”左侧低吸做多，属左侧交易；而在见底回升后的追涨，属右侧交易。通常价值投资者做左侧交易，趋势投资者做右侧交易。通常活跃资金在吸筹阶段也是在做左侧交易。

活跃资金进场拿到一些筹码之后，就会往上攻。这个时候你就会发现，大部分已经跌不下去了，既然跌不下去了，风险就解除了。风险解除后，活跃资金就开始活跃起来。它就慢慢地往上推，推它认为比较好的那些板块。往往大跌之后，第一轮上涨的股票往往是小盘股，甚至是一些很小的股票。

第3条：活跃资金引发财富效应

上涨到一定阶段的时候，就会有财富效应。既然这只股票会涨，大家就会逐步认同，逐步跟风，有了跟风盘，这个板块就会活跃，就会往上走，继而带动整个大盘。一直到这些活跃资金炒作的板块被越来越多的人认同，一直炒到让你相信。

你不相信未来，未来就存在，等你一旦相信未来，未来就结束了。市场有时候就是这么残忍。等大家都认同的时候，这一轮行情的炒作就结束了。甚至可以说，活跃资金炒作到了哪一个板块，哪一个板块就到头了。

这个时候因为有些股价已经获利丰厚，就有人抛盘。股价、指数到了一定的高度，资金会再一次失去平衡，开始下跌，又一轮新的行情，新的下跌又开始了。这就是整个一轮行情的过程。在这个过程中，我们会发现，活跃资金从中扮演着非常重要的角色。

第4条：A股没有价值投资土壤

回头去看，发现股灾之后几轮大的行情，恰恰还是中小股，也就是创业板的一些股票走得比较好，市场并没有回到我们说的价值投资。

市场上的活跃资金真的太重要了。它们不动起来，市场就没有行情。因为国家队不追高的，跌的时候才买，涨的时候根本不动，它只防止下跌，未必能带来上涨。还有一个特点，涨上去了，国家队还在抛，让行情在一个区间，防止风险的发生。顺着这个逻辑你就会发现，不管是板块的选择还是股票的选择都特别简单。所以近两年股灾之后的几轮行情都是小盘股发动的行情，甚至有一些板块炒作得非常疯狂，很多都炒作得非常好。

第5条：活跃资金爱追逐痛点

活跃资金一直有一个特征：会选择痛点。因为这个时候活跃资金可以拿得到筹码，过去我们说酒类、饮料的板块是个痛点，这样的话游资也有选择一些这样的板块。

另外，业绩其实也是故事的一种，也是题材。

（本文首发于2016年11月3日，请根据当时的行情理解本文的案例。）

第三十一章　紧跟主力，必成赢家

什么是活跃资金?

活跃资金就是赢家，而赢家最大特点是很聪明。

一条妙计，尾随主力赚大钱!

活跃资金会挑选风险小、可控性强的目标，有问题的，做不动的，它不会去做。

有人说活跃资金是游资，是主力，是市场上喜欢做庄、炒作的一些资金。甚至过去，有人将大户也列入其中。其实市场确实有这么一股力量，它们一直在做交易，希望通过交易的方式去赚到钱。也可以说，这是一个短线客。

第6条：短线客

短线客不是我们散户理解的所谓的天天追涨杀跌的“短线”，而是有阶段性的。比如在一段时间之内，他可能会有一个一直买入的动作，有一段时间他一直是抛出的动作，时间可能是几个礼拜，甚至几个月，但是很少是几年。这个就是我们市场说的短线资金，又称活跃资金。

活跃资金通常选择可控的、风险小的去做买入。但是如果发现里面有很多问题，甚至做不动的，它不愿意去做。

比如，今年的次新股板块涨得非常好，因为它符合游资的特点。次新板块有一个非常大的特点，就是它里面没有国家队。如果有国家队，游资是不敢碰次新板块的，因为国家队会高抛低吸的，游资玩不过。所以，游资不可能去选择有国家队在里面的股票，就这么简单。

第7条：活跃资金偏爱可控性强的目标

在我看开，活跃资金就是赢家，而赢家最大的特点是很聪明。上有政策，下有对策。他在这个市场上，就是靠自己的聪明才智活下来的。他对市场环境的适应能力非常强。如果监管部门持续对市场进行打压，他们其实是耐不住寂寞的。一定要记住，这个市场是他们吃饭的地方，他们在这个市场上必须要有动作，不能长时间的什么也不做。所以，他们会有相应的政策来应对上面的政策。于是，他们可能抱团取暖，炒一些不能引起监管部门讨厌的版块。

另外，活跃资金会挑选风险小、可控性强的目标，有问题的，做不动的，它不会去做。

第8条：活跃资金专挑痛点主动出击

众所周知，榜样的力量是无穷的。市场活不活跃就看有多少个涨停板。如果涨停板不多，说明市场热度不够，力度不够，温度也不够。所以，投资股市，要看它的市场温度、板块温度以及投资者热度，这对于判断大盘的走势非常重要。

我们说的这些活跃资金有个特点，即特别小的行情是不做的。谁都知道，如果风太大了，就不能出海，也很难打到鱼。所以，当市场热度不够的时候，是不利于活跃资金运作的。这个时候，它们一般也不会进入市场。所以，在市场上永远要关注活跃资金在干什么，因为它们经常是市场上的主动交易者。

第9条：公司的股价由中小投资者决定

我一直认为股市里一个上市公司的最终价格是由大投资者，尤其是大的中小投资者以及散户决定的。活跃资金有个特点，他在买卖一只股票的时候，是认为应该在更高的价格有人接盘。他以为自己出的价，是能够找到接盘手的。他能够推算出来，甚至有这个信心让大家能够接受这个价格。假如一只股票从10元开始炒作，当涨到15元的时候，广大散户都愿意接手，甚至广大的一些投资者也愿意认同这个价格的时候，持有股票的人很可能卖给你。因为他已经有50%的利润了，他可能会再去选择其他的股票。

为什么有些股票一炒再炒？因为大家还没接受，还不认同，等你不认为它是乱炒的时候，它可能才结束。其实就是这么一个道理，所以我们说广大的投资者能够接受的那个价格才是他们认同的价格。

第10条：永远不要去听内幕消息

大家一定要记住，永远不要去听内幕消息。说有一个主力，买一个什么股票，它现在是10元，将来准备做到30元，千万不要相信。未来什么都可能发生，谁能保证一定可以做到30元？这可能只是它的一厢情愿，未必能实现。

当然，没有谁不希望赚到钱，但要赚相对稳妥的钱。要时刻牢记，市场是不缺股票的，只缺能够稳定赚到钱的股票。

第11条：吃透活跃资金心态才能成为赢家

我们研究活跃资金，并不是说他们做的都对，而是说既然市场存在于这样的环境，在环境没有改变之前，我们就应该去研究一下，他们为什么这么做？他们赚钱的逻辑是什么？只有明白了这个，你才知道一只股票应不应该参与，现在的市场是合不合理、值不值得参与。从这个角度去思考问题，你才能真正意义上成为一个股市的赢家。

（本文首发于2016年11月7日，请根据当时的行情理解本文的案例。）

第三十二章　解密主力操盘四字诀

主力做股票，做什么，怎么做，何时做？

最后如何把股票变成钱？

主力操盘有套路，小心被“诱歼”！

第12条：因势利“倒”，摸清主力操盘精髓

在股市投资，有个话题永远是离不开的，就是所谓的主力。大家天天讲，跟随主力去做投资，那肯定赢。在我眼里，主力的定义，即主动出力的人。如果按多劳多得的理论，赢得大一点也很正常。那个被动的，等着人家叫的人，是非主动的人，可能赢面小一点，也很正常。这是一个基本原理。说到主力，就要提到他的操盘方法。这个方法可能很多人都知道，只是没有把精髓给总结出来，甚至不知道自己原来就是那么做的。我们应该了解主力的一些动作和习性，这样可以避免一些东西，也可以提高我们的赢面。

第13条：认识因、势、利、“倒”

主力有个基本的操盘方法，叫因势利“倒”。那个“倒”，本来是领导的“导”，变成倒货的“倒”，就叫因势利“倒”。

因，就是我们讲的主力在操作这只股票时，一定会给出一个理由。这个理由可以不存在，甚至可以不知道，或者说大家都不认同，都没关系，只要这只股票涨了，很多人就会去寻找它涨的理由。到时候，很多人就会说，这个利多消息真好。其实这个消息过去也许本来就有，只不过如果它不涨，大家都看不见，涨了之后，一根阳线就改变你对这只股票的整体看法。所以说，因并不重要，重要的是这只股票的价位是否合理，或者说它

是否符合主力认为的未来的一些热点。甚至只要它炒作以后，大家会去认同也可以。

势，就是我们说的借势，就是它会有一个趋势，拉涨停板，整个行情的状态都是势。

利，就是让你一定要考虑主力本身，它做这只股票是为了赚钱。

“倒”，是最后要把股票还给市场，它才能够把钱赚到手。

第14条：股票市场也玩眼球经济

如果你对互联网比较了解，就会特别明白“眼球经济”。互联网的本质就是流量，只要能吸引大家的眼球就有价值。股票市场也一样，一只股票必须引起人们的关注，否则它是没有未来的。

什么样的股票容易让市场关注呢？

其实很简单，市场上经常会出现新股，新股就像新娘子，一出现自然容易引起大家的关注，然后大家就会按照习俗去闹洞房。新股一上市，在吸引眼球的同时也容易被炒。

那么，怎么吸引眼球呢？众所周知，涨停板和跌停板是最容易引起人们关注的。还有一些重大消息发布时，也容易吸引人们的眼球。有了关注才容易买卖，也容易炒作成功。

第15条：天天盯盘看盘，很难抵制诱惑

如果你天天盯盘，天天看盘面，那你一定会有很多麻烦。因为你不是神仙，你很难控制自己的情绪，也很难能抵得住股市的诱惑。如果一大跌，你的恐惧就来了。所以说，你是无法管住自己的，可能莫名其妙就会买入股票，卖出股票，因为你太关注市场信息了。

主力其实蛮简单的，只要这只股票能够吸引大量的人去关注，那基本就没有大的问题。众所周知，我国股市的散户特别多，一只股票一旦关注的人多，一人买个一两百股可能就要拉涨停板。所以主力会吸引你去关注这只股票，因为现在看盘实在太方便了，这其实有利于炒作成功。你看得

多了，很难不被吸引，它的目的也就达到了。

现在股市的炒作之风比过去还要强烈，甚至周期越来越短，原因就是看盘太容易了，消息传播的速度也太快了。大家的耐心跟耐力越来越弱，一只股票被洗出去，另一只股票马上就接上了。

尽量少看盘

我们经常会发现，市场明明没有什么大行情，但是主力却是赚钱的，赢家依然很多。要理解这个层面，必须看清一些关键的东西，就是尽量少看盘，否则你很有可能会成为主力的那盘菜。

天天去天桥看热闹，说不定哪天就买个大力丸回家。当然，只是少看盘也不行，还要会让利。一只股票炒到最后，你会发现它是不需要成交量的，筹码锁定就非常好了，那个时候反而是狂涨阶段。但这个之后，没有一个是涨上去、跌下来，然后再也不上去的。

小心被主力“诱歼”

主力在因势利“倒”阶段，会有一个让利的过程。但是那只股票狂涨的时候，往往你已经买进了，而且你发现自己买少了。之所以会出现这种情况，是因为你常常是在炒作快要结束的时候买进的，但是你又不敢大仓位买进，后面看它继续涨的时候，你肯定会后悔。实际上，要做诱歼的时候，你莫名其妙就买了大量的股票进去了。这个时候它可能还会再涨，但很有可能再涨一点点，整个炒作就结束了。结果就是，你高高地被套在上面。

也就是说，你接受了这个价格，主力就完成了整个一轮的炒作。

第三十三章　选股票，你需要反人性

天下股民，七亏二平一赚，凭什么单单是你赚？

千万不要以为自己很特别。

专业技能你学不来，自己的感觉又不靠谱。

好多人向你推荐牛股，你怎么都赚不到钱呢？

你要跟多数人对着干，更要跟自己对着干！

都是高人向你推荐的股票，你是否买了你最不敢买的那个？

用反人性选股法，小白也能成赢家！

时刻保持理性，不以涨喜，不以跌悲。

第16条：500万元以下资金最多三只股票

500万元以下的资金，我建议最多只买三只股票，否则是容易出现问题的。所以，这就要求你必须选好自己不能放弃的三只股票。

我可以给你一些方法，帮助你怎么留下最后三只股票。假如持仓二十只股票，你应该这么做：

1.按个人喜好做个排名，最放心的排第一，最担心的排最后；

2.把前17排名的股票全部平仓；

3.把平仓的资金加到留下来的三只股票中；

4.留下最想走的三只股票；

5.把那个抛掉的钱，争取再买回你留下来的这三只股票。

第17条：给持有的股票排序，加仓最不想要的

先不妨给自己定个目标，每年只买十只股票。这十只股票的来源是从你信任的朋友那里得到的推荐也好，你在网络上自己获得信息买到的也

好，总之你买到这十只股票以后，你把自己最敢买的排第一位，然后依次排下去，直至第十位。然后，你尽量加仓第十位，而放弃追第一位。

这个方法很多人试过，效果都还不错。

之所以出现这种结果，这里面是有科学原理的。试想，市场上有几千只股票，每天都有人推荐让你买这只股票或是买那只股票，但未必所有的股票你都敢买。

如果一只股票在市场上，大家都在推，几乎是没人敢买的。但是，如果这只股票涨得还不错，会是谁在买呢？如果是庄家，这个时候他推出来的股票大家都不敢买，他根本出不了货。但是如果有人又给你推荐这只股票，你也发现很多人都去买了，那么这只股票除非涨停，否则一定有问题。

第18条：往往自身就有代表性，反自己就是反人性

在市场上，绝大多数的投资者智商都接近，水平都相当，往往你自己就代表了许多人，特意的反向思维，更容易成为赢家。

也就是说，如果你特别想把一只股票抛掉，它涨得也可以，那你必须要买。这个就是我们所说的反人性的一个选股方法，真的很有用。别人给你荐股 ，要买最不敢买的那只。当然这有一个前提，那个给你推荐股票的人，他自身的买股能力很强，而且也是你信任的人。这也是我们选股的核心。

第三十四章　无招胜有招：神奇的股市温度计

农人顺天时，春种夏长，秋收冬藏。

春天该播种的时候，你在干什么？

股民测温度，人取我予，人予我取。

有些人自作聪明，跑到营业部现场去看人数。

测温度可以定策略，温度一变，策略也要变。

物极必反，极度冷或极度热的时候都可能发生变化。

对于温度，我曾经用过一个词，叫“风”，有风的时候才去捕鱼，船才出海，没有风的时候不出海，晒晒网就好了。

有没有风，其实说的是温度的特征和特点，温度高还是低。在A股市场上，如果你不能对温度有个研究，或者说你不重视温度，你会输得很惨的。

第19条：判断股市温度很重要

农人顺天时，春种夏长，秋收冬藏。股市选股也一样，春天该播种的时候，你在收割，肯定要完蛋。

但是很多财经分析师或是财经大V，经常是给你搞反了，在冬天讲夏天的故事。

在A股市场对温度的把握，就是让我们如何去参与板块，甚至整个盘子，是重仓参与还是怎么参与？其实只要你重视起来，很容易把握住股市的温度，关键是你从哪几个方面去判断。

最初判断温度，我都是根据市场上出现多少个涨停板、多少个跌停板，成交量如何，舆情怎么样，老百姓的关注度等方面来判断。现在有很多新手段，比如你可以通过大数据看看一只股票的搜索量有多大，或是直接去交易大厅看到底有多少人在交易。这些都是与市场温度有关的东西。温度是什么样的温度，股市就是什么样的季节。届时，你自然也就知道什么时候该播种，什么时候该收割，而不是像无头苍蝇一样到处乱打听或是人云亦云地胡乱买一通。

第20条：把握极致的温度

所谓物极必反，温度极度冷或是极度热的时候都可能发生变化。一直热或是冷都是不可能的，所以我们要学会判断，如果市场热了，那它会热多久；如果市场冷了，那它会冷多久。

其实大多数时候，市场都处于一种比较均衡的存量资金博弈状态。因此，股市温度的变化都是有规律可循的，不同板块的活跃对应不同的市场温度变化。

而股市温度表的核心内容就是通过测量和分析股市温度，来采取对应的操作策略。如果出现极致的市场温度，就要对应极致的操作策略。

第21条：股市温度决定投资策略

温度比较高的时候，就启用应对温度高的策略。冬泳过的人应该都知道，刚下去的时候都会被冷得一哆嗦，渐渐地才会觉得不那么冷了。一个板块的温度升到一定时候，通常也会下来一下子，然后再上去来一个更高的温度。尤其是趋势投资，本身就要关注市场处于一个什么状态或是什么阶段，明确这一点非常重要。

第22条：游资惯用的围猎方法：声东击西

游资很敏锐，不喜欢玩潜伏，他们喜欢确定性。每一个大题材的炒作，游资都是绝对的主力，但他们大多数并不是提前潜伏，有些大事件他们也是消息公布之后才开始着手介入，包括2017年的雄安、2018年的科创。

大的题材概念炒作，一定会有连续涨停的龙头，这叫龙头引领，是给市场看的，很多投资者也确实会傻傻地看它表演，心里想的是连续涨停，谁也买不进，这样挺好。殊不知，这是游资惯用的围猎方法：声东击西，很赚钱的。游资绝对不会放过一个确定性的大题材、大概念，他们会找到最适合做龙头的股票（俗称“龙一”），测算这个龙头的拉抬空间，这叫提前“定位”。一般要求“龙一”至少有三倍的上涨空间，若能找到这样的股票，就会根据这个确定性的目标布局这次题材炒作。因为确定了“龙一”的目标，基本可以推算“龙二”“龙三”的高度。所以，他们只要用力让“龙一”达到预定目标，就可以很从容地从“龙二”“龙三”（不连续无量涨停，容易买入）上赚到大钱。他们只要把“龙一”的走势图画（或推算）出来，基本可以确保在“龙二”“龙三”上从容进出。“龙一”由于涨幅太大，最后多半会玩到自弹自唱，甚至不赚钱，但这正是声东击西围猎的精髓所在。他们精心选择“龙一”，精心操作，但在“龙一”身上赚钱不是炒作“龙一”的首要目的，“龙一”倒的时候，表明这轮围猎彻底结束了。早年游资坐庄也常采用这个方式，但因监管风险大，这几年少多了。

有人曾经让我给他提供“重大公告解读”，就是把重大公告可能出现三个涨停及以上的公司的公告解读开市前一个小时给他，开始我以为他只是利用他的快速交易通道去抢涨停板成交单，或是根据解读决定挂不挂涨停板单子。后来他告诉我，找这只股票只是做一个“定位”，如果能提前确定其上涨位置，即使这只股票因为连续涨停买不到，也可以很从容地在受其直接影响的股票上赚到钱，但必须有三个涨停及以上才有腾挪空间，值得声东击西一把。

这种“定位”（风向标）思考其实是股市投资中常用的，比如，我关心三类股票的走势：一是券商，二是上海板块，三是医药板块。很多时候关心这些股票并不只是为了赚这些股票的钱，而是他们的运行比较容易观察，容易提前“定位”大盘走势。比如，医药板块持续走强，一般牛市还比较远；券商板块不走强，难有大牛市；上海板块走强，行情有一定的持续性。

主力最牛的地方就是他们可以提前定位“风向标”，让跟风者蜂拥而至。游资提前“定位”龙一的涨幅，自然可以让自己从容地买卖。当然，这里有个能力很关键，就是选择龙一的能力。龙一股票一定是和要炒作的题材非常吻合，公司要有一定的代表性，绝对价格越低越好，流通盘子不能太大等。

这两年题材选择主要考虑讲政治，符合道德标准，这样可以规避监管风险。

游资的操作模式基本都是“围猎模式”，谈不上道德，但有交易制度保障其成功率的赢利模式会一直存在，这点我们必须承认，否则我们根本看不懂A股，只会成为任人宰割的羔羊。

（本文首发于2018年11月18日，请根据当时的行情理解本文的案例。）

第三十五章　远离平庸，这两类股票万万不可碰

做股票只选三类股。

要远离平庸，最好拥抱龙头板块龙头股。

2017年，我就讲过两个观点，要远离平庸，多买名特优。

其实这两个词是对应起来的，名特优就是特别引人注目的公司，因为它很有名；平庸就是大家看不见的公司。

其实跟它相对应的，既然名特优特别好，平庸的公司可能就不行。

第23条：个性化时代拒绝平庸

为什么这个时候我要提出远离平庸？这个非常关键，就是说你绝对碰不得。因为这跟今年整个市场的变化密切相关。

今年市场究竟发生了什么样的变化？现在的市场发行方式为IPO，发行速度非常快。这个时候，大家自然就会想到一件事情，即供过于求。你会发现作为投资者必须做出选择，因为股票太多了，根本照顾不过来。

这个时候投资者必须选有特征、有特色的，才能被人看得见。就像一个人一样，如果你毫无特色，扔在大街上别人是看不出来你与众不同的，这样叫平庸。

同理，因为股票的供应量在增加，供过于求，平庸肯定不行。近年来，我们国家都在提一件事情——转型，还有消费要升级。

说实话，很多的产品如果过于平庸，已经激不起消费者的消费兴趣了。消费者希望寻找到更有特点的产品。过去一件衣服可能生产多少万件，都卖得很好，但是现在大家开始讲究个性化定制，就是每一个人都在尽量远离平庸。

社会走到这个阶段，股市也走到这个阶段，如果你还不能认识到这一点，你将来真的会被平庸给害死的。比如你买的股票，将来可能没有交易量，因为它过于平庸，引不起任何人的兴趣。

你说它的估值还有价值吗？可能一点价值都没了。我们经常会发现，包括在香港市场，它的有些市盈率、市净率都是零点几，PB的零点几。这样的公司竟然跌到几毛钱、几分钱，实在令人难以想象。只能说由于供过于求，造成了大量的公司会变得大家看不见。

第24条：不要对平庸的公司抱有期望

为了规避这个风险，我特意提出有两类股必须远离。

第一类平庸，判断某家公司平不平庸，你一定要到它的行业里面去比较。先排行业里哪些公司是很有名的，它是拥有一定品牌的，哪些公司是很有特点的，哪些公司的技术特别好的。如果什么都没有，它只能说是混迹在那个行业。怎么看它是否为混日子的公司，看它的历史走势就能看得出来，一般呈现为随风飘——大盘好，它也好；大盘不好，它立马跌。

这个行业正好炒得很热的时候，它也涨一点，但涨的肯定不是最好的；跌的时候，它也跟着跌，可能未必是跌得最多的。

这样的公司很中庸，也很平庸。你会发现那个团队也没有什么声音，股市走势也不温不火的，反正基本上都走得比大盘要差。这样的公司，千万不要对它抱有希望，它只能通过外延式扩张，才能够改变。但现在监管部门一直在打忽悠性重组，为了炒作而去做的资产运作已经很难了。

在这样难的情况下，如果里面真的没有一个好的团队，或者没有一个很好的内在需求的话，是很难去完成外延式突变的。如果做不到，它一直很平庸，别人也不看重它，这样的公司只能在市场上被淘汰，可能自行消失。它唯一的一条路是要靠它的内涵式、内延式的增长。这种内延式的增长很难。如果能够做得到的话，早就做到了，它的团队如果有那个能力的话，可能早就体现出来了。

有人一直抱着这样的理念：我一只股票只要不走，将来它肯定行。这个观点千万不要有。

过去很多公司哪怕是跌了，可以经过借壳，最后再起死回生。现在的监管形式已经发生变化了，我们会加快退市。万一这样的股票退市了呢。

而且关键还有一点，大量的股票变得很平庸，它可能跌到一两元、两三元，这都有可能。如果有好股票选择，干吗去选这样平庸的股票。就好像你能娶到漂亮的太太，肯定不想要平庸的太太，这很正常。所以如果你有选择的时候，你是可以去做更好的选择的。

第25条：过去的优秀公司也可能变平庸

现在的股票越来越多，可选择的余地越来越大。从概率的角度看，很多的股票会变得平庸，这是一点办法都没有的，也是一个产业淘汰的过程。这是我们讲的第一类。

第二类平庸，跟前面的定义有点不太一样。过去它可能不平庸，只是现在它变得平庸了。就是它已经达不到大家的预期了，这样的公司只有一条路，就是变得越来越平庸。

这样的公司有个特点，就是它已经无法支撑它的内在价值或者它的估值，已经无法在那个价位支撑了。但是这样的公司，它在历史上曾经走势非常好，把它的历史图，复权之后一看，涨了多少倍，而且这个公司很多都是外延式增长成长起来的。这样的公司，往往后期会到了一个真正瓶颈的阶段，它在所处的那个行业，可能已经变得足够大了，它的行业发展的空间，其实已经没有想象力了。

还有一点，它过去曾经做的所谓外延式增长的一些动作，并没有完全达到过去大家对它的期望值，业绩没有完全跟上来。

你不能跟整个行业去比，要在它的那个行业去比，这样的公司往往是盈利偏高的。

在这种情况下，这样的公司一旦有风吹草动，大家就不再相信它了。不管它再用新的外延式增长、并购或是讲故事的方法，都已经无法引起大家的兴趣了。也就是说，这个时候，无论它要实施什么都已经比较困难了。这样的公司，它唯一的一条路就是通过股价的下跌，来让它重新达到新的平衡，让它的价格跟价值比较相配。

如果它现在又悬得比较高的话，那就很危险了。如果出现了一些大的减持，那时它就会还有一个特点，大股东经常会把股票质押出去。因为它在快速发展的过程中，其实又有并购等行动，是很缺钱的。这样的情况下，它是有可能会闪崩的。

所以，如果你碰到这样的公司，没有必要去买，这类股票会变得越来越平庸。这种闪崩的股票，一旦下了一个台阶之后，几乎都上不去的，因为那个时代已经结束了。

（本文首发于2017年8月13日，请根据当时的行情理解本文的案例。）

第三十六章 看研报炒股的八项注意

有人炒股听消息，有人投资看研报。

如果读研报就能在股市上赚大钱，那股市投资就太简单了。

不看研报会抓瞎，看了研报又挨套。

十个故事炒不停，八个研报都讲到。

研报，在券商里面称为行业研究。研究员天天要写研报。如果有人认为读了研报就能在股市上赚大钱，那未免把股市投资看得太简单了。

第26条：不要期望有完美的研报

实际上，很难有一份非常完美的研究报告。我们基本不太可能通过一份研究报告，发现一只符合市场上所有要求的股票：行业好，国家政策支持，业绩出现拐点，团队优秀，估值还处于低点。很多人用读研报的方法去炒股，炒得很辛苦，却赚不了大钱。有时候我们会发现，针对某只股票的研究报告总体上很完美，但仍存在瑕疵——比如业绩不好，那你敢买吗？

一份研究报告无外乎以下几点。

第一，注意看政策。

研究报告又叫行业报告，我们必须对行业进行研究。尤其我们是新兴发展中国家，处于大改革时代，政策推动对行业的发展起了一些决定性的作用。

当某个行业的政策出现大变革的时候，处于该行业的公司肯定会受到影响。所以，如果研报说这家公司处于某个行业，而这个行业正好又是国家开始扶持的行业，那么我们就要再看这只股票目前处于什么样的阶段，做进一步的研究。

第二，注意看技术创新。

研究报告里面经常会提到技术创新，尤其是一些科技型公司，甚至包括一些传统企业，都会在各自的技术领域有所突破。

研报里会分析，公司必须在哪些地方较过去有所突破才能确保业绩有所增长，否则很难脱胎换骨。一些公司，技术上有了重要突破之后，就需要着重去研究。研报里会分析某项技术对这家公司所处行业的影响，对公司本身产品线的重大影响，对整个公司未来业绩的影响等。这些都需要着重看。

第三，注意看新市场。

看研究报告时，大家经常会看一家公司是否在拓展新的市场，以此来评价一家公司的好坏。如果这家公司现在开始打入海外市场了，大家对它的想象空间会很大，就是过去它只在中国卖产品，现在可以卖到海外去了。或者公司的某个产品，原来营销的范围只是在上海，但现在它可能扩展到浙江、江苏、北京、广东等地。新市场开始在拓展，这是我们说的地域性的新市场。

还有一种新市场，它的产品原来只是30岁左右的人很喜欢，现在它开发了一个新产品，20岁左右的人也很喜欢，这个也叫新市场。

第四，注意看新领域。

过去一家公司是在传统领域，现在它进入了新领域，这个领域代表新生活、新时代，可能未来也有很大的空间。但是进入到新领域，就会面临是否能成功的问题。所以在炒作这种公司的时候，要去分析，要根据市场去判断。

第五，注意看新产品。

很多调研报告里面会因为很看好一家公司的一个新产品而看好这家公司。比如，科大讯飞出了一个新产品——翻译机，这个具备翻译功能的机器，可以做到同声传译的程度。那么，这个新产品可能就会提升公司的整体估值。

第六，注意看转型。

通过一份研究报告，我们可以看到一个企业可能不是过去的企业了，它在转型。研报里会有一些对它转型的研究，研究它现在转型到的另一个行业，以及转型后这家公司的服务人群也会发生一定变化。研究报告需要对市场空间、竞争对手做分析，最后还要评判这个公司转型的成功概率有多大。所以这个也是必须要考虑的一点，因为投资者很喜欢这样的故事。

第七，注意看资产注入。

A股市场有一个特点，即有些股票可能是一个子公司上市，但是它的集团公司没上市。但集团公司又很富有，旗下有很多好的资产。

研究报告一般会研究，这个公司到了一个阶段，它应该会有新的资产注入，会有一些好的资源进入这个上市公司。那这个公司肯定会优先受益，因为这个是得天独厚的。

第八，注意看拐点。

我认为，看研究报告需要关注一家公司或者一个行业的转折点，即拐点。拐点就是一旦进入新的跑道，如果没有怎么亏，那就快速地往前跑，这个大家要重点看。

如果里面出现一些新的故事，这个故事会有转折性的作用。如果行业出现拐点，那么对应的公司销售收入可能会出现拐点，利润也会出现拐点，这些都是不得了的。

第27条：研报的关键在逻辑

看研究报告，要结合它的故事。人性不变，故事永恒。看这家公司是要讲业绩，还是讲故事？如果已经实现，那就不是故事。现实是等到实现的时候，往往股价已经有了反应，根本来不及抓住。所以我们要提前做出反应，当它还在讲故事的阶段，当大家还处于考虑是否相信的阶段时，就切入进去。

当然，还要去看故事的逻辑通不通。只有故事的逻辑相通，才会让更多的人相信。很多人炒股票是炒群众基础。群众一致认为会上涨且将来一定不会错的股票，一定会有人买。研究报告一样，也是在看一些故事是不是能够成真。

第三十七章　年报风口，高股息率抓牛股

股息和送转股票的差别究竟在哪里？

中国神华590亿元的现金红包，让小散们突然意识到，炒股还有个叫股息率的指标。

股息率，是否应该成为我们选股的重要标准？

拥有股权，分得红利，本是应有之义，为何这么多年，大家都不在乎现金红利？

中国神华18%的派息率，给人一种高利贷的感觉。仔细研究，你会发现这个背后隐含的东西非常有价值。

关于派息这个事，大家一直以来在A股市场没有什么感觉。因为我们的A股，都比较“铁公鸡”，不太可能分红。如果考虑股息率的话，是没有办法投资的。因为股息率是很好计算的。

第28条：A股派息太吝啬

A股市场在分红派息方面，确实做得不够好。我们经常会算，A股市场融资了多少，派息了多少。如果把投资者买的股票比作鸡的话，那这只鸡一直是不会下蛋的鸡。

现在突然有个上市公司给出如此大方的分红方案，让大家感觉很惊喜。这件事情的发生有各方面的原因。

过去监管部门一直在制定一些鼓励分红的政策，甚至包括国家都在鼓励分红，比如投资者持仓比较久，分红时会免一些利息，其目的主要还是希望通过这个方式鼓励大家长期持仓，同时鼓励上市公司去分红。分红跟再融资进行挂钩的政策，也是希望上市公司多分红。

通过分红让投资者在A股市场买入后，有一种价值投资的特征。买了也会有一些收益。这个是营造整个市场上的一个投资氛围。

到了2016年乃至2017年，市场出现了一种我个人把它定义为符合道德标准的投资方式：以前大家总是炒一些虚无缥缈的东西，这个情况开始转变了。大家开始买有价值的公司的股票，希望能够获取有价值的东西。这样的投资氛围在应运而生。而那个时点，又出现了中国神华这样一家公司，大家察觉到原来这个是可以成为现实的。

第29条：神华大手笔派息引领风气

中国神华一公布18%的派息率，就开始一个接一个地涨停板。再来一个百分比是什么意思？差不多就相当于18%，为什么会出现这种情况呢？

原来投资者没有这么高的预期，不会想到有这么高的派息率。当时中国神华的股价没有把这个所谓的利多消息体现进去。当这个消息突然公布时，市场自然是通过股价来反映的。

但这里面不好的地方是，因为买入持有的时间很短，将来派息的时候，要缴纳很高的分红所得税。这个对市场其实是不利的。

高分红绝对是好事

这一点我是从整个A股市场来考虑的。其实很多A股上市公司很有钱，但是不分红，这个钱就放在账上，这样是不太容易投资到更高收益的地方去的，也就是说资金的利用效率很低。

这些资金会用来买理财产品，因为一些规定限制，这些钱不可以投资所谓的有风险的高收益产品。它只能买固定收益的理财，所以收益率其实很低。通过银行买，是非常保险的一种方式，但往往收益率非常低。这其实是对资金的闲置乃至浪费。

但这个钱如果能分给二级市场的投资者会是很好的一件事情。比如十块钱的股票分1元给它的股东，尽管除权后变为9元。但是投资者有了这1元之后，股价跌到九元也不亏，因为拿到1元了，但投资者会拿这1元去买另外的股票，对另外的股票就形成支撑了。

顺着这个思路想，分红的钱大部分会回流进二级市场，给A股市场增加新的现金流。设想一下，年报之后大量的公司出现这样的情况，变成可以分红了。那这里面什么样的钱会回流，什么样的钱不会回流呢？大股东的资金不会回流，因为大股东本来不炒股，他可能就拿走了。什么钱可以回流呢？基金公司的，因为还在账上，包括公募基金、私募基金。这个分红的钱其实还在这个产品里，它并不会马上把这个钱分给投资者。它更可能会买股票，因为分红后仓位降低了。也就是说，因为分红导致现金增多，整个基金的仓位就下降了，这个时候他们往往会加仓，这对A股是有好处的，对散户来说更加有好处了，大部分散户只要有钱就会全买进的。

分红资金多数会回流

所以到了年关，年报之后大量公司开始分红的时候，如果分红的派息率又提高的话，对A股市场是一件好事，因为会增加股市的现金流。这是对整个市场的影响。

当然很多人会讨论，分红不会增加盈利，因为会除权。但是除权本身对投资者没有伤害，因为可能会复权。所以从这个角度去思考问题，就会发现很有意思。

所以我们思考一件事情的时候，要从两个角度考虑问题。很多人容易只陷入对那只股票进行考虑的困境，而忽视了对整体的影响。而后者反而是最大的价值所在。

那除此之外还有什么价值呢？大家会思考原来A股市场还有挺多这样的公司，分红派息率比较高，它的风险就相对小一些。尤其所谓的价值投资者，及一些大的机构，可能更喜欢有分红的一些股票。在以机构投资者为主的港股市场，投资者就比较喜欢有分红派息的公司，而不喜欢所谓的送股的公司。虽然送股我一直认为是一件好事。

送股是因为钱放在这家公司，它就可以乘以它的市盈率的，拿出来之后，相当于说它整个倍数就拿掉了。

从这个角度考虑，我们A股市场有时候炒送配，尤其炒送股，很多人说没有道理，我反而觉得是有一定道理的。只要这个钱在这家上市公司，它可以用到更高的效率上去。

讲到这里，有人会说其实有些公司应该要高分红，但我认为有些公司如果它可以赚到更多的钱，也就是说这个钱可以用得更好的话，它不分红也是对的。就像巴菲特的公司，他赚钱能力那么强，经常分红没有必要。这个钱在他手上可以跑赢很多东西，他可以赚20%；而分到投资者手上不一定能赚到20%。所以我们说，是不是应该分红得一分为二来看待。

A股有港股化的趋势

前面我们提到香港，为什么香港的机构者更喜欢分红呢?

A股市场与我们的港股市场，形象地说，有点互相学对方优点的感觉。

对一些炒作，香港也开始有点A股炒作的味道。所以我们就说机构有机构的喜好，但我想大家的喜好不同，未必都是错的。所以这个我们要好好地理解到这个层面。

既然大家已经重视了分红派息，那自然而然就会梳理有分红派息能力的公司。如果一个公司的能力比较强，未来现金流一直比较好，就会是个能下蛋的母鸡，下了蛋又会分掉，这是理想的情况。当然如果这个鸡还能够孵出小鸡来，是最好的。这样的公司是成长型公司，它的钱在它的手上还能够派上更大的用场。

所以不是高派息的公司就一定好，这是两个概念。

还有派息率是分红的内容和股价进行相除，如果股价变得很高，它的派息率就下降了。所以这个跟股价又有关系，有些公司分红少，但价格很低，派息率可以很高。

所以各方面看，有些公司的分红对A股市场有比较大的价值，因为确实很多公司的资金使用率很低，还不如分出来，分出来有两个好处：一个是对它的公司是好事，二是对整个A股市场是好事。因为拿到钱的这些人本来就是A股市场的积极投资者，仍然会投资到二级市场去，这是非常好的事情。

分红有利于长期投资

高分红派息率是个新生事物，我们需要关注它未来会怎么发展。因为新生事物会派生出很多好的机会来，这个是它的价值。

但经过很长时间，这个事情也会趋于平静。该分红的分红，不该分红的不分红，这个是很正常的现象。这个炒作叫事件性炒作，但是它对A股市场是比较有意义的一个炒作。

在碰到一些事件的时候，很多人会关注这个事件带来的投资机会究竟在哪里。但是我认为它并不重要，锻炼好思维方式，就能很自然地找到更多的甚至更好的机会。

（本文首发于2017年4月2日，请根据当时的行情理解本文的案例。）

第三十八章　你敢跌，我就敢买

你被市场左右，涨一点喜不自胜，跌一点慌不择路。

数次释放风险，几经压力测试，你还怕什么呢？

大家记住这句话，只要没有大风险就是机会。

有国家队托底，贴身紧逼，就是最好的策略！

告诉你，股市有确定的机会，你敢跌，我就敢买！

你会发现，股市太可爱了，很有意思。

第30条：在不确定性中抓住确定性的机会

在A股市场要赚钱，只需在不确定性中抓住确定性的机会。很多投资者经常会被那些云山雾罩的东西或者不确定的东西所左右，其实根本没有必要。我们要分辨哪些是不确定的，哪些是无法预测的，在这些不确定性中，存在着一些确定性的东西。

第31条：只要没有大风险就是机会

记住一句话：只要没有大风险就是机会。

先来看，A股市场上有没有大风险呢？哪些风险还存在？或者说，哪些风险我们可以排除了？

以最近几年为例，有六次风险释放，分别如下：

2015年6月至7月，释放配资融资风险，当时沪指从5178点一路狂泻至3421点，跌幅达34%；

2015年8月爆发股灾2.0，大盘从4006点直落至2850点，这一次是释放人民币汇率风险；

2016年开盘即遭遇第三轮股灾，指数从3570点一路杀到2638点，充分释放经济、制度及监管风险；

2016年4月到5月，沪指出现8%的下跌，释放持续降杠杆风险；

2016年6月中旬，MSCI爽约、英国脱欧及南海仲裁，导致大盘连续调整，释放了外围环境风险；

2016年7月下旬，沪指连续下跌近120点，这一次是释放监管风险。

以上六次几乎把市场上能想到的大风险都测试了一遍，压力测试通过。

那么其他能想到的大风险还有什么呢？可能有人会想，万一哪天房地产崩盘呢？这确实是个风险。目前房地产还处于涨的过程中，而不是快速下跌的过程中。虽然现在不会大跌，或者某天大跌的时候我们就有进场的机会，等确定的机会来了，只要你敢跌我就敢买。

第32条：市场上真正的主力是国家队

目前市场上真正的主力是国家队。国家队现在有点像平准基金，大跌的时候买进，涨的时候走。之所以如此，是因为它也不希望股市涨得太快，太快是有风险的。

整个过程中，我们就会发现市场脉络已经非常清楚了。既然国家队在里面，我们就很容易把握这个机会，即贴身紧逼。和国家队站在一起，大跌的时候它一般不会抛，反而会买，那我们也跟着买；如果涨得太快，它会获利回吐，那我们也跟着获利回吐。这样的机会就是确定性的。

第33条：波动可能放大，逻辑依然不变

有人可能会思考，如果市场波动很大的话，国家队是不是很被动？的确是这样，因为要战胜自己固有的想法其实是挺难的。当然市场也不会一成不变，比如在投资者高抛低吸的时候，市场的涨跌幅度变大了，很多投资者可能就受不了了。抛掉的股票还在涨，买好的股票还在跌。这个时候虽然市场在变，但是如果我们把背后投资的逻辑弄清楚了，且掌握了一些很好的技巧和方法，这些问题对我们来讲就简单了。慢慢地我们就会发

现，股市真的很可爱。

A股通过了全面压力测试，之后的行情具有一定的可操作性，但从资金面上看，还无法得出启动一轮大牛市的结论。既然波动、轮动概率比较大，那么未来一段时间，操作上就可以使用H333攻略。简言之，H333攻略就是1/3底仓，1/3滚动，另外1/3捡钱包。

（本文首发于2016年10月24日，请根据当时的行情理解本文的案例。）

第三十九章 妖股来了，你敢玩吗

妖股来了，挡不住的疯情。

一二十个一字涨停板，上百倍的市盈率，这样的次新股你敢追吗？

妖股引发集体狂欢，你敢捉吗？

收益率如此诱人，你敢参与“捉妖”吗？

妖股频出的时期，市场比较有温度。

市场相对有温度的时候，容易出现妖股，否则早被干掉了。

什么是妖股？简言之，就是常识已经无法解释的股票。根据一般人的常识范围，它根本不可能涨那么高，但是人家真真实实走出了那样的走势。而往往在它已经大涨后，人们才发现原来它是“妖”。然而，若你想提前逮到“妖”，几乎是不可能的。既然不可能，说明它的概率是很低的。很多时候，人们总喜欢去追求那个不可能，因为越是妖股，越容易吸引人的眼球。

第34条：投资应该追求大概率事件的机会

投资主要追求大概率成功的机会，这很重要。有些妖股只能当妖看待，不要指望太多。

除此之外，妖还有另外一个逻辑关系，即妖是有区分的。有些是妖，但有些实际上并不是妖。也许你一开始以为它是妖，但是过了若干年之后，你会发现原来它只在你眼里是妖，其实人家挺正常的。

第35条：龙头股跟妖股很容易混淆

龙头股票跟妖股很容易混淆。某一个板块的某一只股票，它是龙头，但是它也极可能是妖。在A股市场上，经常会发生这种情况。比如2014年、2015年炒作的一只股票——全通教育，股价一路涨到50元、100元、200元、300元，完全颠覆了很多人对它的看法。后来的走势，大家发现它真的是妖，因为它炒到了人神共愤的阶段。最后很多人接受它的时候，这个妖现了原形，一路往下跌，几乎是怎么上就怎么下的。

第36条：炒妖股要炒想象力

一只股票在某个阶段出现妖的行为，背后一定有事发生，在妖没有落地之前大家可以尽情想象，这叫炒想象力。

妖一般在什么时候现出原形呢？就是事件结束之后，就像南北车要合并，这是比较大的一个题材，所以大家就会炒。等到真正合并了，这个事件就已经结束。后面如果还要走强，要靠真正的业绩。如果效果达到，那个时候它可能还会有它的价值，但是炒作的思路已经完全发生变化了。一个是炒事件，一个是炒业绩。

第37条：妖股频出的时期，市场比较有温度

市场相对有温度的时候，容易出现妖股。有这个氛围，妖精才敢起舞，否则早被干掉了。这里说的“干掉”有两种意思：

一是市场比较冷的时候，妖股不能叫“被干掉”，只是成妖的概率会下降；二是温度非常高的时候，这个时候的妖股容易受到监管。本来监管见到市场炒得这么热就很慌，再来一个妖股，肯定会人神共愤的。

第38条：妖股风险大，不能随心乱炒

妖股真的是不能乱炒，但是A股市场却有妖股文化。海外市场的妖股就算有，一般也属特例，不像A股这么普遍。原因很简单，我们A股市场个人投资者非常多，而且他们通常都是趋势投资者。

A股市场喜欢炒作，采用妖股的方式是容易成功的。

一只股票为什么会一直往上拉？因为拉到一定的时候总有人接盘。

上涨是上涨的最好理由，只要肯涨，就有人敢买。而且A股市场足够大，投资者众多。举个全通教育的例子，这只股最后涨停板上的买单都是100股、200股的小单，而不是几万股。

群众的力量很厉害，很多投资者炒股是在赌，就像当年炒权证一样。参与的资金不多，买100股、200股没多少钱，哪怕全部亏光也无所谓。但是如果量大，1万个人，100股就是100万股，10万个人就是1000万股。而妖股有一个特征，即流通盘一定不是非常大的。流通盘非常大是成不了妖股的，盘子不大，跟风的人稍微有一点点，它就涨停了。

A股有涨停板制度、T+1的交易规则，这些都是非常有利于妖股出现的，且有助于妖股炒作成功。

第39条：机构炒作妖股的常用套路

一些机构通过炒作某只妖股赚的钱，一般都只是小钱。炒作妖股本身是为了立一个标杆出来。这些机构更多的是从其他的股票上赚钱，因为他自己心中有数，这些股票被炒成妖股的话，相关的一些股票就有可能跟风。它可能早期就进入那样的一些股票了，然后只要用较少的钱去维持这只妖股的特征就可以了。旗子不倒，在其他的股票上把钱赚到，这是一种模式。

还有一种妖股，连炒的人都不知道它会变妖股。一轮一轮的资金进去，炒的人换了一批又一批。第一批人炒作到一定高度后，自己都感觉这个股不能再炒了，人神共愤了，于是选择出来。但是为什么新的一批人又敢进去呢？因为有一批资金是活跃资金，也就是我们说的游资，它会趁热打铁。因为对它来讲，这一锅粥温度正好，它在里面胡搅蛮缠一下，自己能够赚到钱，所以它也冲进去了。

股票已经炒到那种阶段的时候，它的筹码一定都是在非常贪婪的人手上。这个时候游资助推是特别容易的，因为都是跟风者，只要稍微买一点，股价就上去了。它就容易赚到钱，在里面做差价，也很容易。如果这个时候又碰到整个大盘配合，政策又有助推，就会有人专门做某只股票，包括涨停板敢死队。这种妖股在这个时候往往会连续涨停。涨停板敢死队的资金、活跃资金以及喜欢倒腾的资金，甚至想赌一把的资金（就是交学费也无所谓的），全部在这里面了。这个时候就有很多人炒到连自己都搞不清楚状况。

最后相关部门去查这个事情也查不出结果，不知道谁在炒作，因为那个时候已经变成了一种群众行为了。所以这个我们要很客观地去分析，这整个炒作过程并不是谁设计出来的。

第40条：千万不要信向你推荐妖股的鬼话

如果有人说准备把一只股从5元一直炒到50元，乃至100元，一定是胡扯。从5元到6元，已经是20%的利润，如果能确定的话，只要量大，就能赚很多钱了，根本没必要再炒到7元。

妖股有时候被做到几乎筹码都在它手上了，它不往上做，就死路一条，于是只好继续硬着头皮往上做，不成功便成仁了。反而是股价做得越高，风险会越小。因为总有人会跟风，甚至在放下来的时候，就会有人把它出货了。

第41条：要练抓妖股，得做好交学费的准备

要参与这个，一定要做好几个方面的内容。要做好交学费的准备。A股市场经常有人买100股、200股在那追牛股，很开心，至少自己很爽，亏也就亏了，有时候也赚到了，很舒服。

然而在我看来，这并不是一个好的投资者应该做的事。因为我们投资讲成功的概率，如果赔了钱，再少都是赔钱。或许很多人觉得只赔一点点无所谓，但投资首先要考虑的就是尽量不要赔钱。如果老是亏损，是很糟糕的，因为跌50%，要涨100%才回得来。

就个人而言，我不是很喜欢妖股，因为追妖股的成功率很低。但是通过妖股去观察行业演变、市场的温度，是很有价值的。所以针对每一个市场行为，我们要从里面去发现一些其他的价值，这可能更有意义。

第四十章　会买的才是师父

投资是难题，选股排第一。

如果总是买平庸的股票，碰到牛市也赚不了大钱。

别人谈估值，我先谈模式。

一个公司的商业模式永远排在最重要的位置，也是我们看待这家公司能不能赚大钱的最重要的一点。

不仅横向比，还得纵向看！

看这家公司所处的历史阶段，同时看这家公司所处的行业竞争格局。

价值投资是未来的方向，至于价值投资会不会有泡沫化的过程，我认为到一定阶段之后需要用博弈的理论去理解。认清一家公司的核心价值，主要也是为了规避投资中的风险，如果不能抓住核心价值，或者不能对其真正的价值进行分析的话，一定会有问题。如果买平庸的股票，哪怕碰到牛市，也不一定能够赚到大钱。如果博弈理论和行为金融学学得较好，同时对价值投资也有不错的理解，就更容易在这个市场赚到更多的钱。

我曾经做过一个比喻，如果在中国的马路上开车很溜，那在西方国家开车一定是轻车熟路，因为我们的道路更复杂，不守交通规则的情况也多。A股市场也是同理，如果在A股市场打乱仗的时代，都能做得比较好，那把这个优势用在价值投资的市场，一定会事半功倍。

很多人把价值投资、趋势投资、主力炒作的概念对立起来看，我认为是不应该的，因为市场上永远存在博弈。人性不变，故事永恒。过去可能专注于博弈，也能赢，但如果结合价值投资，可能可以做得更好。

第42条：选股的六个角度

价值投资最重要的一项是选股，怎么选到一个未来的大牛股，或者买到一个能够带来好收益的公司，可以从六个角度去分析。

第一，看商业模式。这个对一个公司永远是最重要的，也是我们看待一家公司能不能赚大钱的最重要的一点。PE在做投资的时候，其实它一直研究这家公司的商业模式。这里不是简单地讲商业模式本身，而是考虑一个行业的商业模式是不是比较容易赚钱。这个非常重要。回顾历史，让投资者赚到大钱的很多是“汤汤水水”的股票，比如可口可乐，就是饮料里面加点水和糖，成本很低，卖得出去就能赚钱；还有酒，它是水加酒精，成本非常低，但是利润很高；另外，食品利润也很高。这个商业模式很好，这样的公司比较容易赚到钱。还有离钱很近的公司，也是容易赚到钱的。金融机构确实很容易赚到钱，比如保险公司可以拿低成本的资金赚到大钱。

顺着这个思路可以去评估一些商业模式的好坏。赚钱容不容易，主要看它的商业模式。有些互联网公司就赚钱很容易，有些商业模式只能赚点辛苦钱，比如一些低端制造业。也就是说，选行业的商业模式是最重要的。

第二，看行业空间大小。行业空间的大小是评估一家公司时要考虑的。人人都想拥有的东西，空间肯定大。如果一家公司做的是一个小众的产品，整个行业规模可能就100个亿，即使全部被它包揽，发展空间也非常有限。打个比方，大众消费品是每个人日常生活离不开的，整个行业的空间就非常大。

第三，看行业准入门槛的高低。假如商业模式不错，行业很好，空间也很大，但没有准入门槛，无论谁想做就能做，那也不理想。巴菲特把“门槛”比喻成“护城河”，有些门槛是市场造成的，有些可能是品牌本身，还有一些是政府的审批制度造成的。可能某个行业政府限制进入，有行业限制性的行政垄断，叫外地垄断，还有内部行政垄断。有些行业的重资本条件也会成为门槛，比如没有人愿意再花大钱投入的行业，那对已经在这个行业的公司就是优势了。

第四，看产业周期。有些行业是周期性的，有小周期、大周期。就整个人类发展的历史来说，有些产品或者服务，过去很好，但是已经到了顶峰，那后面可能就走下坡路了。比如过去的一些低端产品可能卖得很好，当时的空间也很大，但到了一定时候，这个产品或服务慢慢地就被淘汰了。或者这个行业可能正好处于竞争非常激烈的阶段，大家都在里面搏杀，这对一些公司的内耗是非常大的。如果能杀出来，很好，如果杀不出来，可能就面临淘汰。所以，行业所处的历史阶段、行业本身的阶段，以及社会发展的阶段都很重要。

第五，看公司竞争力。这个跟行业发展的阶段有关。看一家公司的竞争力，需要评估目前整个市场的资本情况，包括目前各大品牌的竞争力大概处于什么样的阶段。有些到了赢家通吃阶段，竞争格局其实已经结束了。竞争格局处于什么阶段，是很重要的。这个需要对一家公司及整个行业做具体的分析。

第六，看估值。把它放在最后，是因为从一定意义上来说它不重要。很多好公司商业模式不错，市场空间很大，准入门槛也比较高，而且目前可能已经处于比较好的竞争阶段了，那它的估值其实已经不重要了。比如亚马逊，它的商业模式很好，市场空间绝对大，也有门槛，在美国能与它竞争的公司寥寥无几，各方面评估都很好，但唯独估值很高，甚至它还是亏钱的。其实对这样的公司来讲，估值反而不那么重要。

这里讲的估值其实不是用来评估像亚马逊这类型的公司，而是评估其他一些市场上早就已经被发现了价值，并且股价已经涨到很高的这样一些公司。这个时候，我们必须考虑它的估值。一些好的公司，在它估值比较高的时候做介入，反而能赚到钱。后期这家公司通过利润增长，使得估值不那么高的时候，反而不一定能赚钱了。这个叫打提前量，我们做的是预期投资。过去大家认为某家公司肯定能赚钱，给了它很高的估值，甚至把它未来赚的钱都算进去了，即所谓的动态市盈率。最后这家公司股价炒作得非常高，如果投资者在过高的位置介入，可能在介入后的一两年内，都没有很好的赚钱机会。当然，更长周期来讲，这家公司可能还是不错的。就像贵州茅台曾经炒得很高，后来经历了漫长的下跌，整个跌幅较大，但最后还是一路涨上来。估值是相对的，不是绝对的，再好的公司也会有估值过高的时候。在一家公司估值过高的阶段想做介入，这个因素必须考虑。

行业有行业的估值，这个也很重要。市场会给予它多少估值，这个需要考虑，如果偏离市场能给予的估值，甚至给得过高，这是有问题的。估值可以从多个维度去考量：行业本身的估值、整个行业目前处于估值的阶段，以及这家公司本身是什么样的估值。

第43条：好行业和好团队造就大牛股

当我们选择一个行业、一家公司时，从以上说的六个角度去评估才能更好地知道这家公司是不是值得投资的好标的，或者说是不是大牛股。通过这个方法，至少不会选到平庸的公司，同时可以规避风险，这其实是真正意义上的价值投资理念。

前面提到的六个方面是从行业角度选股，但是选股光看这几个还不够，还要看团队。行业是赛道，公司是赛道上的马。赛道选准以后，还要看赛道上的马是谁在驾驭，即它的团队，这点非常重要。赛道符合行业六条，同时骑手不错，是很多大牛股的一个特征。一个团队里有好的领头人，非常重要。赛道不好的时候，碰到好的骑手，也能出优异的成绩。

有时候在好的赛道上，不是特别好的骑手也可以跑得挺快。但赛道不好，再好的骑手都会马失前蹄。从这个角度来讲，行业选择太重要了。符合前面提到的六大行业特征，同时有优秀的领头人和特别有战斗力的团队，这个公司就一定会成为一家伟大的公司。好行业才会产生伟大的公司，当然从另外一个角度看，细分行业也会出现龙头。

用博弈的思维炒作牛股

我们做股票投资，要做大概率的事件，选公司时要选相对容易成功的企业。在一个行业里能够成功的公司越多，可能越值得我们去选择。

把行业和团队选对，投资基本就没有太大问题了。当然前面讲的估值是另外一个概念，还要结合整个市场，结合博弈的理论去看待。我一直认为好的公司也只是个标的，它在股市的价值体系里面，也会有春、夏、秋、冬。在更好的季节去参与，可能心态会好些，也容易拿得住；如果在不合适的季节参与，就容易影响到自己的心态。

好的股票，当我们以博弈的角度去思考的时候，就可以抓住一些大机会。当然，好的股票也会有泡沫化的过程，通过简单的估值很难去定论。所以通过博弈的角度，可以更好地把握牛股。选好行业，选好团队，把握四季的温度，这三个配合好，我们在投资时就会很淡定。

第四十一章　完美交易是如何炼成的

价值投资者交易在左侧，牛市等不到大顶。

趋势投资者交易在右侧，熊市抓不到大底。

左右都为难，顶底难判断。

当我们无法判断的时候，应该找到一种交易方法。

很多人说交易很复杂，确实如此。交易的方法很多，但对我来讲，无外乎两个流派：价值型和趋势型。

第44条：交易分为价值交易和趋势交易

怎么来区分是价值投资还是趋势投资呢？比如说一个人常常说行情“地球顶”到了，最后发现天外还有天，股市继续向上走。有时候他又会说行情到了“婴儿底”阶段，但大家发现“婴儿底”下面还有“尿布垫”。这种比喻很有意思，但同时也说明他是一个典型的价值投资者。因为他总是希望找到股票的内在价值。股票的价格如果偏离了价值，他就认为是交易机会；如果价格远远高于价值本身，他就认为应该卖出。反之，如果价格低于其价值，他就认为应该买入。这就是典型的价值型投资者的方法。

第45条：价值交易在左，趋势交易在右

价值投资者属于左侧交易者，行情还没涨到顶，就开始走了，行情还没跌到底，就开始买了。因为趋势还在下行的时候，他认为价值合适了，于是就做买入动作，但其实趋势并未结束。这就是典型的左侧交易者。

对应的趋势投资者属于右侧交易者。趋势没出来的时候，他不会选择

动作。往往在底部已经走高了，他才看出趋势，再参与进去。

这两种交易各有特点，各有利弊。

左侧交易者，可能经常会被套，即买入后股票还继续下行，或者抛出后股票还涨很高。可能抛掉股票时指数在3000多点，之后大盘却涨到了5000多点，这就是左侧交易的弊端。价值投资者作为左侧交易者，虽然有时候判断的节点过早，但终归会得到验证的。

趋势投资者在下跌的过程中不过早进场，他只在趋势走出来之后再做买进，这是他的优点。但缺点是他抄不到底，往往等股市已经涨得很高了，他才开始追进。

价值投资者也好，趋势投资者也好，都无法解决一些问题。比如熊市末期没法判断下跌什么时候会结束，牛市末期也没法知道行情还能持续多久。

第46条：用H333攻略解决顶底问题

很多时候我们不知道行情是不是到了熊市末期或是到了牛市末期，但是我们还是可以有一些方法来应对。我在2015年5月份提出的H333攻略，就是要解决这样的问题。我们没法提前判断是不是牛市末期，一旦行情继续往上走，通过用H333攻略，至少能确保跟上行情。再通过捡皮夹的方式，能够让自己的利润不受损。但是如果真的出现大的风险，那个节点的仓位不高，我们是可以规避一些风险的，这是一个权宜之计。

H333攻略还可以用于熊市末期，一旦行情后面持续走强就不会错过，心态也会很好。

第47条：用SH333攻略应对大牛市

一旦大牛市到来，持有了好心态，就有办法抓住后面的大行情。真正行情走强的时候，我们可以把H333攻略改成SH333，即超级333攻略。这个攻略是用来抓持续一段时间的强势行情的。

这个方法是我这么多年投资总结下来的精髓。启用这两个方法，再去配合价值投资和趋势投资就可以完美应对我们整个A股市场。

第48条：股市无法判断顶底但有策略应对

股市的四季并不是非常分明的，我们需要有一个方法帮助我们解决还无法判断是什么天气的时候的交易策略问题。H333攻略就是用在四季不是很分明的阶段，用来保护我们投资心态的一个策略。运用好H333攻略，你会发现A股其实也是非常可爱的。

第四十二章　散户制胜五大招

通常散户制胜有五大招：

一、认定一个人；二、吃透一只股；三、只做大牛市；四、痛点变甜点；五、H333攻略。

其实对投资者来讲，心态决定一切。好心情是一时的，好心态是一辈子的。要保持一辈子的好心态非常不易，现实中我们一定会受到环境的影响。股神巴菲特说，人要在别人贪婪的时候恐惧，在别人恐惧时贪婪。但一般人很难做到。既然做不到，那我们就尽量把能做到的做好。

别人的股票天天涨停板，要做到不心动，很难；各种题材炒作时，要做到不去天桥看热闹，也很难。因为人总是喜欢看热闹的，最后有些人在这个过程中上当受骗，这是人性决定的。下面我就散户制胜的法宝，来一一拆解这五大招：

第一招：认定一个人

如果发现自己在某方面有所欠缺，可以拜师学艺。师傅可以从身边找，也可以通过互联网找，比如说找某个大V，或者证券公司里某个分析师，或者身边某个做股票比较牛的朋友，如果这个人做股票胜率很大，那你可以好好地研究一下他。先把他研究透，确认靠谱之后长期跟着他，可以尝试跟踪几年。如果他本身是个高手，能力比较强，在跟踪的过程中千万不能耍聪明。因为你耍小聪明的时候，可能是犯大错的时候。

当然，让你一直追踪一个人几年可能做不到，但坚持一段时间顺手以后，如果发现自己水平比较高了，也可以青出于蓝，开始有自己的模式，这就是出师。

很多人是能够出师的，因为在茫茫人海中能找到一个对的人，然后长期跟踪，首先证明了这样的人判断力不错，否则可能连老师都找错。找对老师之后，通过这个模式又赚到了钱，证明理解能力也不错。判断力和理解力兼备，这样的人是符合成功条件的。只要中间不过早地骄傲，就大概率的能获得成功。这是一个对散户比较好的方法。

第二招：吃准一只股

很多散户不知道股票怎么选，经常选花了眼。一个比较好的方法是就选某一只股票，把它彻底弄明白，甚至把它的脉络弄清楚，长期做，不为市场所动。那只股票潜伏的时候就潜伏，那只股票出现好行情的时候，就多参与。参与到一定程度的时候可以出来，然后继续潜伏，等待下一次的机会。通过长期跟踪，把这只股票的脾气、秉性彻底摸透。长期盯着一只股票做，不断积累和总结，会进步神速。

通过这样的方式赚到了钱，心态也会跟着好起来。我身边有很多朋友，长期就做一只自己熟悉的股票，一年、两年，甚至五六年、十几年做下来，收益率真的不错。当然做一两年后换一只股做，也属正常。因为可能另一个板块的股票机会更大，可以作为更好的替代品，这也是一个非常好的方法。

第三招：只做大牛市

这个方法是指对市场要有一定的感觉。市场不是特别热的时候，不参与。特别热指的是大牛市的一个氛围。教户们可选择只在大牛市参与一把，而且可以打打乱仗，这样也能够赚到这个市场的钱。

第四招：痛点变甜点

看一只股票够不够痛，需要去观察。我们需要去体会持有这只股票的人现在有多痛，痛到什么状态，是不是到了谁也不关心这只股票的程度。如果这个时候去研究它，发现它有一些好的品质，再做介入，介入后至少自己的心态能很好，因为抄了很多人的底，感觉挺好的。

通过这个方式，可以让自己心态变得非常好。就算套牢一些，那个时候还可以“阿Q”一下，毕竟和前面的人的套牢程度比，自己这些算不了什么。

当然这里也考验选股能力，选择自己熟悉的股票是一个比较好的方式。

第五招：H333攻略

最后一个方法是H333攻略，即拉长周期做周滚动、月滚动，甚至季度的滚动。用这个方法参与一些热点板块，至少不会买在高点，也不会卖在最低点。这样一来，就可以保持好的心态。保持了好的心态，其实也能赚到钱。就算是普通投资者，也能够在A股市场上跑赢很多人，赚到大钱。

现实中，我们常常看到一些投资者总是追着牛股，追涨杀跌，也喜欢问人要牛股。实际上这样的人是赚不到大钱的，反而是那些有一套自己的方法，持有好心态，同时能耐得住寂寞的投资者，最终赚到了钱。

拥有好的心态，找到适合自己的方法，这些并不难，但是要坚持，不能总是一惊一乍的。如果基本的格局也没有，那也是很难赚到钱的。

第四十三章 抓住牛市的五大关键点

如何抓住一轮牛市?

牛市五大关键点，如果你都能做到，一轮牛市它跑不掉的。

如何抓住五个关键点?

有效的牛市方法论，让你不错过每一个上车的机会。

学好洪攻略!

一旦你真正掌握洪攻略了，牛市就在我们的囊中!

第一点：开局一定要做好

洪攻略思维中的第一条就是抓主要矛盾。影响这一轮行情的主要矛盾是什么？你要清楚，如果你抓的不是主要矛盾，那就完蛋了。所以，我一直强调洪攻略思维的第一条就是抓主要矛盾，抓次要矛盾肯定是有问题的。

万事开头难，要抓住一轮牛市，最好有个好的开始。很多人就是因为开头没开好，节奏乱了、踏空了，一直等回调。然后整个人的节奏和心态都不对了，到最后等他特别大胆全仓进入的时候，可能就是他要失败的时候。因为他已经做成倒金字塔投资了，而这正是我说的很多散户在A股市场上亏钱的最重要的一个原因。

行情比较低的时候，他仓位很轻，甚至没有，行情越走越高，他开始加入，加了很多钱，甚至到行情走得非常高的时候，他自己卖房炒股，就是把他家里所有的钱在比较高的位置全部冲进去了。这样的投资，怎么能赢呢?

牛市底部你只有10万元在做股票，哪怕赚了5倍也才是50万元。但到了行情高位的时候，你家里卖房炒股，一下进入了500万元，如果后面10%

的下跌，就把你之前的利润全跌没了，要是20%的调整，你就去掉100多万元了，前面好不容易赚的40万元全没了不说，还倒亏近100万元。

更可怕的是，这个时候大盘可能刚调整不久，这完全是有可能的，因为真正的熊市大盘完全有可能回调50%，到最后你肯定是个大输家。

所以说，牛市的起点很重要，那如何抓住这个点呢？见仁见智，因人而异，一般会有两种方法。

一种是价值投资者，估值差不多了他就会买，就是我们说的左侧交易。所以，在指数位置比较低的时候，价值投资者是会进场的，甚至会提前进场。

另一种是所谓的右侧交易者，他也知道自己抓不到最低点，但是一旦行情走得特别好，他感觉到好像牛市要来了，这个时候他会大量买进。

我给出的洪攻略方法不同于上面两种，它是具有中国特色的交易体系、交易系统，就是用H333帮你度过最艰难的冬末春初阶段，很实用。具体来说，就是大极端大交易。

就大极端大交易来说，用H333建仓，你就会保有很好的心态，而且你会对市场非常的敏锐，可能在市场刚刚春暖花开的时候，你的仓位已经比较好了。

所以，2018年的时候，大家都在说“2018是战略建仓年”，你有一整年的时间可以慢慢去等极端机会H333建仓。

H333不仅可以帮你抓住牛市的起点，而且它还有个更好的地方，就是在春寒料峭的时候，指数往往会波动很大，我们用的是滚动策略应对，同时因为市场行情不明朗的时候还会有“黑天鹅”，这时候我们就捡皮夹子，最后这个阶段我们其实会做得很舒服。

运用这套方法，A股历史上所有的底部应该都能抓住，而且都是比较大的仓位给抓住的。

第二点：重仓买到强势股

抓住一轮牛市的第二个关键点，就是要买得到强势股。

牛市来了，你买到的正好是强势股，就是涨得特别好的板块的股票，那你这一轮牛市就太舒服了。

看过我微博的都知道，我从2005年的牛市，到2014年的牛市，再到2019年的牛市，三次牛市我无一例外都抓住了行情的主线。我之所以能把握得如此精确，就是运用了洪攻略的方法。前面提到过，我们要善于抓主要矛盾，只要这一轮行情的主要矛盾抓住了，你就能买到一轮行情的强势股。

如果你是一个理性且睿智的人，你就会明白一轮行情的主线在哪里。当然，如果你对市场的运行规律、对投资的特性都比较清楚的话，那你就更能明白主线在哪里了。就拿2019年春节后的第一个交易日来说，开盘前的头一个晚上，我做了一期名为“科创未来借道资本市场是华山一条道”的视频课程，意在告诉大家这轮行情的主线在哪。科创未来对应科创股票，借道资本市场利好非银金融股票，视频里面都讲过了。

什么叫科创未来？就是说可能未来还很远。什么是“借道资本市场华山一条道”？就是说只能走这条路，其他路是不通的。你仔细分析一下这些话，弄清楚背后整个逻辑，你的选股策略就出来了。

俗话说，要致富先修路。因为路一通，我们就可以把货物通过高速公路运出去卖钱，人民群众自然也就富裕起来了。同样，把这个思维放到资本市场上，就是发展经济可以借道资本市场，而科创未来是最适合当前经济高速发展的一条路。

众所周知，要修资本市场高速公路，一定是修路的人先赚钱。这些修路的人中，券商服务公司算其中之一。现在涨得比较好的那几只股票，几乎都是做证券投资软件、帮证券公司做系统的公司。比如，恒生电子涨得很好，因为它是为基金公司做系统的，它的系统装得好，金融资本才能流动更快，所以第一批的钱是被这些机构挣了。

第二批挣钱的人，是高速公路的收费站。资本市场的高速公路收费站是券商，因为你要通过券商买卖股票，所有的钱都要在它那里流动，所以它自然是赚钱的。另外，保险公司也是收费站，基金公司也是收费站，非银行金融机构都是“收费站”。当然，银行也是“收费站”，只是我们要发展科创，要借道资本市场，就不能再依赖原来的传统金融，所以这里暂且不说银行。你只需要知道，高速公路修好了，银行也赚钱的，但是我们更希望修一条资本市场的高速公路，让更多的钱不要从银行系统跑，而是从这条高速公路上跑，所以说第二批就是非银金融机构赚钱。

第三批赚钱的人，是高速公路旁边的工厂。资本市场的高速公路旁边环绕的通常是互联网金融、多元金融，包括信托衍生公司、理财衍生公司等，它们属于资本高速的“路边工厂”。它们受益于高速公路，高速公路越发达，它们越赚钱。

第四批赚钱的人非常好理解，就是资本高速的钱流到谁那里，谁就赚钱。

你要明白，修资本市场高速公路的目的是希望加快钱的流动，流到科创企业、民营企业，那受益的就是它们。过去它们融资难，现在能够融到资，当然会发展得快。所以，它们就是第四类受益公司。

如果再进一步思考，既然我们要把科创企业发展起来的目的就是为了发展中国的经济，为了改善广大老百姓的生活，顺着这个思路想下去，你就会发现更多的受益公司出来了。如果我们科创发展得很好，经济转型就成功了，我们的传统企业也可以借道新型的科技，为它们插上再次飞翔的翅膀，这样整个经济就起来了。整个经济起来了，老百姓收入会提高，消费也就起得来，大家消费提高了，人们都希望消费升级，健康就变得更重要，那些大健康不也跟着来了吗?

所以顺着科创借道资本市场一整个体系想下去，你的投资主线就出来了，它是有秩序的，当然也不是绝对的先后顺序，可能有重叠的，也可能有的早就有反应了。但只要你把这些都想通了，这一轮行情的主线你就抓住了！

第三点：不中途下车

第三个关键点，叫不中途下车。或者说在爬山的过程中，你不要中途掉到悬崖下面去了。这其实是一轮牛市中特别重要的。

一轮牛市很多人没抓住，不是因为其他的原因，都是中途被摔下车了。什么叫中途被摔下车？就是买到一只牛股，赚了一点点就早早走了，仓位早早地降下来了，一轮牛市做下来，经常是中途下车，然后涨上去以后再追上去，折腾来折腾去，一轮牛市被他折腾光了。

怎么才能做到不中途下车呢？这个非常关键，洪攻略里有一套方法专门讲到这一点。

第一条叫慢一拍的H333右侧卖出。右侧卖出就是让你不要在上涨途中就走掉，只有出现右侧情况时你才能走，这样的话你就能够一直咬住那些卖得非常好的强势股。另外，在牛市中你要有牛市思维，这时候持仓是一个最好的策略。

第二条是逢阴线加仓。既然阴线就可以买的话，那你动都不用动。

有人说我讲的这套方法好像是人为判断，有主观因素，非常不好把握。其实，只要弄明白洪攻略里两个非常关键的判断，这个问题就迎刃而解了。一个判断是主要矛盾没有发生本质变化的时候，你根本不用担心；另一个判断是借助于时空观、四季轮回理论。这两个对于判断仓位很关键。

判断一轮行情是什么季节，怎么判断呢？首先可以肯定，大季节肯定不是冬季，既然不是冬季，那你就一定是要有仓位的。那它是不是秋季呢？我们可以判断，大季节也不会到秋季，但是小季节可能到了。如果你把四季轮回理论用到这里，你是不会中途被摔下车的。哪怕你会走一点，你也不可能被它完全地摔出车，你的心态也不会坏。所以说，这是抓住一轮牛市的第三个关键点。

第四点：舞步乱了能快速找回节奏

阶段性节奏乱了，这在股市是难免的。很多人一开始就没跟上节奏，或者中途下车了，结果节奏乱了，心态也乱了。没有谁永远不犯错，这样的问题谁都可能出现，因此，如何解决这样的问题，就成了抓住一轮牛市的第四个关键点。

如果你的心态已经不好了，节奏也乱了，甚至踏空了，这时候应该怎么办呢？用H333救驾！

H333的其中一个作用，就是可以快速让你回到节奏中来，而且又不会破坏你的心态，因为H333建仓的方式特别好。当你要启用H333策略时，你会先立马买进三分之一，但在后面波动的过程中，你是不会追高的，你会在盘中调整的时候，再建仓三分之一，然后用这个仓位去做滚动，而且还留三分之一现金以备不急之需，比如政策面出个什么问题造成行情大幅波动，又为你创造了建仓的机会，你就用剩余的三分之一捡皮夹子。整个过程让你有底仓不会踏空，而且操作中又避免了追涨杀跌，保护了好心态。

所以，使用H333建仓最大的好处是可以让你在舞步乱了之后仍然敢于重新进入舞池，你也不怕踩别人的脚。也就是说，H333相当于是个“慢三”，刚进来的阶段先用这个来调整自己的舞步，一旦你重新找到节奏，你就会有心情考虑，好像跳“快三”也不错，你就可以升级到SH333了，这是完全可以的，因为你找回了好心态。

如果你真把这一轮行情给弄丢了，最好的方法就是学好洪攻略，用H333找回节奏，度过最艰难的时期，然后再来看是不是要下重手。

第五点：抓住轮动的节奏

第五个关键点是大家梦寐以求的关键词，叫抓住轮动的节奏。这有点贪，但是洪攻略的特别之处就是让你有能力去抓住轮动。

2014年下半年，我一直在讲券商股，说券商服务藏着十倍牛股，为此还写了很多专题报告，其中2014年11月份发表的《从券商蜕变看中国股市的梦幻未来》（发表于《上海证券报》），十分精准地把握住了券商的节奏，那篇文章发出后券商板块连续暴涨。

但如果讲真正的轮动，这个不是关键，关键是在2015年开年之后，我们又录了一期第一财经《解码财商》的节目，题目叫《与小盘股共癫狂》。后面真的就是小盘股的天下，翻倍地涨。之前是券商翻倍涨，后面是小盘股翻倍地涨，这就叫轮动。

有人说，我作为财经行业的老江湖，得知的信息多，看东西也敏锐，我能抓住轮动的节奏很正常，但是普通人是很难抓住的。其实抓住轮动是有方法的，就是看洪攻略。

我在洪攻略里面讲过，大极端大交易，小极端小交易，不极端不交易，再加上四季轮回理论，痛点变甜点，然后再结合主要矛盾和聪明的资金的喜好，按照这几条去思考，你基本上就可以抓住板块轮动。

也就是说，只要你能弄懂整个洪攻略体系，就能找到下一个热点在哪儿，看清一个板块已经处于什么阶段、什么季节了，是不是出现过极端等问题。在出现连续涨停上极端之后，我们就会切入到另外一条主线，这不就把握住轮动了吗?

所以说，洪攻略的整个体系就是按这个来设计，而且已经反复被行情所验证。

如果你能抓住一轮牛市的五个关键点，你就赚发了，甚至可以说抓住牛市，改变人生。很多人说这五点不好做到，但是洪攻略可以帮你解决这个问题，让你把不可能的事情变成可能。

还有人说，洪攻略难学。那是因为你没把它的原理弄清楚，学习的时候要多看、多思考、多感悟、多验证，慢慢你就懂了。当然有个前提，你必须相信它、信任它、执行它。以上这些你都做到了，你一定会喜欢上洪攻略。或者说，你可以不喜欢洪攻略，但你肯定想赚钱，肯定喜欢牛市。

所以，不管哪个原因，我都建议你好好学学洪攻略，它绝对是可以让你成为股市赢家的一套交易体系！

（本文首发于2019年3月31日，请根据当时的行情理解本文的案例。）

第四十四章 如何抓股市中的极端机会

想在股市赚钱先做到一点：在行情平庸时期修炼（不做交易），在行情极端时期出手（买或卖）。即大极端大交易，小极端小交易，不极端不交易（不做交易不是指空仓，可以是任何仓位），极端跌时增仓，极端涨时减仓。

其实，投资大师们基本都是这么做的，以至于没有人再重点提，但很多普通投资者股市不赚钱甚至赔钱的根本原因正在此：在行情平庸时期出手（频繁交易），在行情极端时期捶胸顿足（踏空或深套）。

为什么做到这一点就能赚到钱？这里面是有严密而科学的逻辑的。

奶奶说：人生必须走好关键的几步；爷爷说：转折点决定一个人的一生。

爷爷奶奶唠里唠叨无非是告诉我们要抓住人生路上的主要矛盾，必须重视能决定人生转折点的关键事情和关键时期。为什么唠叨这些，因为很多人没做好，忙忙碌碌中让人生关键点变成了人生噩梦。

人生苦短，哪有时间和精力在鸡毛蒜皮的事上拉拉扯扯，浪费生命，这其实是非常浅显的道理。

股市如人生，股市行情每天如我们的心情一样起起伏伏、涨涨跌跌，也如大自然一样春夏秋冬四季轮回，我们的皮肤能感知严冬的刺骨寒风，夏日炎炎似火烧。股市中因为行情、板块、个股的持续涨跌，市场会出现让很多人忍无可忍的时刻，市场也不定期地会出现贪婪、恐惧情绪的蔓延……这一切伴随的就是"极端时期"，物极必反，极端就是转折点，极端的背后就是机会，大极端大转折就是大机会，小极端小转折就是小机会。

每一次大极端中的极端下跌都是捡皮夹子甚至启动H007策略的好机会，每一次极端中的极端上涨都是H333系列策略降级打击的减仓点，所以，只要能判断出极端，就能抓住大机会，也能避开大风险，话说到这，一些人一定感觉痛苦了，原来还是要判断能力啊，自己好像没有判断行情是否已经极端的能力？

是的，股市投资判断力必须有，我也知道短期内要提高一个人的判断能力是没有可能的，洪攻略的设计中我充分考虑了这个情况，洪攻略思维另辟蹊径找到了判断能力不变但可提高普通投资者判断准确率的方法——降低判断难度。

股市要赚钱靠的是提高成功率。具体来说就是提高行情判断成功率、选股成功率、操盘成功率。但如果不能提升判断能力那就想办法降低判断难度，极端行情和平庸行情哪个更容易判断后面的走向？哪个判断难度相对低？一定是极端行情。越极端越容易判断，就像在江南看到下大雪一定是冬季，我们很容易判断后面会是春季，后面天气会转暖。若是平常的天气，因为不极端，我们其实无从判断后面天气会转冷还是转暖。股市行情大部分的时间处于平庸阶段，要判断走向其实是很难的，但很多人就是在平庸行情中每天猜涨跌，追涨杀跌中耗费自己的心力，迷失自己。待极端行情出现时，他们不是判断力不够，是已经精力耗尽，奄奄一息，眼睁睁看着容易判断的行情、容易赚钱的机会从眼前消失而已。行情出现极端下跌后（之前的几次股灾，包括2018年2月初的暴跌），很多人都知道是买入的好机会，但他们早早已经满仓被套，他此刻不买并不是他判断力不强，而是他没钱买了。

所以，可以选择判断极端行情，因为极端行情比平庸行情容易判断，自然可以提高判断的准确度成功率。

原来，最大的机会最容易判断，投资者真的很幸运，是贪婪蒙蔽了投资者的眼睛，恐惧把幸运变成了不幸。

洪攻略抓的是主要矛盾，用H333系列策略抓的是对应的大小极端机会，从理论上逻辑上都是可以提高投资成功概率的，因为洪攻略思维降低了有价值的行情判断难度，只要学好了洪攻略，判断力不强的普通投资者也可以大幅提高判断准确度，提高投资成功率。

极端，是很多人挂在嘴边的词，这也证明大家容易发现极端，比如，大家都认为2017年A股走势太极端，上证50疯了，中小创屡创新低，其间每一次上证50放巨量，都属于小极端，创业板同时都会出现反弹小转折，直到1月底建设银行、工商银行这样的股票也会在涨幅已经巨大的基础上出现连续暴涨，市场看好名特优的情绪也到了极致，这个时候属于典型的极端行情，属大极端，此时策略必须降级，采用SH333的必须降为H333，采用H333的必须降为H110。再比如，2018年2月份上证指数出现久违的连续大跌，创业板更是跌回了2015年牛市启动点，爆仓盘一片，市场恐慌气氛蔓延，此时，属于典型的大极端，是H333攻略捡皮夹子的好季节，是H110升级打击的好时间，甚至是启动H007的好时机。大极端有大转折，拉长时间看创业板跌幅比主板更极端，所以转折机会也更大。

大极端涨之后容易出现大极端跌，极端跌和极端涨一定是交叉进行，只是强弱不尽相同，但同向大极端与大极端间隔时间一般比较长（中间要隔一个异向大极端），就如地震，地震的余震会一次比一次弱，同一地点再次发生地震需要隔很长时间。即使在极端的2015年，两次同向极端行情相隔时间也超过了一个月。由此，可以判断短期内创业板再次出现极端下跌的可能性比较小，目前从时间上、行情涨幅上、情绪上也都看不出创业板行情出现了上涨大极端，只能判断出现了小极端（小极端小调整，不会破2月初大极端创下的低点），所以，要用应对小极端的策略。小极端会调整但一般不改变趋势。两个极端之间会有很多个小极端，也会有中极端，当然若拉长时间看一些大极端也只能算中极端，中极端算小极端。所以，洪攻略中H333滚动会分日滚动、周滚动、月滚动，这其实就是应对不同周期的极端情况的，洪攻略中的日、周、月这些时间更确切地说是区分时间的长短，周表示时间以周计，而不是定死的5个交易日，需要按洪攻略思维验证调整。

从情绪层面判断极端更为精准，因为人是有记忆的动物，但也是忘性强的动物，时间对情绪的影响非常大，人对短期的激烈波动反应强烈，短期的连续暴跌极端情绪容易出现，长时间的连续慢涨慢跌也容易让人烦躁，所以，快涨快跌极端情绪来得快，慢涨慢跌出现情绪极端的时间要很长，行情涨得快就短，慢就长，跌得快也短，跌得慢就长。美国股市十年长牛，典型的慢涨快跌模式，相信未来的A股也会遵循这样一个走势。

看了这篇文章还认为自己分不清楚行情极不极端的人，我给你一个方法，你不特别痛苦（后悔、自责、埋怨、踏空、深套）也不特别兴奋的时候行情一定不是大极端，行情上涨至大涨你忍无可忍追高买入的时候，行情持续下跌至大跌你忍无可忍砍仓时，基本算极端行情尾声。再有，判断不了平庸行情，就只抓极端行情，分不清小极端就只抓大极端机会。

物极必反，无论舆论、市场情绪、行情走势、监管思维都逃不开这个规律。人的容忍度是有限度的，总会有人神共愤、忍无可忍的时候，久分必合合久必分。这次科技股的走强，就是在舆论、市场情绪、行情走势、监管思维极端之后出现的转折。

通往赢家之路：在行情平庸时期修炼洪攻略（不做交易），在行情极端时期出手（买或卖），在交易时结合四季轮回理论选择相应的H333交易策略。

磨刀不误砍柴工，对一些投资者来说，学好洪攻略才是他现阶段该抓的主要矛盾，股市机会永远有，能力提高了，心态好了，大机会来了才能抓得住。

如果明白了极端机会背后的逻辑，就不仅能抓到极端机会，还能拥有平庸期的淡定，而这份淡定才能让你有机会拿住大牛股。

最后，说一说洪攻略极端交易的五个应用技巧：

1.先用四季轮回理论判断行情所处季节，模糊区分出两个部分就可以了，即确定是冬春季，还是夏秋季；

2.若确定是冬春季，则下极端容易寻找，容易判断，即在下极端才买入。冬春季上极端一般比较弱，不容易判断，没关系，在平庸时间或者上极端卖出就好，卖出之后再等容易判断的下极端买入就好；

3.若确定是夏秋季，则上极端容易找，即上极端才卖出股票，下极端不容易判断，没关系，见下极端就买入，牛市逢大阴线就买入就是这个原理；

4.极端是相对的，比如上海夏季温度跌到十度以下就很极端了，冬天温度到零下才算极端；

5.极端相对平庸比较好判断，极端交易时成功概率比平庸交易高，不是绝对赢，越极端成功概率越高，所以才说大极端大交易，小极端小交易。

第五部分

可控预期的投资

第四十五章　熊市里，你该干什么

韭菜爱牛市，老手爱熊市。

在市场不是很热的时候，恰恰是你更应该花工夫的时候。

牛市不担心利润，熊市不害怕风险。

有时间就去试错，也不会出大错，这个时候试错，怎么会出大错呢？

熊市敢于输小钱，牛市才能赚大钱。

一次牛市，一只牛股，就可能改变你的人生。

很多人在熊市阶段，就是所谓市场不热的时候，做鸵鸟，账户一关，啥也不干，就是等。等市场比较热的时候他又回来了，他回来做什么呢？回来砍仓。因为他已经被套得非常难受了，当市场重新热起来的时候，他发现自己的股票终于解套了，或者说亏损少了，所以他回来了。

第1条：倒金字塔式投资必亏

80%的人都喜欢进行倒金字塔式投资，也就是我们一直在讲的被动持仓，他都被套牢了，不看股票了，如果那只股票赚了钱，他肯定看。这样的人最可怕在哪里，因为他投资的熊市在那里赔钱，牛市又赚不了钱。

他通常在解套的时候离开了，但是后面发现股市一直涨，他又熬不住了，更高的价位他又追进去了，他完全变成一个倒金字塔投资。另外，他还把仓位加重，所以最后在这个市场上血本无归。

第2条：熊市更应花工夫

我一直有几个理念，比如A股投资，甚至作为人生的投资，是一件必须认真的事。只要你的仓位在，只要你还想去做投资，想赚点钱，你就不能有任何懈怠的时候，不能放任自由。

你应该分配好时间，做一个长期投资的成功者。A股市场要赚钱，一定是熊市赔小钱，牛市才能赚到大钱。

第3条：熊市是学习和思考的好时光

熊市时，你要去真正地学习。因为这个时候，你的心态是好的，至少是不急躁，很平稳，然后对整个市场可以真正地有一种理性的思考，这样你才能找到一套适合你的好的投资方法。等到市场比较好的时候，你的这套方法就会发挥很大的作用。

比如，当你在5000点、6000点进场时，想赚到钱太难了。搞不好你自己都把自己弄崩溃了，后面再难赚到钱。但是，如果你在比较低位的时候，正好进入市场，一旦市场真的有好转，你就能够赚到钱，人生就跨出了更好的一步。

第4条：熊市不要太害怕风险

在市场很冷的时候天天讲风险，基本毫无意义。这个时候，你可以稍微激进一点，把仓位变得重一点，也没有关系。尤其是在大跌的时候，反而可以启动H007攻略。但市场上却有很多恐慌性的抛盘，认为那个时候是风险最大的时候。

所以，合理分配好时间，明白什么阶段该干什么阶段的事非常重要。在A股市场也一样，牛市中干牛市的事，熊市中干熊市的事。当然，你未必知道什么时候是熊市，但你肯定知道不是大牛市，这个时候一定要找好自己的状态。

第5条：勇于试错会改变你的人生

有时候稍微试点错，你也不会亏到哪里去。面对熊市，被动地熬是永远熬不过去的，市场低迷的时候应该是我们学习收获的季节。你在熊市交的学费，日后都有可能在一次牛市就赚回来。

其实人生不需要多少牛市，一次牛市，一只牛股，就可能改变你的人生。

第四十六章 散户也要做风控

几万、十几万，风险看得淡！

股市投资属于风险控制，和机构说的大的资金管理的风险控制，是两回事。

本都保不住，钱要上哪儿赚？

它会给你强行平仓，这个叫风险已经完全失控了。

仓位控制好，心态不会坏。

好心态，是我们做投资最重要的一点。

如果风控做不好，投资可能就有大问题了。很多机构都有专门的风控部门，任何产品首先考虑它的风控。在做一项投资的时候，你只是简单地往前冲，如果你的回撤过大，碰到了一个危机的时候，你可能会血本无归，整个输掉。

第6条：做有可控预期的投资

风控体系越大的资金，越会做好资产配置。但是一些中小散户，可能考虑的不多。因为总感觉钱不多，不能去做资产配置、投资组合，其实这个理由是不成立的。股市投资里的风险控制，和机构说的大的资金管理的风险控制，是两回事。

“战上海”投资哲学有一句话，“做可控预期的投资”。意思是说，预期要是可控的，但是我们的散户经常把自己处于风险非常大甚至是不可控制的状态中。什么叫不可控制？就是仓位已经超出你所能够承受的范围。

而不可控的情况通常有两种：一是由于下跌造成保证金不够支撑借款的抵押，融资被打穿，这个不能由你控制。在2015年股灾的情况下，很多所谓的融资盘被打爆了，证券公司会直接把你的单子挂出去强行给你平仓，这个叫风险已经完全失控了。二是你买的股票的调整已经超出了你所能够承受的心理底线。

第7条：不要做超出承受能力的投资

每个人都有自己的心理底线，有些人的钱虽然不是证券公司融资来的，但可能是亲朋好友借来的，这个钱到时候是要还的，他的亏损到一定状态的时候，可能就还不出来了，他的状态是完全不一样的，会造成他非常地焦虑，容易出现一些错误的动作。

整个体系里，大家就体会到所谓的风险控制，并不是只有一种情况，只要不借钱，就不会有问题。典型情况如：

有些人是这样的，他好不容易辛辛苦苦赚来的钱，也有亏损底线的。本来这些钱可能孩子要念书，要买房子、车子，都是有安排的。但来到股市做投资的时候，突然一下全亏掉了，这个时候就会造成很大的压力，有些夫妻因为这个情况，甚至造成离婚的状态。这也是超出了他风险承受的能力。

有些人把股市作为他的现金流的储备，因为股市的流动性特别强，想用钱时抛一点股票就行了。但是投资房产，它不可能一下就卖掉，也不一定很容易找到买主。所以有些人把现金管理放到股市里面。但是这也有问题，因为你不知道自己什么时候用钱。如果股市正好处于一个低位的时候，你要用钱了，这时你可能就把股票抛在低的价格，这就是你的资产管理不够到位。

第8条：风险控制实际是心态控制

股市的风险控制，不是简单的仓位控制。我说过，投资股市，好心态是一辈子的，好心情是一时的。好心态，其实是做投资最重要的一点。风险达到比较高峰的时候，其实就是摧毁了你的心态，让你做出一些不理性的动作，比如买在高点，卖在低点，这就是你的心态坏了；当然，看着别人赚钱，自己不赚钱，心态肯定也不好，就会去追高，这就意味着你的风险很大。当市场正在杀跌的时候，你的心态已经受不了，你感觉到这已经超出了你所能承受的范围。因此，当你意识到风险控制重要的时候，往往是风险最小的时候。

在A股市场里面做投资，它的风控不是简单地做一个资产的配置或者仓位数值，这些都是非常片面化的。而在整个洪攻略体系里，H333攻略是一个非常好的风控策略。

第9条：H333攻略本质是仓位控制

H333攻略的本质是仓位控制。它不光是仓位控制（三分之一底仓，三分之一滚动，三分之一捡皮夹子），还是一个非常完美的风控体系，而且还做到了真正意义上的不追涨，不杀跌。

H333攻略，我们用在春季、秋季。为什么在这两个季节要用这个策略呢？它最好的好处是可以让你心态变好。春季后面可能有夏季，但很多人会说，你既然知道夏季要来，就直接满仓就好了，何必要用这个策略呢？但你怎么知道这一定是春季呢？有可能是倒春寒，甚至可能只是暖冬而已。一旦市场再出现寒冷天气的时候，可能你的风控就出问题了，你可能就亏了很多，因为你的仓位过重，你的心态就受不了。等春天真的来的时候，或者夏天来临的时候，你可能已经把仓位输光了，甚至砍掉了。

其实我们用的H333攻略是一个很好的方式，它考虑了股市投资的风控体系。广大投资者不太有风控意识，那你用这个策略就会变成股市里面打不死的小强，一旦行情来的时候，就可以赚到大钱。

第10条：顺势而为才能做好风险控制

既然是可控预期投资，有个防风险的方法，叫顺势而为。识时务者为俊杰，不能老是逆势而行，明知道是一个下跌的大趋势时，你经常在那接飞刀，是有问题的。你要判断清楚，当前股市走的大概季节是什么季节？春季？夏季？秋季？冬季？把季节分清楚了，用不同的策略，这个就是我们说的顺势而为。

第11条：多种手段进行风险控制

要进行风险控制，可采用以下两种方法：

一是做熟悉的股票。你可以做一些小额资金投资，买你熟悉的东西。因为做熟悉的东西，你不太容易心态变坏。毕竟你不会因为别人的一惊一乍，而做出太过离谱的交易行为。所以说，做自己熟悉的东西，其实也是防风险的一种方法。

二是让痛点变甜点。有些股票的下跌概率更大，你在做它的时候，风险是不可控的。所以，做一些成功概率大一点的东西，其实也是防风险。

由此我们得出一个结论：A股市场防风控的体系是一套体系。不是简单的仓位多少，它不仅选时很重要，选股也很重要，这些都包括在风控体系里面。

第四十七章　反人性思维：暴利，来自不确定性

50指数涨了，价值投资火了。

在不确定性中，寻找确定的机会。

确定性溢价了，不确定性被抛弃了。

在这个过程中，其实你放弃了所谓的暴利机会。

股市还得做下去，故事必须讲下去。

其实最有价值的，恰恰是不确定。

第12条：股市不会停止讲故事

怎么去判断一家公司股价会不会走得更好？其实，这要看市场是不是喜欢。如果你简单地从财务指标，从企业目前的情况推导它的将来会怎么样，这也不失为一种方法。但我想告诉大家，其实市场上最有价值，或者说能够获得超额收益的东西，恰恰是不确定。而所谓的价值投资，给人的感觉可能更多的是希望从确定性中寻找机会，因为这样风险最小。单纯地寻找确定性的机会，在这个过程中，其实你就放弃了暴利的机会。

其实市场上永远有这么一些资金，由于它对风险的偏好不同，选择就不一样。我们会发现，在A股市场上，哪怕市场特别热的时候，都有一些资金在追逐热点、炒题材。同样，即使创业板指数走得很差的时候，仍有部分板块、部分热点还在不停地炒作，比如锂电池，还有跟特斯拉相关的一些小的金属。为什么会这样？因为很多人认为它们代表未来。

我们一直在说："人性不变，故事永恒。"其实逻辑也是永恒的，价值本身也是故事，只不过这个阶段大家可能更强调它。有些确定性的机会无法打动你，那就凭自己的本事去寻找那些不确定性的机会，投资未来的成长性。

第13条：说说亚马逊的故事

股市里的炒作其实就几个阶段。

1.第一个阶段一定是炒未知、炒梦想，先给它一个“梦想市盈率”。

如果目前没实现，那就证伪了，价格肯定就下来了。纳斯达克曾经在20世纪末的时候大涨，指数涨到5000多点，那一年互联网新技术铺天盖地。在那个阶段，不用管业绩，只管市场前景怎么样、用户群怎么样就好了。很多企业不盈利，但股价走得特别好。但是后来，互联网“泡沫”破裂了。市场上走过炒作概念的阶段，大家对互联网越看越清楚的时候，概念炒作基本已经结束。

2.第二个阶段就要看有没有真本事了，是不是真的有业绩。

如果业绩一直不好，那股票价格就不会走好。互联网“泡沫”破裂，股市跌下来了，之后大家会发现，纳斯达克又创了历史新高。为什么呢？因为当年的概念炒作之后，互联网产业这个梦想并没有破灭，有些公司实现了它的梦想，比如亚马逊。亚马逊亏了十几年，终于盈利了，原来的概念炒作变成可以实实在在赚钱的股票，证伪成功了。

所以，股价创历史新高，其实就是这么一个过程，但有些公司可能被淘汰了，比如雅虎，曾经最牛的互联网公司，它的梦想反而破灭了。

第14条：所有的故事最后都要落地

所有的炒作过程，基本都是一个由概念到落地的过程。

互联网本身刚开始炒概念时必要考量两点，第一有想象空间，第二有想象的用户。某家互联网企业可能确实有很多目标用户，但是不是真的有商业价值呢？企业的一般策略是先炒注册用户数，有了流量之后，后面再炒能不能变现。是不是能够真正有业绩，是典型的价值投资理念，由概念到价值投资这么一个过程，尤其现在这个阶段，更多的要看价值。

互联网公司也好，创业板的很多公司也好，其实都在杀估值，估值本身就是PE（市盈率），市盈率高低就是对它的估值最真实的判断，用每股收益除它的股价。在整个运作的过程中，如果你是投资者，一定要弄清楚这只股票是处于炒故事阶段，还是处于炒业绩阶段，千万不要混为一谈。因为这两个东西连在一起的时候实在太少了，既有故事，又有业绩，还很平稳，这样的公司非常少。一般都会定价非常高，而且你不一定有机会。所以大家千万别弄错了，因为有些人，尤其散户投资者，容易把炒概念误以为是炒业绩，那完蛋了。

第15条：故事总会有讲完的时候

记得市场曾经炒南北车合并，股价炒得不得了，短期之内翻了多少倍。后来合并成功了，南北车变成了中国中车。

当时我写过一篇文章，意思是说炒作阶段已经结束，合并之后能不能一加一大于二，那就要看业绩了。从预期业绩看，当时我判断是会跌的，最后确实跌得非常厉害。

在整个过程中，大家要去好好地把阶段分清楚，是什么阶段就做什么操作。

在我看来，从人性层面去思考，任何的投资在不为人所知的阶段，它就会走得非常好，在人尽皆知的时候，基本就结束了。

第四十八章 投资A股，跟赌博有分别吗

A股市场，是不是真的不如赌场?

A股市场其实是很讲规矩的。

投资与赌博，究竟有没有分别?

你如果用赌的心态去做市场，就必须接受赌的结果。

理性的投资者，也是精明的赌徒?

股神巴菲特很喜欢玩，曾经与股市进行过多次心理博弈，很有意思。

很多人做投资，真的是在赌。在投入资金之前，掌握的信息不够，思考毫无逻辑，也没有什么判断，纯属碰运气。

其实投资成功与否关键是讲其背后的逻辑跟脉络是不是能够解释一切，这个一定要有的，因为它是跟人性相关的。

如果你只相信某些股市大V写的什么指标出现就会怎么样，而自己不去思考、不去学习，那绝对是有问题的。其实我们不管是赌过程还是赌结果，都要有风险意识。

第16条：高手不赌结果赌过程

如果你总是想赌个结果，往往你会输得很惨。所以，市场上真正懂得风险防范的人，他赌的恰恰是过程。真正赌场上，有时候赢的人是钱多的那些人，因为心态很好，你输不起了但他还输得起，所以他还可以再加码。

对于股市投资，我建议大家最好先看看市场的底牌。“看底牌”这个词是赌博里面的习语，赌场你想看底牌，就必须跟，否则怎么给你看底牌。很多人以为看底牌只需站在那里等着就能看到底牌，但怎么可能呢?

底牌是你已经押注了，人家才会给你看底牌，甚至最后要全部下去你才能看到底牌。坚持看底牌的真正意义就是跟你赌到底了，这才叫看底牌。但是很多人就以为，我现在感觉到市场不好，就全部空仓了。

所以，千万不要看有些人在那里说他成功了，就觉得他很了不起。实际上，他有可能输了无数次，最后才成功的。通常很多人把投资本身和赌混为一谈，这个是有问题的。

第17条：不要用赌的心态做投资

如果用赌的心态去做投资，心态是会坏的。经常听到人说现在的市场上有各种各样投资的方法，比如邮币卡、炒贵金属等一些乱七八糟的东西，在我看来，这些投资的本质就是赌博。没有什么逻辑，风险还非常之大。如果你没有做好思想准备，一旦陷在这里面，你又无法承担相应的风险，就会连心态也一并输掉。

在我看来，那些市场赌赢的概率不如赌场高，成功的概率也不如赌场高，而一般人又接受不了那样赌的结果。所以，如果你不能接受那个输的结果，千万不要进那个市场。

第18条：投资重在概率，概率大时下注

投资要做大概率的事情，当出现小概率，且这个风险你不能够承受，同时把心态变得更坏时，这个决策是不能做的。做A股投资，如果能让你保有好心态，那就去做；如果做了之后让心态变得更坏，那就三思而后行。

所以，当概率达到60%、70%，甚至80%时，不妨赌一把。宁愿做错，不可错过。好机会是不能错过的，即便错了，也是一次学习经验。

第19条：用交易策略解决心态问题

现在的市场最应该做的就是把心态保持好，能在最及时的阶段把SH333迅速调整为H333。H333是一个比较保守型的策略，把它调回来，

目的是为了保有好的心态。如果这一次它真的调整，我宁愿把它撤回来，但是又能不空仓。因为这里也有一种可能性，毕竟现在是机构进入这个市场，它的行情是有一定持续性的，这么一个炸弹扔下来，未必它就有问题，有可能它经过很快的恢复再往上走。

如果是空仓的方式，万一它上去了，你就踏空了，心态就会变得很坏，到底是追还是不追？如果后面真的走出一轮比较好的行情，就可能是完全错过，甚至如果再创个新高时回调，有可能你受不了便在高位回调时冲进去，结果这次回调，又再度向下10%甚至10%以上，你又承受不了，你的节奏就完全打乱了。

所以采用H333只是想保持好的心态，会让判断更理性，有机会就不会错过，同时有风险也能躲过。

第20条：年轻勇于冒险，年长稳重保守

其实人有时候有点赌性是可以的，但是千万别赌错了地方，一旦赌错地方可能直接就死了。比如，你在春天的时候听了人家冬天的故事，或者听了人家秋天的故事，那就会出现问题；或者年轻的时候，你赌了一个老年人可能赌的东西，那你就完蛋了。所以年轻的时候有一点冒险精神，很正常，犯了错误也很正常。你那个时候不犯，等将来再犯，可能根本没有时间去修正了。

所以，在该做什么事的阶段做什么事是人生的一个好方法。好不容易自己的人生一路走下来很顺利，但在关键的时候赌错了，即在你无法承受风险的时候你赌错了，就真是输不起了，很痛苦的。

第21条：熊市敢亏小钱，牛市才能赚大钱

其实心态特别好的人，很容易赢钱。在你真的拿捏不准的时候，就不要赌大，可一旦拥有一次好机会你就狠赌一把，把筹码全部押出去。投资也是这样，你不一定次次能拿一把好牌，当你一不小心拿到坏牌的时候，记住不要让这一把坏牌把自己的心态弄坏了，你要很认真地把它打完，要

相信自己总会有一天拿到一手好牌，一旦拿到一手好牌，你就赚大钱了，这是A股市场最大的特点。

所以，牛市一旦来临，一定赚到大钱；但熊市也别指望自己完全能逃得掉，熊市让自己亏小钱，不能亏大钱。有些人弄反了，老是熊市亏大钱，牛市赚点小钱，那你是必输无疑。也就是说，现在的市场不重要，重要的是把心态弄好，一旦真的牛市来临，我们就能赚到大钱。

第22条：越有钱的人越容易赢

越有钱的人反而越容易赢，这是个很神奇的现象。很多人说那是因为他钱多，其实不是，是因为他的心态不一样。有钱的人在赌的时候，往往是在享受他赌的过程，亏一点无所谓，赚了也蛮开心。但是钱不多的人赌一把，就想着一定要赢，这个心态就不正常，因为你接受不了输的结果，反而更容易输。

在A股市场，除非你变得比较有钱了，才不会被“割韭菜”。因为那时候人的心态是不一样的，你可能就是单纯地享受投资的过程，这样反而容易赚到钱。

综上所述，你不能把A股市场当成一个赌场。如果你肯学习，早点找到方法，确实更容易赚到钱，这跟赌场不一样。

第四十九章　警惕市盈率陷阱

炒股不怕不懂，怕就怕不懂装懂。

很多人看不清楚，很多人都在自欺欺人。

刻舟求剑，按图索骥，看市盈率炒股。

发展的阶段不同，市盈率是不一样的。

股民最信奉的指标，也最坑人！

对有些人没有用，对有些人会起反作用。

做股票或者说做投资，通常都会有很多考虑因素，但是有些因素你不必考虑，考虑多了只会增加混乱。经常有人讲，现在股市风险很大，市盈率太高了。市盈率里面的误区实在太多，陷阱真的一个接一个。那么，市盈率到底有没有用？有用，但如果用错了，甚至看错了，那对你股市的投资，只会起反作用。很多人并不清楚市盈率到底是怎么算出来的，不清楚没关系，那就不要拿一些不清楚的东西，然后做一个莫名其妙的生搬硬套：有些人会做简单比较，可能两个计算的基数、基础都不一样；有些人会用整个A股的市盈率跟西方比；有些人用现在市盈率和过去市盈率比。事实上，所谓的市盈率，是假定公司所有盈利都进行分红，你将在多少年内收回成本。

市盈率=每股市价/每股收益

我们国家的市盈率有个特点，在计算平均市盈率的时候，如计算整个股市的市盈率，甚至计算行业市盈率的时候，都会去掉那些负值，即亏损的不算。因为没法计算市盈率，就把它剔除，所以让市盈率失真。

第23条：玩财技让市盈率指标失真

大家都知道A股有个特别现象，叫ST。如果连续两年亏损就要戴帽，这是很正常的一个现象，也是我们规定的制度。但是很多企业即便已经亏损两年也不愿意挂上ST的帽子，它们会在正常的财务允许的范围之内去做一些财务调整，变成不会亏损的状态。所以，有时候一家公司原本亏损但是通过一些财务调整却变成盈利公司。然后因为这样调节的关系，造成了很多微利公司出现，此时再计算这个微利公司的市盈率就很大了。假如说公司只有一分钱的利润，而股价是20块，市盈率有2000倍。2000倍放到整个股市里面去，一平均就把平均市盈率提高了。所以，我们的市盈率有时候是虚高。

第24条：个股看市盈率也有问题

如果你看个股，市盈率也会有问题，因为正常情况下你肯定买不到能涨几十倍的股票。但是如果从市盈率的角度去看，翻了几十倍的股票，往往它的市盈率也变化得离谱。

如果你只说市盈率10倍到20倍，翻一倍，通过业绩的增长有可能就达到了。但是涨几十倍的股票，它不是简单的业绩增长，它可能会通过外延的一些扩张、收购、兼并，市盈率分分钟发生变化。所以，如果你总是很死板地去做市盈率，那问题是很大的。而且有些行业的发展阶段不同，它的市盈率也不一样，可能在发展初期的时候，市盈率高一点，但由于它的发展速度很快，市盈率可能慢慢就下来了。因此对于市盈率本身，应该做更多客观的分析，不要简单地用市盈率把自己吓得不敢动了。

第25条：大公司市盈率有参考价值

一些大板块、业绩比较成熟的公司，它的市盈率是不容易发生大的变化的。如果发生变化，往往是股价本身造成的。

所以，这种公司的市盈率你要重视起来。因为它到一定高度的时候，未来的发展空间也不会很大；而且透支了未来，与之相应的风险也会变大。

第26条：注意比较不同时期不同市场的市盈率

买股票的时候，千万不要简单地运用市盈率就做出判断去买入某只股票或是卖出某只股票，这样你会很惨的，没那么简单。往往是一些市盈率比较高的股票，未来说不定可能会涨得更好。所以，市盈率里面陷阱很多。如果由于自己的不仔细，甚至瞎分析、瞎比较，最后掉到陷阱里面了，那就是你自己倒霉，或者自己吓自己。

还有一种市盈率值得引起关注，就是如果一个板块本身没有太大变化，但它的市盈率又发生核心变化的时候，你一定要小心了。因为这个是有可比性的，或者我们说在历史底部的时候，不要去做纵向比较，更多的是要做一些横向比较，比较全球的一些相同板块的市盈率。当然，必须要先考虑我们的历史因素，如果全都出现了偏离，可能就危险了。去做一些总体的判断，这是有用的。

综上所述，市盈率是比较复杂的话题，当然也比较专业 。希望上面的分析可以给大家一些正确的思考，知道如何去看市盈率，知道怎么来应用市盈率会更好。现在，我把这个陷阱告诉你了，你要自己去找，千万不要掉到陷阱里面去。

第五十章　高送转为何玩不转

一年两波高送转，为何今年玩不转？

不像过去还会涨停，现在是大跌，炒一个死一个。

配合主力割韭菜，不是目的是手段。

这个目的非常明确，大家都不是傻瓜。

不是韭菜割完了，只因市场风不在。

现在不炒很正常，炒就不正常了。

第27条：炒作不是目的而是手段

A股市场，既然说的是炒作高送转，那高送转不是目的，而是为了迎合炒作。如果你抓住这一点，你就能理解现在炒不动的原因。现在整个市场的监管部门都在打击炒作，而且卓有成效。小盘股票一直走得不怎么样，反而是大盘股50指数的一些股票走得强，说明市场的风已经完全不在这里了。既然这样，我们为了炒作的目的而去迎合炒作的行为一定会受到影响。因为过去很多公司去做高送转，他们知道要做什么样的政策，就让大家把价格炒上去。只要高送转，股价就会上去，大股东肯定开心。企业什么都不用做，市值就大涨，在这样的情况下，它们肯定有很大的动力。

而市场上恰恰有这样的一些炒作资金，既然炒股票目的是为了低买高抛，只要用高的价格将它卖出去，那自然有人去炒了。不管是借高送转概念拉升股价，还是借机减持或增发，长久以来都一直被视作A股炒作套路之一。随着2016年度高送转预案的不断发布，相关个股股价下跌居多，借机减持或增发受到的监管也越来越严。

第28条：散户认可的价格才是股票价格的重心

股价一般是由散户决定的，并不是机构想怎么炒就怎么炒。机构如果炒作的话，是不会一直把股票拿在手上的。它们通常是，拿的时候就进行价值投资，一定要把股票抛出去，如果散户不接受，那就抛不出去。所以，市场上经常可以看到散户接机构的盘子，这正好是它的一个很典型的炒作。甚至可以说，它只有这样，炒作才能成功。

俗话说，什么样的土壤长什么样的庄稼，如果市场能赚到钱，机构就一定会去做一些行为。而H股为什么没人炒呢？因为你抛的时候，可能已经悬空了，下面根本没人接，你会直接摔到水泥地上。我们现在说的高送转，其实就是这样一个情况。

可是散户还是特别喜欢这样的炒作，而且散户最大的特点就是追涨杀跌，他们还不太敢买太高价格的股票，而高送转送配之后，股价会下来，就会有更多的散户参与到这个游戏中来，既然是这样的话，买的人就会变多。

在国内，很少有人会像巴菲特一样，哈撒韦的股票24万美元一股，这样的话，必须有很多钱才能买得到这只股票，一般的散户根本参与不了。因此，A股市场有很多10万元以下的账户，甚至于1万元以下的账户都有很多。如果他想买100股，你价格太高，他买不起。只有价格往下走的时候，能够参与的人才会越来越多，是有利于炒作的。

第29条：炒股就是炒预期、炒未来

炒股还有一个特点，就是炒预期，炒未来的变化。如果它盘子还比较小，公积金比较多就会预期有能力去做得更大。大家都是这么想的，就符合我们炒作的特征，符合成长股运作的特征，这个时候大家都会去炒。

当然大家喜欢这样炒还有一些因素，股票上涨是其中的因素之一，大家形成共识就会去参与，然后通过送配的方式让价格降下来，让别人参与接盘。过去一直这么炒，现在之所以发生质的变化，是因为大家都看透了。因为现在跟过去不一样，当时的炒作只是炒作的人炒高了给你，而现在的股价炒高了之后配合大股东去减持。股价炒上去之后，它的目的非常明确，就是希望价格更高，希望得到支撑，然后大股东减持。这样明显的炒作，就连散户都能看得出来。大家都不是傻瓜，自然不会有人愿意去接盘，炒作就难以获得成功。因此，一些炒作机构就不愿参与，因为他们发现散户不上套，就很自然的冷却下来了。

在A股市场，大家都是奔着价值而去的人，连机构基金都在做趋势投资，都在做差价。甚至有人开玩笑说，就连国家也在做差价。可见，当你把上面说的这些因素都考虑清楚时就会发现，现在不炒很正常。但是偶尔，它也会炒一下，这种情况可以用我的“痛点变甜点”理论来解释，就是有时候这种股票也会有跌得很痛的时候。那时，由于它还具备一些成长特性，盘子小，成长空间还很大，有人愿意选择它做一些投资，也是正常的。

所以，炒作之风还是存在的，如果这个风口不在，下个风口来的时候，这些动作还是会有的，只是一次比一次弱而已。这就是为什么高送转还没有原来那么厉害，甚至会上一个套一个的原因！

（本文首发于2017年2月13日，请根据当时的行情理解本文的案例。）

第五十一章　股市多骗局，你中招了吗

可怜人必有可恨处。

并非骗术高，你一贪就上套。

天天去抓牛股，你能赚到钱吗？

不但赚不到钱，还经常会上当。

智商没问题，谁能骗到你？

你做股市就是来赔钱的吗？

第30条：受骗多起于贪心

如果你爱贪小便宜，或者总想一夜暴富，那就很容易上当受骗。骗子可能就扎堆于这样的地方，只要你有贪婪之心，他就利用你的贪婪之心。

有些正规的机构，也会做类似“钓鱼”的行为，一般不会直接说谎，但可能夸大其词，目的是吸引你的注意。

第31条：骗术多有违常理

如果你总是想寻找到牛股，这几乎是不可能的，也是违反常理的。如果你总是以这样的思维去操作，你在股市里永远会赔钱。

在我之前写过的文章里，我发现只要标题里提到“牛股”两个字，阅读量立马就很大。这种现象可以在一定程度上说明人类的贪婪之心，客观上是无法消除的。但是如果你不能改变，还是以为可以一夜暴富，天上会掉馅饼，天天想抓牛股，那就有可能会受骗，这会把你的心态变得很坏。有些人莫名其妙地被骗了，赔了钱，心情不好，真正遇到一轮好的行情，反而错过了。

如果你不能改变心态，那你在这个市场可能永远很难赚到钱。那些向你推荐股票，说第二天如果涨了大家对半分，赔了不收钱，包赚不赔的生意，稍微想一下，就知道这百分之百是骗子。

第32条：认真的人不容易上当

股票投资是一件特别认真的事。成功是靠概率的，你很认真去对待一件事情的时候，就不会上当受骗。

如果你带着暴富的心态，未来只会越来越难过。大家都知道，经济发展的速度在下降，现在赚钱越来越难。这种时候还想一夜暴富，怎么可能？

如果你确实判断力不够，那就多花时间，多学习，多了解，很多东西不了解就别行动，尤其是你不了解的情况不要轻信。

很多人做股票就是这样，看到一句“这只股票肯定牛”就买了，那不是做投资，是给别人送钱。

第33条：输家不讲逻辑，只关心代码

我建议大家好好去看看《乌合之众》这本书，虽然是一百多年前的书，但这本书把人性描述得非常准确。书中提到领袖人物就是把简单的事情不断重复地说，而且一定要斩钉截铁地说，用的不是逻辑，而是简单的推理，所以很多人反而就信了，根本不用讲究逻辑关系。

如果这个不改变的话，想要在股市赚到大钱是不可能的。

第六部分

投资好人生

第五十二章　梦想照进现实：五年赚一千万

定个小目标，五年一千万。

五年赚一千万，究竟是靠多少钱赚到？怎么样才能赚到？

你觉得自己做不到，那就真的做不到。

只有具备赚钱思维，你才有可能成功。

眼大生财，牛眼看市，赚钱的关键是思维模式！

有时候，你把一个机会适当放大才会有动力。

要想五年赚到一千万，首先要把自己的思维转到赚钱的频道上来。只有具备一种很好的赚钱思维，你才有可能成功。

具体来说，赚钱思维包括以下七个方面：

1.眼大生财法

第一个思维方式，叫眼大生财法。我们都喜欢牛市，可华尔街也只有一只牛。牛有个特别显著的特征，就是牛眼很大。牛眼会把看到的东西放大，所以牛经常不敢碰人，因为它觉得人很大。将这个逻辑放在股市也一样，当碰到一个机会时，你得把它适当地放大才会有动力。

眼大生财法，这个牛市是牛眼看事情，有时候对于财富的管理办法其实是蛮重要的。

2.规则生财法

第二个思维方式，叫规则生财法，这是一个赚钱的方法。很多人看到一些不合理的地方，骂一骂，说一说就不管了，但是有投资思维的人，却不这么想。

试想，如果连普通人都认为不合理，那么改变的可能性是非常之大的。只不过条件还没到，或者其他的时机还不成熟，但终究会改变的。所以，如果你能顺着这样的思维方式走，就可以赚很多钱。

3.书中采金法

第三个思维方式，叫书中采金法。就是站在别人的肩膀上，你可以学到很多。其实你不需要通过自己去实践，别人的一些总结，直接拿过来用，就可以大大提高你的判断力。其实人生就是考验我们的判断力，股市也一样，买跟卖，如果我们能判断准确，那我们不就赚钱了吗?

所以，判断力很重要，而且判断还要有效率。如果你判断力准确，效率又高，赚钱对你来讲就是特别简单的一件事。古语有云，“书中自有黄金屋”“书中自有颜如玉”。所以，读书可以提高你的效率，提高你的判断能力。

4.乱世佳人法

第四个思维方式，叫乱世佳人法。美国有部特别有名的电影《乱世佳人》，里面有一段场景是这样的：主人公郝思嘉为了见自己的情人白瑞德，就把窗帘弄下来做了一条裙子。因为当时正值战乱时期，家里除了一个比较像样的绿色窗帘，其他的什么都没了。但是她又想打扮得漂漂亮亮地去见人，于是出此下策。

这只是电影中的一个很小的片段，但我觉得这对女性舍得为自己投资而言，是一个很好的例子。因为郝思嘉知道自己要什么，就是说她知道把最关键的资源用在最关键的地方，这相当于一种投资理念。

然而现实生活中，很多人根本没有梳理过自己有什么资源，就说自己什么都没有，其实大错特错。每个人生活在社会中，都有自己的资源，年轻是资源，毫无牵挂也是一种资源。“乱世佳人法”就是让你善用自己的资源，并把它投入到最有价值的地方去。

5.宏观生财法

第五个思维方式，叫宏观生财法。众所周知，宏观是相对于微观而言的，很多人觉得宏观太虚了，其实不然，深度思考一般都是宏观的，只有进行了这种宏观思考，你才能赚到钱。毕竟宏观是认清时代潮流，我们必须要顺流，而不要逆流，否则很容易失败的。也就是说，你只有顺着革命的洪流往前走，你才能享受革命的成果，这就是宏观。

在国家大的宏观政策背景之下，我们可以用宏观生财法把握股市脉络，甚至把握整个投资的一个脉络，然后给自己带来财富。其他各方面的投资都一样。

6.买贵生财法

第六个思维方式，叫买贵生财法。“只买贵”，就是让大家千万不要占小便宜，这个方法适合于很多投资者。

看到喜欢的“投资品”，在自己可以接受的价格上加价至少30%买入，即强迫让自己买入比自己能接受的价格高30%的东西。买股票、买房子，都应该如此，这叫用发展而自信的眼光看世界。对待生活也要敢于做到这一点，你的生活品质会大大提高。超出他人预想的30%，这叫超预期，超预期可以给人最大的愉悦感。如果你可以给朋友、生意伙伴、亲人超预期的感受，你的成功就是必然的。比如同一个小区分别有一套价值200万的房子和价值260万的房子，你的购房预算是200万，但是你更喜欢价值260万的那套房子。在我看来，正确的做法是在自己的预算基础上再加60万，买你更心仪的260万的房子，未来你会住得很舒服。做生意、做投资也一样，你要考虑到社会是往前进的，你要在这个阶段敢于进入那个阶段，如果你懂得适时加价，你就有可能会赚到自己想不到的钱。

所以，当市场上出现了一种好机会时，你要把超预期加上去，超预期投资是很容易成功的。

7.故事永恒法

第七个思维方式，叫故事永恒。很多投资者说股市里总是炒故事、炒概念，但是这很重要。

不管是一个好的上市公司，还是一个好的企业老板，都特别会讲故事。而一个人的人生精不精彩，也取决于这个人会不会讲故事。只要你能讲好自己人生的故事，让你的故事吸引人，那你的人生故事就一定精彩。最好的思维方式，就是从现在开始，去梳理你的故事。

你只有把好的东西提炼出来，让自己变成一个特别精彩的故事，你才会聚集到资源。这既是一种赚钱思维，也是我们应有的投资思维。因此，如何改变自己的思维方式，才是我们真正能够具备赚钱思维的一个关键地方。

第五十三章　散户心态不可不改

股市专治小聪明，自作聪明往往自作死！

认为自己是神仙，可以找到很多牛股。

学识见识，智商情商，哪一样你比别人强？

固守散户心态的这些人，如果不被割草不科学。

命中注定被收割，破解之道在哪里？

点醒梦中人，你的散户心态不可不改！

第1条：天天打听牛股，到处打听消息

很多人刚发现一只牛股，马上找下一只牛股，认为自己是神仙，可以找到很多牛股，殊不知这是违背规律的。

作为一个普通投资者，到处打听消息，天天打听消息，只会给你自己徒增烦恼。因为等你得到消息时，消息已经不知经过多少张口了，能不能保持它的原貌都不可知。

第2条：不问逻辑，“爱去天桥看风景”

有一个现象，叫“爱去天桥看风景”，就是天天去看热闹，喜欢去听那些一惊一乍的股评，“又涨了”“又跌了”“涨停板了”“跌停板了”……类似这样的一些东西。如果你有这样的习惯，那就是散户心态。炒股的时候，不问逻辑，也不管逻辑，听到风就是雨，这样的人怎么可能赚到钱呢？

还有一种现象，就是总后悔。有些人不论如何操作，总是会后悔，要么说不涨（买多了），要么说涨得多（买少了），永远在后悔。

第3条：追涨杀跌

如果你老是追涨杀跌，你就是散户心态。为什么会追涨杀跌呢？这里面就有割草的逻辑和圈套。

简单讲，假如主力要拉一只股票，如果这只股票你一直不买，一直不敢跟，那它真的就一直涨，这叫标杆。但是，如果你因为看到了这只股票的走势，就以为另外一只出现了涨停板的股票也会像这只股票一样，那你就距离“被割草”更近了。因为你胆子大了，买进了所谓“同样”的第二只股票。同样性质，比如说某只股票后续走得很好，你就会感觉到怎么走早了，怎么没有追下去？当你发现类似的另一只股票，就勇敢冲进去了……“被割草”就是这么割的。

标杆通常用来定位，其他股票则用来割草。如果你不能改变自己的操作思维和方法，那你就难逃被割的命运。因此，面对波动性的行情，你要强迫自己低买高卖，而不是追涨杀跌。只有不大跌你不买，不大涨你不走，你才能赚到钱。

以上是散户非常明显的一些表现，如果你有一半这样的特征，基本证明你就是散户心态。这种心态不改，你想不被割草，几乎不可能。

第4条：心态不调整好，永远被割草

如果没有好的学习心态，不能淡定，你永远是被收割的对象。这和你获得信息的多少无关，你必须把心态调好，这才是最关键的。关于股市，我们普通人唯一能做的就是淡定、淡定、再淡定。很多东西，我们是拼不过人家的。信息渠道没有人家广，数据分析能力没有人家强，如果心态再不好，是一定赚不到钱的。

所以，我们能做的就是管好自己。不调整心态，不认真学习，恐怕绝大部分人一生都无法改变自己被割草的命运。

第五十四章　峰终定律，限制你赚钱的紧箍咒

牛市想赚大钱，先问自己这一关过了没？

一轮好行情又没赚到，大部分人往往归咎于外界，其实是你不懂A股投资最重要的一关：思维关。

别让有害思考耽误你赚钱！

“峰终定律”：人的思维会被自己记忆深刻的事情所左右。所以，人们只接受自己肯接受的信息。

有效思考助你成为赢家！

洪攻略哲学思维能够帮助你进行有效思维，成为人生赢家。

第5条：什么是无效思考

无效思考一：“黄金十年”

有些事情好像讲得很重要，但实际上是无效思考。比如说，“黄金十年”，这个词听得人激情澎湃，但它对我们做投资并无实际指导意义。因为就算真有“黄金十年”，你也未必能走得一帆风顺。

所以，在我看来，“黄金十年”并不重要。重要的是，我们应该进行最能解决目前我们心里的焦虑和期待的思考。只有解决了这样一些问题，我们才能够去抓住一轮行情，走好目前这条路。这样的思考比简单地讲一句话关键多了。

无效思考二：经济不好没牛市

现在很多经济学家、包括很多的一些大V都在讲，这轮行情不可能有牛市，并给出了一个充分的理由：经济形势都不好，上市公司的业绩怎么可能好呢？怎么可能牛市呢？这句话听上去好像很有道理，但细究下来却发现，并无实际意义。

西方有个经济学理论说，经济和股市就像一个人遛狗，人（经济）和狗（股市）并不是完全同步的，可能人还没跟上去，狗已经跑得很远了，过了很长时间狗才回来。

所以说，如果对经济思考过多，就会阻碍你对投资的看法，也会阻碍你对现在整个行情的判断。如果用三层思维来讲的话，这是典型的第一层思维。第二层思维是，经济都已经这么坏了，我们的股市已经反应了，后面经济还会不会更坏呢？继而思考，若经济更坏的话，国家会不会出更多的政策来救市、救经济？更多救经济政策出台后，它首先会在股市上有反应。

按照这个逻辑思考下来，我们最终会发现，所有这些大家想的经济的利空，可能就只是利多，对经济不好的思考没有任何意义。你思考得越多，看的越多，你越担心，那这一轮行情跟你就无关了。

第6条：什么是有效思维

有效思考一：关于政策市的思考

在A股市场，有一个特别正确的思考模式——区分什么时候是“政策市”，即什么阶段的行情是政策主导的，什么阶段的行情是经济可能会有影响的。

很多人把这个问题完全弄反了。在完全是监管层主导行情的时候，他却在思考经济，思考什么估值，这是有问题的。估值有时候是不用考虑的，它往往是在熊市的后期需要重点考虑，牛市初期是从来不考虑估值的。所以说，如果思考得不对是很麻烦的。

我们都知道政策市在2018年体现得非常之明显，甚至有些人说连监管部门都不想股票涨。当然，监管部门控制力很强，如果他都不想让股票涨的话，股票怎么涨上去？如果你不承认这点，那就完蛋了。

所以，2018年我们会思考国家队，因为监管层可以通过国家队的动作来表达他的意见。国家队买不买，买还是卖，监管层是可以控制的。在2018年的年初，国家队大量地抛出，造成了资金的失衡，那国家队为何抛出？因为监管层不希望看到股票大涨，而国家队就是我们要思考的关键点。

有效思考二：需要“择时”

不管是有效思考还是有害思考，如果你选错了思考的方向，哪怕思考的问题是客观存在的，好像也很有道理，但是时间错失了的话就是最大的错误。

因此，我们进行思考时一定要找准方向。就比如2018年股市出现三次大极端的时候，我三次非常明确地告诉大家应该加仓，并且精确了具体的时间点。事实证明，我的思考方向没有错，当然也可能是巧合，但最主要的是大家一定要学会“择时”思考。机不可失，时不再来，抓住机遇，你可能赚得盆满钵满；错过机遇，你可能血本无归。

有效思考三：要抓主要矛盾

我在洪攻略思维中，第一条就强调要抓主要矛盾。只有你抓住了这一轮行情的主要矛盾，你才能进行下一步动作。就目前的行情而言，每个投资的人都应该知道现在的主要矛盾是经济，因为该落地的政策已经落地了，形势一片大好，就看经济对这轮行情的牵拉作用是怎么一回事了。

具体到个人而言，我们应该抓住自己当前阶段的主要矛盾，比如自己买的什么股票，自己的股票大概是什么仓位、什么状态，自己的主要矛盾有没有可能变坏，等等。

有效思考四：需要跟随聪明的钱

“跟随聪明的钱”是我在洪攻略思维中经常讲的一句话，也是非常有效的一种思维方式。

就像前面举的例子，2017年、2018年我们考虑国家队，是因为它是聪明的钱，但是2019年刚开年的时候，聪明的钱里面没有它，所以它肯定不会有动作的，就不用考虑了。

那么，2019年聪明的钱是谁呢？一个是北上资金，另一个是游资。那些赢家都很厉害，顺着他们的思维想下去就很清楚了，他们喜欢的股票是什么样子，你就跟着他们去做就是了。所以，当你能够真正地有效思考这一些问题的时候，你就一定能赢。

第7条：如何做到有效思维

吸收洪攻略的有效思考

第一类思考是教大家如何做好股市、股票，也就是洪攻略教学。很多都是教你如何思考，教你如何看盘，教你如何投资，甚至用当下行情的例子来告诉你，目的是为了让你掌握洪攻略这么一套方法，而不是单纯意义上的股评，这一点你一定要区分清楚。

第二类思考是学会做长远思考。这个长远思考实际上就是年度展望，它不是一两天的股评，而是时长跨度一年的有效思考。你不能看到这就应用到一两天的行情中去，或者说一个季度过去了，你还在质疑年度策略里面哪些东西没有实现，就认为它不准，那就错了，因为时间都还没到。年度策略，是个长期的思考，也是有效思考。

第三类思考是建议，对监管层管理层提建议。我提的建议你不能把它当成股评去看，因为建议能不能成真，不是由我决定的。所以你不能因为我有什么建议，你就根据它去做什么股票。

第四类思考是对现在行情本身的思考。对现在板块的思考，这对你来讲可能是非常重要的一个有效思考。

总之，如果你能掌握我说的整个好的思维方式，你自然也就明白了思维对做好A股的重要性。如果你明白了，又有很好的执行力，那么你一定可以在一场围猎中跑到别人前面，甚至可以走出围猎圈，成为围猎其他猎物的猎人。

关键时期必须做关键思考

所谓“关键时期必须做关键思考”，是让你在关键的时间和地方多思考，而不是把时间浪费在平庸的事情上。这就要求你在一轮好行情来的时候，一定要做好关键思考。

可是很多投资者经常犯的错误是，顺的时候不思考，不顺的时候乱思考。这是不对的。其实越顺的时候，恰恰是你越要思考的时候。就像你在高速公路开车一样，没有行人乱走，也没有红绿灯，你开得很顺，可是越是这种时候你越可能打瞌睡，那就要出大事了。开得不顺的时候，到处有弯道的时候，你会很紧张，反而没事。我们做投资时也一样，在平庸的时候，股市涨涨跌跌一点儿意义都不大，根本不用考虑，它的波动很小，行情很平庸，你没必要过于一惊一乍，只是因为你自己做得不顺，就在那里瞎思考、乱思考，行情做顺了的时候你就不想了，那个时候你反而可能会出大事。只有把你的思维调过来，你才能够真的跟上行情节奏。

人生也一样，关键时刻就那么几步。如果走不好，可能一辈子就碌碌无为；如果走好了，可能就能实现自己的价值。所以一个人在做事前一定要想清楚，自己想要什么样的人生，然后抓住自己人生的重要时刻，做好选择，这才是有效思考。

当然，如果你思考的范围太广，也没有实际意义。比如你思考的全是与你无关的，或是不可控的事，那只会自寻烦恼。你要思考的是，能决定你人生命运或是帮助你做决定的事。所以，炒股路千条，思维第一条。

第五十五章　用洪攻略规划人生

股市是人性的放大镜。

股市是最能暴露人性贪婪和恐惧的地方，如何保持冷静控制住欲望，是投资者的必修课。

人生也有四季轮回。

如果把洪攻略用到人生中，你就会发现什么时候的事情才是最重要的事。

厘清人生的存量和增量。

人生就是一场没有终点的投资，用洪攻略规划人生，成为人生的赢家。

第8条：股市是人性的放大镜

股市是个神奇的地方，不仅要学习经济、财务等问题来提升自己的炒股能力，有的投资者还会去研究哲学、宗教等知识来强化自己的内心。而有的知识不仅股市中能用到，现实生活中同样有用。

股市是一个直接与金钱相关的地方，也是最能暴露人性贪婪和恐惧的地方，尤其在上涨和下跌时，会将这两种人性不断地放大，如何保持冷静，控制住自己的欲望，是成为成熟投资者的必修课。

每个成熟的投资者都有一套铁一般的纪律，这是在经历了股市大涨大跌后用血汗钱换来的经验和教训，可以说这是投资者这么多年如何应对股市的攻略。而股市中的一些道理，对于这些成熟投资者来说早已了然于胸，不仅股市中能用到，现实生活中其实都能用到。比如最常说的“二八定律”，当有的投资者抱怨为什么自己总亏钱时，就可以好好思考下这个定律，因为毕竟股市中是20%的人在赚钱，而80%的人是亏损的。就像现实生活中也是，20%的人掌握了80%的财富。

世间的道理往往是越简单明了越实用，股票跟经商的道理一样，也是只有低买高卖才有利润。这样浅显的道理谁都懂，但要做到很难。

股市里还有句行话叫“壮士断臂”，就是行情不好时及时止损，纠正前面的判断失误，保住本钱，以利再战。

生活中也一样，人人都有犯错的时候，关键是要能正视错误，勇于纠正错误，这样才能步入正途。

第9条：人生也有四季轮回

前段时间，一个平台的会员问我一个关于理财方面的问题，她给的信息很少，只告诉我她是一个年轻的女性，想做一个理财规划，向我寻求一下建议。我试着从投资的角度，告诉她怎么来规划未来的人生。

但从人生的四季轮回来看，她应该属于春、夏、秋、冬里面的春天。季节的不同，人生的重点也是不一样的。人生其实很多阶段可能无法明确区分开来，也很难判断人生究竟处于什么阶段。但是俗话说，识时务者为俊杰。你不能逆天而行，或者逆整个的时代。换言之，你处于什么阶段，就去做什么阶段该做的事。如果把洪攻略用到人生中，你就会发现在什么时间段便做符合该阶段的事情才是最重要的事。

第10条：厘清人生的存量和增量

人生就是一场没有终点的投资，用洪攻略规划人生，成为人生的赢家。

第一阶段：年轻阶段

这里指的“年轻”与年龄无关，而是指你的存量，即你的资产、资源的积累。当你人生的资源存量不足以支撑你的增量时，当属年轻阶段。

第二阶段：增量阶段

当你的存量已经够大，你所拥有的资源，不光是资金、资产，还包括人脉关系、很多方面的经验等类似这样的东西都叫你的资源。如果这个存量到了一定阶段，它能够发挥作用，可以为你扩大增量，可以起很大的作用时，你的人生就发生变化了，你开始重视的东西也不一样了。

第11条：把存量用到最好，以帮助你增加增量

年轻时努力增加增量

年轻的时候应该努力整合自己所有的资源，为自己增量。假如你很早就积累了几十万元，可是你只是把它们用在投资股票，买保险、债券等类似这样的理财方式，在我看来是没有用在关键的地方。那些投资只是让你的存量增加一点点而已，并没有扩大你的增量部分。

一个人年轻的时候，存量总是有限的。如果你的人生目标只是银行户口多一点点钱那么小的目标的话，肯定不现实。所以说，这个阶段你应该把你的存量的这些钱用在扩大获取增量的能力上。

假如你是一个职员，你应该想办法提高自己的品位跟能力，或是让你的交际圈更上一层。你的目的就一个，增加自己赚钱和获得未来财富的能力。那些钱不应该存在银行，也不应该去买股票，而是应该用于提升自己，这才是最关键的地方。

只有把自己提高了，才能快速地增加增量。很多人却弄反了，好不容易赚点钱，就把钱放在那里不动了，既不用于交际和学习，也不用于抓一些比较大的机会。这样的话，你的未来一定是有问题的。

年长后尽力利用存量

等到你能力很强，赚了很多钱的时候，你会发现你的年龄也在逐步增大，你的存量也变得比较大了。此时，如果你能够把你的存量打理好的话，就可以赚更多的钱，因为基数比较大。

你得好好梳理所有存量的资源，有什么样的朋友或是人际关系，都要把它利用上，在整个存量里面，寻找可以在未来赚更多钱或是获得更多资源的机会。这个时候你不应该像有些人一样，还在拼命，根本忘记了自己有那么多资源，或是还去陌生的地方，甚至不能利用自己的强项去赚钱，获取增量。

人家可能已经用他所有的资源在跟你拼，你却还赤手空拳地打，身边有武器你不拿，那你肯定赢不了人家。那些人可能都是年轻人，他去跟你

拼，你怎么拼得过他？

在一个阶段就做一个阶段的事情，而且一定抓住那个阶段的主要矛盾，投资其实是一模一样。就上述综合来看，其实是从投资思维说用什么可以赚更多的钱，或者说哪里效率更高，哪个才叫主要矛盾，要把时空观用在这里，决定用什么样的策略。这其实是我一直想告诉大家的，想帮助大家解决一些终极问题。

第12条：对A股投资者的33个忠告

1.不要加任何陌生炒股群；

2.不要相信任何带盘炒股赢利分成的私信；

3.不要给广播电台节目中预留的联系方式打电话发短信加群要任何东西；

4.不要过高估计自己的忍耐力；

5.不要过低估计自己的贪婪心；

6.不要让情绪左右自己的行为；

7.不要和大趋势为敌；

8.不要倒金字塔投资；

9.不要把题材股炒成价值投资；

10.不要活在不远的过去；

11.不要猜底更不要猜顶；

12.不要担心买不到好股票；

13.不要在乎次要矛盾；

14.不要听输家抱怨更不要听输家的建议；

15.不要在平庸的行情及股票上耗费过多的精力；

16.不要只在舒适区阅读、学习；

17.不要让不可控的事情坏了自己的心态；

18.不要否定任何自己不了解的事；

19.不要想当然对事实却视而不见；

20.不要让自己陷入被动；

21.不要低估监管层的情商却高估他们的智商；

22.不要在秋天相信春天的故事；

23.不要忘记人性不变故事永恒；

24.不要轻易改变自己的投资原则；

25.不要随意改变交易计划；

26.不要有急于翻身的交易心态；

27.不要做任何没有把握的投资；

28.不要盲目乐观；

29.不要墨守成规；

30.不要贪图小便宜；

31.不要精确的错（宁可模糊的对）；

32.不要过度迷信分析工具；

33.不要忘了面对的是有特色的A股市场。

最后总结：要相信洪攻略可以让你远离以上33个错误行为。

第13条：努力成为那个笑到最后的人

要活得长、活得好并不难，难的是你能否成为那个笑到最后的人。

2011年的最后一天，看到了彻底改变我人生态度的一则新闻：

“104岁的邵逸夫卸任TVB董事局主席、非执行董事及董事局下辖行政委员会成员的职务，由副行政主席梁乃鹏接任主席一职，任期两年，邵逸夫妻子83岁的方逸华继续留任副主席兼董事总经理，自2012年1月1日起生效。邵逸夫为荣誉主席。”

因为同在浙江宁波镇海生活过十年，所以我一直对出生于镇海的邵逸夫先生比较关注，看到这则新闻，我非常好奇邵逸夫先生是如何做到工作到104岁，先生的妻子又是如何可以在83岁高龄继续工作的。或许邵逸夫不是最有钱的成功人士，但他应该是工作时间最长的成功人士。因为从工作时间长度看，邵逸夫先生等于活了两辈子，这样的人生称得上是完美的。社会的进步、科技的发展让人类平均寿命越来越长了，我国人均寿命1949年是35岁，1957年是57岁，1981年是68岁，2005年是 71.8岁。2011年日本人的平均寿命已经超过82岁。

俗话说，身体是革命的本钱。无论你想做什么事，健康是第一位的；无论你有什么目标想实现，要记得一切皆有可能。那么，怎么才能活得好、活得长呢？我一直认为好心态是一辈子的，好心态才能助你成为那个笑到最后的人。这句话放在投资上同样适用。巴菲特和芒格的完美投资人生就是最好的佐证。

为此，我查询了大量资料，并发现了其中的奥秘，现总结如下：

1.良好的人际关系

人际关系对一个人的心态的影响超乎想象，它可能比饮食、锻炼及医疗更加重要，一个人生活中真正重要的就是和别人的关系。研究还发现，常与朋友小聚的适度饮酒者比滴酒不沾者更长寿。

一个乐观的人会拥有更好的人际关系，好的人际关系可帮助人们很好地化解影响心态及健康的各种压力。

如果一个人整天焦躁不安，压力激素水平长时间居高不下，那他的免疫系统必将受到抑制和摧毁。

2.积极的性格

好心态的人生活态度积极、责任心强，他们更长寿。

健康教育专家洪昭光认为，心理平衡的作用超过了一切保健措施和保健品的总和，谁能保持心态平衡，就等于掌握了身体健康的金钥匙。

如果人是快乐的，大脑就会分泌多巴胺等“益性激素”，让人心绪放松，使人体各机能互相协调、平衡，促进健康。

3.生活有目标

研究发现，生活有明确目标及计划的老人，死亡率比其他老人降低一半。病死或自杀的人中，没有明确生活目标比有明确生活目标的人数足足高了1倍；患心脑血管疾病的人数，也多了一倍。

医学上也早有发现，人退休后，因人生目标突然消失，身体健康和精神健康状况均会急剧下降。

如果你没有目标，死亡便成了唯一的“目标”，那么隐藏在你潜意识里的自毁机制就会悄然启动，让你的身体每况愈下。

如果有目标，无论是远大目标，还是旅游或读书等近期目标，就会让你有积极的心态，努力去寻找实现目标的途径，就会勤于用脑，生存优势就更大。

科学家发现，勤于思考的人的脑血管经常处于舒展状态，从而保养了脑细胞，使大脑不过早衰老。要注意的是，“目标”一定要切实可行，否则会起副作用。目标不一定要大，学习唱歌、组织旅游等都可以是目标。

4.从事喜欢的职业

做不喜欢的工作，或从事不能得到满意回报的工作，不仅迫害健康也很容易让人坏了心态。

5.生活和谐

保证足够睡眠和美满和谐的夫妻生活，与人为善，多点宽容，容易保持年轻的心态。

6.没有不良生活习惯

不良习惯不仅直接影响身体健康，也会影响身边人的关系，进而影响心态。

7.健康交友

亲朋好友的生活习惯会直接影响你的生活习惯。要想身体健康，心态好，就应该经常和生活方式健康的人交往。

以上七点，要做到并不难，如果可以让自己赚到第二个“一辈子”，还有什么不能克服的呢。

对照自己的生活，你可以把自己的人生好好规划一番，只要你能把人生目标和工作合二为一，赚得一个相对完美的人生完全有可能。

这篇文章和投资股市并没有直接关系，但我希望能给感觉陷入生活或投资困境的人一个思考人生的新角度。社会在进步，未来会越来越好，活得长就一定有机会活得好，投资也一样。

开始行动吧，你会是那个笑到最后的人。

附录一
“洪攻略”精华简本

洪攻略投资体系简介

洪攻略是一套投资思维体系及交易系统，包括洪攻略投资思维、洪攻略投资时空观和H333系列操盘策略三大部分。

从整个体系来看：

首先，作为基石的洪攻略投资思维是以“战上海”投资哲学为思维核心，力求从战略层面解决投资者看盘和选股的问题；

其次，洪攻略投资时空观是基于一切事物都处于一定的时空之中，呈现不同的运动规律，遵循各自的生命周期而简化的股市体温表及投资四季说，为投资者解决选时的痛点；

最后，H333系列操盘策略则是根据股市温度板块个股所处季节决定仓位的轻重，及采用什么交易策略。

这是一套环环相扣、逻辑严密的体系，巧妙地帮助普通投资者解决了如何看消息、看行情、选牛股、选买卖点、具体交易及风险控制等普遍难题。

1.洪攻略投资思维

洪攻略投资思维，确切地说是洪攻略中的“战上海”投资哲学思维，是一套适应A股的比较好的思维体系。最重要的三句话：抓主要矛盾、跟随聪明的钱、做预期可控的投资，看盘和选股都要用这三句话。

2.洪攻略投资时空观

洪攻略投资时空观是基于一切事物都处于一定的时空之中，呈现不同的运动规律，遵循各自的生命周期而简化的股市温度体系及投资四季说。对应到股市操作，每一轮行情，每一个板块运行，每个个股炒作，遵循的也是春播、夏长、秋收、冬藏的农耕法则。

洪攻略遵循的也是这个原则，想在股市赚钱，先提高行情判断成功率、选股成功率和操盘成功率。而要做到这一点，一定要抓住极端行情，即判断行情属于四季之中的哪个季节。在行情平庸时期修炼（不做交易），在行情极端时期出手（买或卖）。即大极端大交易，小极端小交易，不极端不交易（不做交易不是指空仓，可以是任何仓位），极端跌时增仓，极端涨时减仓。因此，投资时空观是解决投资者在不同市场以及在市场不同阶段中“选时及风险控制”的有效方案。

3.H333系列操盘策略

由H333、SH333、H007、H110四大策略组成，各策略之间根据季节变化相互转换，主要是帮助投资者解决操盘的难题。

洪攻略抓的是主要矛盾，用H333系列策略对应不同温度季节抓的是对应的大小极端机会，从理论上、逻辑上都是可以提高投资成功概率的。因为洪攻略思维降低了值得参与的行情判断难度，只要学好了洪攻略，判断力不强的普通投资者也可以大幅提高判断准确度，提高投资成功率。而所有的策略和行动都是为了保有一个投资好心态、人生好心态。

【H333策略】：1/3底仓，1/3滚动，1/3捡皮夹子

这个攻略只能跌时买，涨时抛（左侧交易），但不是简单的高抛低吸，一般用在趋势行情后期，其实是在行情暴涨或暴跌后采取的一个策略降级风控动作，为的是保有投资最重要的好心态；还可以用于救驾，踏空者满仓套牢者都可以用H333建仓调回节奏。

H333适用于牛市后期（如果牛市就此结束，也称为熊市初期），解决的是价值型投资流派极可能彻底踏空主升浪的问题，也可以防止趋势型投资流派熊市第一波满仓套牢的问题。因为H333攻略中巧妙地加入了捡皮夹子策略，可以很好地弥补仓位不重带来的可能赢利减少。

H333适用于熊市后期（熊市后期，如果未来走出牛市，也称为牛市初期）。解决的是趋势投资者不敢进场的问题（壮胆），用最小的代价去获得一个好心态，为的是不错过后面可能的牛市，滚动和捡皮夹子可以大大

增加收益率，亦可降低建仓成本，为咬住可能的牛市保有一个好心态。一旦碰到熊市继续，也不至于受伤太重，而一旦开启新一轮牛市，完全有一个好心态再满仓癫狂。

H333策略使用有两大原则：一是不问价格，只看幅度；二是必须滚动，不滚动就滚蛋。

至于说H333操作不好的问题，既然是个“武功”就不是谁都可以练好的，但从这个攻略的原理及难易程度看，H333是相对容易练成的“武功”，如果这个“武功”也练不好，那其他的奇奇怪怪、云山雾罩的武功是更练不好的。

【SH333策略】：SH333是攻击性策略，是一个满仓的策略。它通常用在两个阶段：一是趋势明显的上涨行情，一般牛市确立；二是大盘没有太大系统性风险时用于强势板块强势股。SH333攻略是H333攻略的超级版，满仓甚至融资运行。

【H007策略】：极端行情才能使用，必须在连续快速大跌之后才能启用。

这是连续快速大跌情况下的一个救命策略。连续快速大跌属于极端行情，这样的行情是捡皮夹子甚至启动H007策略的好机会。H007里面是含有两个“7”，就是在大跌到一个阶段的时候，买进70%的仓位，如果后面继续暴跌，再买70%即融资，使总仓位达到140%，一般在强反弹三天后结束此策略，逐渐降为SH333、H333。

【H110策略】：H110策略用于熊市、阶段性调整行情（冬季）。H110策略，顾名思义就是用一成仓位在秋季及冬季，或平衡市中阶段性炒作后期。仅用10%仓位去滚动，象征性地操作看好的目标股，或者完全空仓，直至春天来临调整为H333。

洪攻略交易系统如何才能为你所用

要想让洪攻略交易系统完全为你所用，你需要具备以下四个条件：

1.你必须对拥有自己的交易系统有强烈需求；

2.你必须对洪攻略交易系统绝对信任；

3.你必须对洪攻略交易系统的原理和逻辑认识充分；

4.你必须坚持执行洪攻略交易系统。

俗话说，熟能生巧，只要你肯坚持，交易系统中的思维和策略就会成为你身体的自然反应。洪攻略是建立在赢家思维上的投资方法，它能很好地把握住股市的轮换节奏。执行洪攻略可以赢得好心态，好心态是投资成功的因，也是投资成功的果。如果你能做到以上四点，80%的人可以用洪攻略提高自己的投资成功率，一周能心动，三周有顿悟，一年小成，三年必大成。（注：我的每一条微博，每一篇长文章，每一段视频“洪校长的投资课”，都是洪攻略的思维成果；过去的每一次精准判断及成功操作都是得益于洪攻略的思维及策略应用。）

附录二
洪粉家人A股作战手册（26条）

洪粉家人A股作战手册（26条）

美国士兵作战手册	洪粉家人A股作战手册
1.你不是超人。	1.永远不要猜顶猜底，别幻想抓到每一轮行情，抓到每一个牛股。
2.如果一个愚蠢的方法有效，那它就不是愚蠢的方法。	2.适合你的方法就是好方法；永远不要认为市场蠢，你若这样认为是因为自己蠢。
3.不要太显眼，因为那样会引人攻击。	3.越显眼的股票，越容易被主力利用、引媒体关注、引散户上钩、引监管层关心。
4.别和比你勇敢的家伙待在一个掩体里。	4.永远不要高估自己的选股能力，能买龙一就不要买龙二。
5.别忘了你手上的武器是由出价最低的承包商制造的。	5.记住你持仓的股票，其价格最终是由散户决定的。
6.如果你的攻击很顺利，那你一定是中了圈套。	6.当你感觉很舒服的时候，可能是大风险将至的时候。
7.没有任何计划能在遇敌后继续执行。	7.计划赶不上变化，投资要随机应变。
8.所有5秒的手榴弹的引线都会在3秒内烧完。	8.学会让利，永远不赚最后一个铜板。
9.装成无关紧要的人，因为敌人的弹药可能不够了。	9.面对极端下跌的行情，不用恐惧，淡定面对，转折就在眼前。
10.那支你不加注意的敌军部队其实是攻击的主力。	10.你不注意的悄悄走强的板块才是未来的牛板块。
11.重要的事总是简单的。	11.投资重要的是“道”，“道”说起来都很简单。
12.简单的事总是难做的。	12.投资之道简单，但做到很难。

续表

美国士兵作战手册	洪粉家人A股作战手册
13.好走的路总会被布上雷。	13.投资者喜欢听的股市判断，愿意用的投资方法，敢买且轻易能买到的股票，其实都是陷阱。
14.如果你除了敌人什么都不缺，那你一定在交战中。	14.如果你除了恐惧什么都不缺，那你一定正堕入深渊。
15.飞来的子弹有优先通过权。	15.逆大趋势而为，必死无疑。
16.如果敌人在你的射程内，别忘了你也在他的射程内。	16.有涨就有跌，有赚就有赔。
17.从没有一支完成战备的单位能通过校阅。	17.所有条件都具备的行情已经不是介入的最佳时机。
18.要一起用才能生效的设备通常不会一起运来。	18.不要等万事俱备有百分百把握才行动，不是所有条件都具备股价才会涨。
19.无线电总会在你急需火力支援时断掉。	19.不要心存侥幸，你最不希望发生的事情往往会发生。
20.你做的任何事都有可能让你挨枪子儿——什么都不做也一样。	20.股市投资，你做的任何思考都可能出错，不思考也一样。
21.闪光弹可以帮你找到敌踪，但也会让敌人找到你。	21.当你弄清楚了行情上涨或下跌的缘由时，你的交易对手也弄清楚了，所以你要明白你的对手是谁，赢家还是输家？
22.唯一比敌方炮火还精确的是友军的炮火。	22.多杀多的行情是最狠的。
23.当你防守严密到敌人攻不进来时，那往往你自己也打不出去。	23.你不想冒任何风险，也就别想任何超额收益。
24.如果你多报战功，那下次你会被给予超过你能力的目标让你去打。	24.自以为是的虚荣心，会毁了你的下一次交易。
25.专业士兵的行为是可以预测的，但世上却充满了业余玩家。	25.价值投资者讲估值，但A股市场充满了只看趋势的炒家。
26.当两军都觉得自己快赢时，那他们可能都是对的。	26.当多头和空头都坚信自己快赢时，谁肯坚持到最后谁就是赢家。

附录三
洪校长股市百问百答

一、【顿悟篇】都在股市混，为什么受伤的总是你

○ 1.1　为什么总给投资者您认为重要的东西，而不问投资者想要什么？

汽车大王亨利·福特曾说过：“如果我最初问消费者他们想要什么，他们会告诉我‘要一匹更快的马’！”

1.1.1 问：散户真的能在A股市场中赚到钱吗？

答：首先，股市是一个相对公平的市场；其次，股市并非零和博弈，投资者可以分享上市公司成长收益。散户是可以通过努力在A股市场赚到钱的，但要认识市场、认识自己，并掌握一套适合散户特征、最重要是可以发挥散户优势的投资体系。

1.1.2 问：为什么散户总是亏损？

答：因为散户有众多亏钱思维，如急功近利、从众心理、感情用事、只听自己愿意接受的信息、不重逻辑只重结果、只要鱼不要渔等。如果不克服亏钱思维，想赚钱很难。

1.1.3 问：散户就是指资金量小的个人投资者吗？

答：洪攻略定义的散户，跟资金量大小无关，是指有散户心态的人。有些人做股票资金量很大，但他是典型的散户心态，甚至包括很多基金经理。

1.1.4 问：什么是散户心态？

答：（1）活在自己的世界中，只接受自己想接受的信息；（2）大众逻辑思维，遵循教科书理论，一群短视的人却相信恰恰长期才有效的理论；（3）天天打听牛股，到处打听消息，听到风就是雨；（4）永远的趋势投资者，赚了钱他跑得很快，亏了钱却被动持仓很久；（5）总去“天桥”看热闹；（6）

永远活在不远的过去。

1.1.5 问：散户的优势在哪里？

答：相对于公募基金等专业机构，个人投资者最大的优势是可以主动交易，进退自如！

1.1.6 问：散户的劣势在哪里？

答：交易劣势，信息劣势，研究劣势，心理劣势。

1.1.7 问：什么样的人总是买在高位？

答：一般情形下，你谈名特优，他问你雄安；你谈人工智能，他问你名特优；你谈券商，他问你人工智能；你谈舰载机，他问你券商；你谈券商，他问你舰载机……循环往复，他永远活在不远的过去。只关心他自己的信息，而不关心你给他的信息。

1.1.8 问：散户如何避免高买低卖？

答：必须克服散户心态，这个心态不改，一定会被“割韭菜”。

1.1.9 问：为什么总说保护散户，结果受伤的还是散户？

答：因为所有可能改变围猎盈利模式的改革都举步维艰，A股市场一直在被散户绑架。注册制搁浅是因为要保护中小投资者；加速退市是因为退市散户要闹事；独一无二的交易制度，散户认为没有“游泳圈”他会死得太快；公募基金被动追涨杀跌是因为散户申购赎回。

1.1.10 问：A股特色走势是由什么决定的？

答：（1）个人投资者比例高；（2）政策市；（3）独一无二的交易制度；（4）围猎模式成功概率高。

1.1.11 问：为什么股价是由人民群众决定的？

答：价格是在交易中产生的，持仓20%的散户，贡献了82%的交易量。所以说，A股的K线图是散户用资金画出来的，但是是被动画出来的！散户是在“赢家”（游资等主力）的利诱、恐吓下被动交易的，这个交易过程就是其亏损的过程，俗称被“割韭菜”（被围猎）。

1.1.12 问：为什么A股总是快涨快跌？

答：只有巨幅波动才能把“韭菜”全部割光，一直慢慢上涨是割不到“韭菜”的。

怎样上山打猎？甲猎户说：“我们先赶，（把猎物）赶过去、赶过来，让它很疲劳，然后再上。”猎户乙说：“我们考虑未来，等猎物产了崽再去打。什么意思呢？先是拉高，养一段时间，这样打的猎物多。”羊会跟着走的，判断行情怎么走就是判断猎物怎么走。一个大牛市的过程，就是猎物成长的过程，也是收获最大的季节。

1.1.13 问：股市暴跌暴涨的背后逻辑？

答：因为股市投资者是个群体，而群体特征是集体无意识，智商比个体低，行动比个体极端。

1.1.14 问：为什么散户错过了牛市？

答：在牛市没赚到钱的人，往往是错过了各个板块播种的季节；牛市结束没有保住胜利果实的人，多半是因为惯性思维错过了收割的季节。股市行情如一年四季，如果你总在春天收割，秋天播种，那你永远也做不成赢家。

1.1.15 问：牛市中途，为什么我们总是恐高？

答：有过爬山经验的人都知道，往往是在山腰的时候往下看才会害怕、恐高，真正到了山顶，反而不恐高了。

1.1.16 问：普通投资者要不要做基本面分析？

答：普通投资者要尽量避免自己做基本面分析，因为网上很容易获得基本面分析专家的分析。

○ 1.2 为什么跟着牛人炒股你越炒越亏？

投资者喜欢公鸡型信息，却妄想公鸡下蛋。

1.2.1 问：为什么跟牛人炒股总是容易上当？

答：很奇怪，许多投资者炒股注重的是过程而不是结果，喜欢跟随网络股神炒股，显然注重的是形式而不是实质，买他人推荐说是牛股的牛股，是不是真牛股无所谓。

1.2.2 问：难道股市网红和娱乐网红是一个套路？

答：很正常，因为都是奔着底裤而去的，不同的只是娱乐界是表演者单向脱裤，而股市网红不仅自己脱裤还要把观众的底裤也脱掉，是双向的，这似乎更爽、更残忍。这个角度看，我必须为不太习惯裸泳的洪粉家人点赞。

1.2.3 问：为什么炒股群多坑人？

答：《乌合之众》对非理性的描述是群体盲从意识会淹没个体的理性，个体一旦将自己归入该群体，其原本独立的理性就会被群体的无知疯狂所淹没。人一到群体中，智商就严重降低，为了获得认同，个体愿意抛弃是非，用智商去换取那份让人备感安全的归属感。

1.2.4 问：股市中哪些钱散户可以赚?

答：（1）赚牛市中的钱；（2）把自己的投资定义为短中期投资；（3）买不会套很久的股票，不要过早地埋伏进去；（4）捡皮夹子的心要有；（5）多抓板块行情，少听消息；（6）板块抓中间，个股抓两头。

1.2.5 问：为什么看消息炒股不靠谱?

答：一是很多投资者喜欢的是公鸡型消息，这些消息往往是输家喜欢的消息；二是媒体报道的都是一些与当天价格走向碰巧有关的“消息”；三是看消息炒股必输，无疑所有的好消息长的都是“网红脸”！

1.2.6 问：为什么媒体报道的消息总是慢一拍?

答：因为你是输家，输家总被市场流行的主流声音所左右，而市场主流声音一定是慢一拍，甚至慢很多拍。因为市场输家是大多数，只有被输家挑选出来的输家喜欢的观点才会流行。

1.2.7 问：为什么投资者听到谣言总是不问真假，直接杀跌而逃?

答：在原始社会，那种有听到老虎来了不跑，而总是去研究是不是真的老虎来了的基因的原始人大部分都被老虎吃了，没有把基因传到今天，所以留下来的基因大多数都是听到老虎来了不管真假就跑的人。

1.2.8 问：为什么强调不要猜顶猜底?

答：因为投资遵循“荷花定律”。一个池塘里的荷花，每一天都会以前一天的两倍数量开放。等到第30天，荷花开满了整个池塘。那么，在第几天池塘中的荷花开了一半？第15天？错！是第29天。这就是荷花定律。

第1天开放的只是一小部分，第2天，它们会以前一天的两倍速度开放。到第29天时荷花仅仅开满了一半，直到最后一天才会开满另一半。也就是说，最后一天的速度最快，等于前29天的总和。这就是著名的“荷花定律”。

猜顶猜底，猜对的概率很低，猜错了损失巨大，猜错足以摧毁一个人的好心态。所以，洪攻略在夏末、冬末都不是选择空仓，而是启用H333，为的就是保护投资最重要的好心态。

1.2.9 问：为什么监管要管具体交易？

答：因为A股投资者过马路常常不看红绿灯，所以必须要监管。

○ 1.3 股市投资如同人生，要做大概率的事情！

提高投资成功率，必须构建专属个人的交易系统。

1.3.1 问：放弃工作专职炒股，值得吗？

答：要做一个专业的投资者，我认为需要具备几个因素，一是你是否真的热爱到要放弃其他工作的程度；二是以你的经济实力做这件事情是否影响到你的生活质量。实际上，现在的投资是可以做到上班和炒股两不误的。

1.3.2 问：为什么要敬畏市场？

答：因为知道得越多，越知道自己的无知。

1.3.3 问：股市投资是科学还是艺术？

答：股市投资是故事。没有故事的数据是数学不是科学，没有故事的作品是工艺品不是艺术品。

1.3.4 问：您更偏向价值投资还是趋势投资？

答：对A股市场的投资者而言，我认为做价值投资就像信赖共产主义一样美好，而做趋势投资只能算是社会主义初级阶段。我是一个坚定的共产主义者，我坚持走在社会主义建设的大道上。

1.3.5 问：如何把趋势投资者变成价值投资者？

答：套住他。

1.3.6 问：如何把价值投资者变成趋势投资者？

答：让他乘电梯。

1.3.7 问：不想做被割的“韭菜”，在围猎模式下散户还有出路吗？

答：人人都想做猎人的时候，我们就做“铁韭菜”（牧场主），让人割不动，让自己长成大树。

1.3.8 问：小散如何快速提高投资水平？

答：关键要抓住主要矛盾。面对市场所有的信息，你只需关注超预期的、有价值的信息，忽略次要信息。那些大家都知道的信息，一定是最没有价值的消息。所以，一定要改掉散户的亏钱思维，只有改变自己的思维体系，才能抓住主要矛盾，迅速成长。

1.3.9 问：股市投资怎样才能不像无头苍蝇四处乱飞？

答：股市投资需要做好规划。所谓的“投资规划”，就是说对某个阶段的行情怎么来做，是有规划的，平时要做好准备。而一只股票会到什么价格，这种神预测只是散户思维，一定要改掉。做股票必须要提前做好规划，无论市场发生什么变化，都有相关对应的预案，这样才能提高投资成功率。

1.3.10 问：对风险总是难以把控怎么办？

答：再大的风险，如果可以承受，就不是风险；再小的风险，如果不能承受，都是风险。在做一件事之前要先想后果，我们做事要先往远处想想，谨慎再谨慎。为什么要投这个？主要矛盾是什么？痛点在哪里？对风险是否有预案？每一次决策前先想清楚这些问题，那你的风险就是可控的。

1.3.11 问：投资成功是不是只做概率大的事？

答：是的。投资应该只做成功概率大的事，但很多事通过努力是可以提升成功概率的。比如，同样一只股票，有些人去买，成功概率小；而一些了解此股脾性的人去买，成功率就高。

1.3.12 问：如何提升成功概率？

答：投资重要的是概率，往往在自己感觉特别痛苦的时候买入，比在不痛苦的时候买入赢面大很多。而洪攻略思维及策略，则是提高投资成功概率的重要方法，即紧抓主要矛盾、重视转折思考、缩小选股范围，这些都可以提升成功概率。

1.3.13 问：为什么最重要的是好心态？

答：能不能拥有好心态，是决定投资成败的“主要矛盾”，唯有紧抓这个主要矛盾，建立能保有好心态的交易系统，提升自己保有投资好心态的能力，才有可能成为股市投资最终的赢家。相对于好心态，操盘能力、选股能力等都属于次要矛盾，只有解决了好心态的问题，其他能力才会上升为决定投资是大成功还是小成功的主要矛盾。

1.3.14 问：炒股如何才能不贪？

答：认真冷静分析，拥有一个自己可以承担风险的仓位，在极端时反向操作。

1.3.15 问：为什么说洪攻略思维是无价的？

答：因为洪攻略思维帮我节省了大量的时间，大大提高了投资的成功率、工作的效率及生活的品质。

1.3.16 问：股市投资如何做到不怕?

答：越贪婪越恐惧，想做到不怕先做到不贪。“怕”基本属于心态坏了，一直强调好心态的重要性，也是抓主要矛盾思维习惯使然。只有抓住了主要矛盾，才有可能拥有镇定自若、不怕股市波动的好心态，最关键在于你要构建一套属于自身的交易系统。

1.3.17 问：为什么人生要抓主要矛盾?

答：一是生命是有限的，哪有时间和精力在鸡毛蒜皮的事上拉拉扯扯，这是浪费生命。我们要抓住人生路上的主要矛盾，必须重视能决定人生转折点的关键事情、关键时期。二是人的精力是有限的，如果我们始终眉毛、胡子一大把，那就很难抓住重点。因为只有主要矛盾才会影响整个股市的运作，我们只有抓住它，才能够找到股市运行的整个的脉络。三是未来是无法预期的，但要做到不让今天成为明天的遗憾，看清你人生的主要矛盾，如同股市投资要做好预案，这样才能朝着正确的方向走。

二、【攻略篇】如何通过A股投资改变命运

○ 2.1 为什么出了利好还跌，出了利空还涨?

想要精准判断，先要建立洪攻略思维体系。

2.1.1 问：什么是洪攻略?

答：洪攻略是为了帮助普通投资者提高股市投资能力，而专门为他们量身定制的一套股市交易系统。洪攻略另辟蹊径，巧妙地帮助普通投资者解决看盘、选股、择时、操作及风控等普遍难题。

2.1.2 问：什么是主要矛盾?

答：主要矛盾一定是当前影响并决定现实状况的事情，也就是说这件事情基本可以完美解析为什么会出现这样的现状，逻辑一定要通。

2.1.3 问：如何抓主要矛盾？

答：（1）紧盯主要矛盾，有所为有所不为。找到影响行情的主要矛盾，多关心影响主要矛盾的信息，多关心分析主要矛盾的观点，不要在非主要矛盾事情上浪费太多的时间和精力。（2）对行情研究、操作而言，抓住关键时期才算抓住了主要矛盾。行情大部分时间都是平庸的，是不需要花太多精力的。所以，多抓极端行情是抓主要矛盾的投资方式。极端行情出现时，也是最容易发现影响行情走势的主要矛盾的时候。

2.1.4 问：投资者情绪跟行情有什么联系？

答：人的情绪也分春、夏、秋、冬。对于投资来说，极端的行情，往往伴随着投资者的极端情绪。巴菲特有一句话，叫“别人贪婪的时候我恐惧，别人恐惧的时候我贪婪”。当市场上的投资者普遍陷入一种情绪极端的时候，转折就要来了。明白了这一点，你对机会的把握能力将会大大提高。

2.1.5 问：什么是聪明的钱？

答：一是决定股市阶段行情的走势以及长期走势的资金；二是洞察市场先知先觉的资金，主动出击的资金。

2.1.6 问：什么是可控预期的投资？

答：这是投资最关键的一点，即风控。可控，不仅是对投资品种的选择，对仓位的控制，更是对心态的控制。不要只幻想美好的未来，而忽略最坏的情况也有可能发生。把握机会，抓不确定性中的确定性机会。

2.1.7 问：为什么说重大消息看第二天？

答：因为一般重大消息公布前几天，市场有先知先觉资金提前进场，行情会有所反应。而在消息见光的第一天，市场的反应往往比较匆忙，很多不提前思考的人会打乱仗，所以当天走势往往还不能代表市场真实情况。但是，投资者经过一天时间的反应及思考后对消息会有更理性的认识，第二天的市场走势就显得更真实，也更具方向性，需要重点关注。

2.1.8 问：为何炒股切忌纠结消息的真假？

答：因为消息对股价的影响大小，和真假关系并不大，和这个消息有多少人会信，以及大家对这个消息万一是真的股价会涨还是会跌的判断关系最大。股价反映的是投资者认为的公司价值，记住是投资者认为的，不是所谓的“公司真实价值”。当然，一些愚蠢到不可能是真的，或无法变成真的假消息除外，如果你恰恰信了那些消息，那只能证明是你的贪心或无知的恐惧害了你。

2.1.9 问：什么是赢家及输家？

答：赢家是指之前一段行情中跑赢大盘并踏准行情节奏的人，而输家则是指之前一段行情跑输大盘并节奏混乱的人。输家一般开始踏空或仓位较轻，后逐步加仓追高买入，或者仓位不轻但持仓股票严重跑输大盘，后逐步调仓追高强势品种。

2.1.10 问：什么是输家思维及赢家思维？

答：（1）输家思维：一是只听自己愿意接受的信息；二是只要“鱼”，不要“渔”；三是行情极端时不交易，行情平庸时乱交易；四是输家略有风吹草动，立即满仓、空仓；五是输家经常倒金字塔投资。

（2）赢家思维：一是必须忘记自己的仓位和持仓的股票；二是必须忘记自己的账户情况；三是你要假设你在底部就建仓了，而且板块也踏准了节奏。假如这样的话，你最希望后面的行情怎么走？假如这样的话，你会做什么动作？这叫赢家思维。

2.1.11 问：为什么赢家更容易理解认同洪攻略？

答：因为洪攻略是赢家思维。

2.1.12 问：那赢家还需要学洪攻略吗？

答：洪攻略不只是解决赢的问题，还解决为什么赢的问题。它不仅能提高赢的概率，还能让人不计/惧输赢赢得淡定，摆脱投资之苦，明白股市赢并不是最重要的，赢得人生才是。

2.1.13 问：炒股为什么要跟随赢家思维？

答：前一轮的赢家成为后一轮的赢家的比例远高于前一轮输家成为后一轮赢家的比例，这叫赢家有成为赢家的道理，输家有成为输家的必然。富人会越来越富，穷人会越来越穷，赢家才是决定股市走势的群体。一轮行情是否会结束，就看赢家获利回吐的卖盘是不是大于输家叛变的买盘，如果是，这轮行情基本就处于尾声。

2.1.14 问：如何紧跟赢家思维？

答：赢家思维是对散户影响力比较小，即散户不太喜欢的思维。

（1）模拟赢家思维：一是你必须忘记自己的仓位和持仓的股票；二是你必须忘记自己的账户情况；三是你要假设你在底部就建仓了，而且板块也踏准了节奏。假如这样的话，你最希望后面的行情怎么走，你会做什么动作？这叫模拟赢家思维。

（2）逆向思维：行动和自己的思维反着来，这很反人性，你可能还是做不到。还有一个终极办法，就是强迫让自己远离输家，靠近赢家，关注赢家的思维，按他们的思维做。

2.1.15 问：为什么信任洪攻略？

答：因为洪攻略交易系统是为个人投资者量身打造的一套在股市赚到属于自己的钱的交易系统。洪攻略交易系统构建在人性层面上，针对个人投资者股市不赚钱的背后本质原因，用简单易用的攻略去战胜人性的贪念和恐惧，避开散户缺点和发挥散户优点，巧妙地帮助个人投资者解决看消息、看盘、选股、择时、操盘及风控等普遍难题。

洪攻略交易系统有五大特点：（1）能帮助克服人性弱点；（2）能弥补个人投资者短板；（3）能发挥个人投资者优势；（4）普通投资者也能学会；（5）系统科学有逻辑、能验证。

◯ 2.2 A股的天要变？如何洞察先机？

知可以战与不可以战者胜。

2.2.1 问：如何把握进场时机？

答：选时关键看温度，把握进场时机，温度测出来，时间也就出来了。股市温度表是洪攻略体系的重要一环，核心内容是通过测量和分析股市温度，来采取对应的操作策略。股市温度的变化是有规律可循的，不同板块的活跃情况对应不同的市场温度变化，而不同的温度，季节也不同。我们应该播种、应该收割，还是应该施肥，这些对进场时点或离仓时点的把握是非常重要。

2.2.2 问：什么是股市温度体系？

答：2010年是在“战上海”投资哲学基础上构建的一个股市体温表系统，主要采集直接反映股市状态的一些项目的温度，包括：大盘温度、板块温度、政策（政府）温度、媒体温度、专家温度、机构温度、散户温度、技术温度等，根据这些温度最后得出一个综合温度。然后根据这个综合温度决定仓位的轻重，即决定采用什么投资攻略。

2.2.3 问：如何判断股市温度？

答：（1）资金面判断温度。市场会不会转暖，最终要看资金面。（2）从盘口感知温度。可观察市场有多少个涨停板、跌停板，成交量怎么样以及龙头个股出现多少个连扳、妖股频出等现象。（3）极端行情感知温度。极端温度即温度极度的冷、温度极度的热，这个温度你是可以把握的。（4）从市场情绪感知温度。长期以来，我一直在强调要提高行情判断的准确度，不仅要站在赢家角度思考，还要同时通过更容易观察到的输家情绪去佐证。（5）政策面感知温度。比如我国有个股市的主要矛盾是建设强大资本市场的需求同股市制度、炒作方式及监管环境之间的矛盾，密切关注监管思维的变化是该A股投资的关键所在。

2.2.4 问：什么是洪攻略的四季轮回？

答：投资时空观是基于一切事物都处于一定的时空之中，呈现不同的运动规律，遵循各自的生命周期而简化的股市温度体系及投资四季说。对应到股市操作，每一轮行情，每一个板块运行，每个个股炒作，遵循的也是春播、夏长、秋收、冬藏的农耕法则。不同的季节做不同的事，不同的行情阶段采用不同的操盘策略，这样才会有好收成。

洪攻略遵循的就是这个四季轮回原则，旨在解决投资者在不同市场以及在市场不同阶段中选时及风险控制的有效方案。

2.2.5 问：什么是行情的大、小四季？

答：行情分大四季、小四季，温度不同，策略各异，具体体现在长线和短线，轮动逻辑也一样，分中短线轮动和长线轮动。其中，长线就如大四季，极端高温出现在大夏季，极端低温出现在大冬季；中短线就像某个季节里的小四季，小四季里冬天和夏天属于小极端。

2.2.6 问：如何判断行情的春季？

答：当市场行情具备以下5个条件时，基本就是春季了。

（1）先知先觉的资金开始建仓；

（2）走势妖艳的个股开始出现；

（3）频现政策利好，个股偶尔全面普涨；

（4）市场情绪偏空，但抛出筹码不多；

（5）提示风险看空的声音不绝于耳，大盘不知不觉中往上冲破了一个又一个阻力位。

2.2.7 问：如何判断行情的夏季？

答：何为盛夏？太阳很毒，温度很高，人们普遍感觉很热，热得难受。当市场行情具备以下5个条件时，基本就是夏季了。

（1）大盘涨幅很大，涨速越来越快；

（2）个股涨停板一版接一版；

（3）指数运行经常出现小阴小阳，一根长阳出现感觉行情要结束；

（4）投资者满仓融资，表现出无限豪迈；

（5）操作上饿死胆小的，撑死胆大的。

2.2.8 问：如何判断行情的秋季？

答：一场秋雨一场寒，十场秋雨该穿棉。当市场行情具备以下3个条件时，基本就是秋季了。

（1）秋雨就如股市见顶之后的带量阴线，一根比一根寒冷，十根阴线足以把投资者完全包裹；

（2）让投资者变得行动笨拙，被动进入冬眠状态（套牢不动）；

（3）若见连续带量阴线，多数投资者行动迟缓被动持仓，则基本为秋天。

2.2.9 问：如何判断行情的冬季？

答：市场的冬季一般分为四个阶段，每个阶段的特征如下：

（1）第一阶段：股市敏感且脆弱，一旦遇到风吹草动，投资者就会蜂拥而出，互相踩踏的唯一结果就是股市出现断崖式的暴跌，跌幅往往会在20%以上才会得以喘息，好的、坏的全部跌。

（2）第二阶段：是熊市中的一次暴跌后的反弹。一批低价股出现上涨，甚至创新高。这批股票大都是牛市里面表现比较差，不是主流板块的个股。

（3）第三阶段：指数反弹结束后，震荡走低，但是个股开始出现大的分化结构，超级成长股和部分避险明星品种成为最大的赢家。创新高的往往是牛市里面不起眼的角色。

（4）第四阶段：指数不断新低，个股普遍下跌，之后震荡筑底。

2.2.10 问：输家如何调整舞步，跟上节奏？

答：一是调整操盘策略是次要的，关键要先调心态，如果这轮行情你认为错不在自己，那解决方法就是必须先承认自己无知；二是如果你认为错在自己，那就以勤补拙，认真学习，系统学习，告诉自己越着急越没用，磨刀不误砍柴工，先让自己的能力和自己的仓位相配，把心态慢慢调整到赢家的节奏。

2.2.11 问：什么是极端行情？

答：也就是出现极端温度的行情，即一段时间内某一地区（股市、板块、个股）达到的最低和最高温度。前者是极端最低温度，后者是极端最高温度。有时也指同一时期温度空间分布（一般指水平分布）中的最高和最低值。另外，当输家忍无可忍时，多半是行情极端时。所以，极端行情一定是物极必反，一定有小极端小转折、大极端大转折的特征。

2.2.12 问：如何抓住极端行情？

答：一是赢家思维是逆向思维；二是抓极端的冷和极端的热，具体对应的主要还是通过观察输家情绪、散户情绪感知市场温度；三是把握大、小周期板块投资时点，选股即采用痛点变甜点、龙头板块龙头股的方法。

2.2.13 问：极端行情如何操作？

答：每一次大极端中的极端下跌都是捡皮夹子甚至启动H007策略的好机会，每一次极端中的极端上涨都是H333系列策略降级打击的减仓点。

2.2.14 问：当极端转折出现，怎样克服视而不见？

答：（1）一个人要走出过去的阴影很难，人生若能走好关键的几个人生转折点，基本就会有个成功的人生，但很多人在转折点往往因为过去的阴影而转不过来。所以，我一直提醒大家，极端转折出现之后的一段时期一定要忘记过去，策略要根据现实做相应改变，必须识时务。千万不可以因为过去的阴影让自己对客观的现实视而不见。

（2）在下一个热点变热之前它一定是“冷”的，否则逻辑不通。对应到股市操作，每一轮行情，每一个板块运行，每个个股炒作，遵循的也是春播、夏长、秋收、冬藏的农耕法则。哪里有抱怨，哪里被视而不见，哪里就有好机会。

（3）信任赢家。信任无价，没有信任，再好的观点都会被视而不见，更不会认真读，读了也不信，不信，谈何好的执行，准确的执行？

2.2.15 问：洪攻略思维为什么要重视观察输家情绪？

答：行情走势总是选择残忍的方向，我们把一轮行情中做反了方向的称为输家，输家都是从严重错判一轮行情开始的。

输家的情绪演变过程一般非常清晰，季节分明：最开始时庆幸自己对，后面发现行情走势不如意，但他们不会意识到自己错了，反而继续抛出股票，行情再涨，他们坚持看空，再涨，动摇，再涨，开始买入，调整，满仓买入，再调整，没感觉，深调整，开骂……根据他们的情绪状态，很容易判断大盘大概处于什么季节，他们情绪出现失控时的判断价值最大。

2.2.16 问：如何通过输家情绪判断极端行情？

答：当输家情绪失控的时候，他们就失去了理性，开始断章取义，思考毫无逻辑，说话不顾后果。而每当心态失控的人变得较多时，行情往往会酝酿反转。非大面积极端的情绪没有什么参考价值，极端情绪伴随的往往是极端行情，而抓极端行情是相对容易的。所以，每当市场出现大面积抱怨时，就必须提醒自己冷静再冷静，努力再努力，因为这样的季节往往会是大的收获季节。

2.2.17 问：我用洪攻略选时、选股总是操作不好，怎么办？

答：这个问题不是操作层面的问题，而是洪攻略的思维。一是改变散户思维。如果你总认为你抓的股票就一定是好股票，或者符合逻辑的股票，这本身就是错误的。二是信任洪攻略，坚定不移地执行洪攻略的思维及操作原则。

2.2.18 问：机构温度、散户温度、媒体温度，哪个温度最重要？

答：机构温度，即国家队、公募基金、私募基金等；散户温度，我们通过情绪可以判断；媒体温度，包括大V们的温度。这些温度谁对市场影响力大，你要通过抓主要矛盾去考虑，也就是这段时间什么样的温度是最主要的。

2.2.19 问：学了洪攻略和没学洪攻略有什么不同？

答：一方面，当极端下跌行情出现的时候，考虑买不买问题的是学了洪攻略的；而考虑要不要逃命的，基本是没学过洪攻略的。另一方面，极端下跌行情出现的反弹考虑要不要上交皮夹子的是学过洪攻略的；而看见反弹着急要不要追的是没学过洪攻略的。

○ 2.3 为什么总是满仓套牢？

答：因为你没有H333系列交易策略。

2.3.1 问：什么是H333系列操作策略？

答：H333系列策略由H333、SH333、H007、H110攻略组成，是洪攻略中的操作方法，主要帮助投资者解决如何具体操作的问题。根据行情的四季不同，对应的操盘策略也不相同。洪攻略抓的是主要矛盾，用H333系列策略抓的是对应的大小极端机会，其设计原理从理论上逻辑上都是可以提高投资成功概率的。

2.3.2 问：什么是H333操作策略?

答：把资金分成三份：1/3底仓+1/3滚动+1/3捡皮夹子。

H333适用于牛市后期、熊市初期（对应秋季），解决的是价值型投资流派极可能彻底踏空主升浪的问题，也可以防止趋势型投资流派熊市第一波满仓套牢的问题。因为H333攻略中巧妙地加入了捡皮夹子策略，可以很好地弥补仓位不重带来的可能赢利减少。

H333适用于熊市后期、牛市初期（对应春季），解决的是趋势投资者不敢进场的问题（壮胆），用最小的代价去获得一个好心态，为的是不错过后面可能的牛市，滚动和捡皮夹子可以大大增加收益率，亦可降低建仓成本，为咬住可能的牛市保有一个好心态。一旦碰到熊市继续，也不至于受伤太重，而一旦开启新一轮牛市，完全有一个好心态再满仓癫狂。

2.3.3 问：如何使用H333操作策略?

答：H333有三个操作技巧：一是H333策略是看指数涨跌幅做个股买卖，H333用在龙头板块龙头股更有效。二是H333滚动分为日滚动、周滚动、月滚动以及长线资金适用的更长的季滚动。一般个人经常使用周滚动、月滚动。以周滚动为例，出现大跌后的第二周考虑滚入，出现大涨后的第二周考虑滚出。三是出现行情、情绪下极端，启动捡皮夹子策略，但捡到后及时上交。

2.3.4 问：什么是H333策略的使用原则?

答：使用有两大原则：一是不问价格，只看幅度；二是必须滚动，不滚动就滚蛋。

2.3.5 问：什么是SH333操作策略?

答：SH333策略是H333策略的升级版，是一个满仓攻击性的策略。它一般用在两个阶段：一是大盘趋势明显的上涨行情，一般就会有牛市确立；二是大盘底部确立后用于强势板块强势股。当这两种情况出现时，满仓操作。

2.3.6 问：什么是H110操作策略?

答：H110策略适用于规避阶段性系统风险的预警策略。H110策略用于熊市、阶段性调整行情（冬季）。H110策略，顾名思义只留10%仓位在秋季及冬季，或平衡市中阶段性炒作后期。仅用10%仓位去滚动，象征性地操作看好的目标股，或者完全空仓，直至春天来临调整为H333。

2.3.7 问：什么是H007操作策略？

答：极端行情才能使用，即必须在连续快速大跌之后才能启用。连续快速大跌情况之下，是一个救命策略，也是捡皮夹子甚至启动H007策略的好机会。H007里面是含有两个“7”，就是在大跌到一个阶段的时候，买进70%的仓位，如果后面继续跌停，全力买进。再买70%即融资，总仓位达到140%，一般在见底反弹三天后结束此策略。

2.3.8 问：不知道怎么操作才符合洪攻略呢？

答：其实很简单，先看板块季节、个股季节，然后使用对应的洪攻略操作策略。

2.3.9 问：洪攻略滚动在股市下跌中如何使用？

答：在股市下跌过程中，使用H333下滚动，即先卖后买的方式。待极端行情出现后，转为H333上滚动。

2.3.10 问：按洪攻略逻辑操作为何被套牢？

答：这很正常，因为洪攻略设计原理是追求成功大概率的，只有坚持使用，才能靠概率成为赢家。有时你被套牢，一是问题出在选股上。洪攻略关注三类股票：龙头行业龙头股，痛无可痛的股票，以及自己熟悉的股票。二是问题出现在择时上。没有选择在极端调整时建仓，极端上涨时减仓。三是操作方面不当。比如在使用H333策略时，没有坚持滚动。四是没有遵守操作原则。没有只看幅度不看价格，没有严格执行洪攻略。因此，容易被套牢。

2.3.11 问：洪攻略如何利用人性来投资？

答：人性里面最核心的其实就两：贪婪和恐惧。别人贪婪的时候，你要恐惧；别人恐惧的时候，你要贪婪。股市会走出四季来，是因为人的情绪也有四季，有对应关系，而极端行情往往在极端情绪出现后出现，这完全是对应的。

2.3.12 问：极端行情如何操作？

答：物极必反，小极端小转折，大极端大转折；小极端小交易，大极端大交易。

2.3.13 问：什么是股市围猎模式？

答：围猎，设围打猎。投资领域的围猎模式无处不在。投资市场，其实是由一个个猎场组成，大的猎场有“炒股”“炒币”“炒房”，小的有“炒新”“炒主题”“炒概念”“炒地图”，而所谓的“价值投资”，本质也是一个长周期的围猎。围猎之所以能够成功，无外乎是利用了规则及猎物的人性弱点，比如贪婪和恐惧。

独特的交易制度，以及散户占据80%以上交易量的生态环境，决定了A股市场就是一个大猎场。猎人（国家队、游资等）合理利用涨跌停板、T+1交易制度左右股价运行，然后通过股价的涨跌触发猎物（散户）的贪婪和恐惧，进而驱赶猎物按照猎人计划的路线行动（买卖），最终实现围猎成功（拉高出货）。

所谓的A股特色就是各式各样的围猎模式，而以保护散户为出发点的独特交易制度，实质上保护了围猎模式。

围猎基本按222原则，围猎后市场不配合2天就结束，市场配合可能延续2周时间，极端情况通过板块内轮动会长达2个月。

2.3.14 问：如何摆脱股市被围猎的命运?

答：打围狩猎，能觅食成功逃离的一定是那些不按猎人围猎线路图走的猎物。洪攻略是最有效应对围猎模式的交易系统。对猎人而言，洪攻略是一套围猎体系；对猎物而言，洪攻略是一套成功觅食体系。

2.3.15 问：如何判断题材股是否有炒作空间?

答：洪攻略围猎思维思考的逻辑：这是不是个好猎场？讲政治，有没有群众基础？相关股票有没有足够的弹性空间？能不能顺利离场？（监管容忍度）是否有政策支持，以及行业发展是否有想象空间？

2.3.16 问：什么是牧场模式?

答：面对强监管，游资为自保而调整策略启用的一种新的操盘模式。其模式不同于围猎，也不同于坐庄，更不是价值投资。与围猎模式相比，牧场模式拉长了围猎时间，降低了围猎强度，增加了围猎频度，更注重价值题材相结合。

三、【实战篇】做好这些，你也是赢家

○ 3.1　操作：所有的操作都是为了保持好心态

3.1.1 问：小单试错盈利加码是不是倒金字塔投资？

答：比如你在一只股票10元价格时少量买入10万元，不久这只股票涨到近11元，你在回调到10.6元左右再加码买入100万元，这叫小单试错盈利加码；如果你在10元时买入10万元，一段时间后这只股票涨到20元，你在19元左右加仓100万，这叫倒金字塔投资。

3.1.2 问：小单试错盈利加码，如何确定自己试错了？

答：小单试错是为了保持好心态。如果你上来就满仓买进去，股价若跌了，你一定很痛苦，心态就坏了。所以，我们要小单去试，这个小单一试，如果跌了，你仓位不重，心态不会受到太大影响，若股价涨了，甚至是一买就马上赚钱了，你心态一定是挺好的，证明你选股的整个逻辑是对的，这个时候你可以加码。

3.1.3 问：自己操作的个股出现“黑天鹅”怎么办？

答：这个概率很小，但如果碰上了，需要认真对待，果断处理。因为这个标的你长期跟踪应该非常熟悉了，首先要问自己这个坏消息的出现是不是动摇了你对这只股票的根本判断（以后不想再做它了），如果是，你要考虑彻底清仓，放弃这只股票，至于什么价格出来，你可以根据这只股票的盘面特性做出判断，尤其量价关系。一般不用胡乱杀跌，见反弹坚决出局比较好。如果坏消息只是次要矛盾，“黑天鹅”引发的下跌就是一次皮夹子机会。

3.1.4 问：您说跌出来的机会，大跌才进场，那跌多少算大跌呢？

答：跌多少其实不是操作关键，因为调整一定有深有浅。所以要用H333应对（你是短线、中线或是长线，可通过设置不同滚动幅度实现），这样就不会犯大错。

3.1.5 问：买的XX股票被套了，现在可不可以加码？

答：假设你手中没有这只股票，你现在会买它吗？如果不会，最好卖了它。不在烂事上纠缠，是一种处世哲学；不在平庸的股票上纠缠，是一种投资原则。

3.1.6 问：大盘股在滚动操作时，应该是用保守型还是激进型的策略呢？

答：股票涨跌总会有快有慢，其实这个问题都不大，不要拘泥这种保守或激进。H333策略主要的目的是什么呢？就是为了保持好心态。股票总是会有快和慢的，比较强的时候，你的动作可以慢一点，就是把滚动幅度放大一点，就这么简单。

3.1.7 问：一轮行情接近尾声该如何操作？

答：所有的策略和行动都是为了保有一个投资好心态、人生好心态。SH333是满仓轮动，属超级333攻略，采用这个策略只有一种状态，就是满仓，一般用来应对一段持续上涨的行情。这个策略结束时有两个选择，一个是直接转为空仓，一个是转为防守反击的H333。我一般习惯转为H333，因为我发现只有这样才能保有好心态，若直接转为空仓，一旦大盘出现高位反复或继续上行自己心态容易变坏，影响自己对后面行情的判断。

3.1.8 问：如何从SH333转化成H333？

答：SH333转为H333一般采用的是下滚动，即先卖再买，启动H333时不问价格立即减仓1/3，再在大盘上涨的时候（一般见大盘阳线时）减仓至1/3底仓，大盘继续大跌时择机加仓1/3，大盘反弹后再坚决减仓1/3，如此反复至逻辑显示策略必须调整之时，其间如果出现连续暴跌可考虑转换启动H007。若发现大盘可能步入慢熊，也可以考虑空仓，终止所有策略。若逻辑支持大盘，有可能会有一轮比较有持续性的行情，就你敢跌我敢买，由H333直接升级为满仓的SH333。

3.1.9 问：H333滚动策略如何应用？日滚动、周滚动，谁优谁劣？

答：H333攻略紧盯的是大盘，提供的是买卖时机参考，至于在什么个股上实施，一般在一轮行情的龙头股上实施效果最佳，板块龙头次之。如果仅是在你自己喜欢的股票上实施，你最好忘记你持仓股票的成本、涨跌甚至价位。

至于大盘涨跌多少启动买卖，一般是按涨跌比例，不看大盘绝对指数，也没有绝对比例。比例大小也分为短线、中线和长线，对应的是日内、日间和周间，我个人比较喜欢周间。

○ 3.2　择时：贪婪恐惧，物极必反

3.2.1 问：最好的割“韭菜”环境是什么？

答：指数慢牛，板块轮着牛。

3.2.2 问：当痛点板块出现新的利空消息，是不是要考虑推后建仓时间？

答：恰恰相反，应该把布局时间提前，因为利空消息利于主力资金加速完成布局，从而缩短痛点变甜点的时间。

3.2.3 问：什么时候抱团取暖的资金会松动？

答：认为春天来了，或者有更大的利益可以选择。

3.2.4 问：主题炒作主力和价值投资主力各有什么特点？

答：主题炒作的主力非常大方。大涨之后，如果很多人要他手中（明显还会涨的）的筹码，他一定给。价值投资主力非常仁义，如果股价下跌很多人要把（明显还会跌的）筹码给他，他一定接。

3.2.5 问：为什么要花时间关注散户喜欢扎堆的券商板块？

答：有四个方面的原因：（1）券商板块是大盘的风向标；（2）散户的世界必须要懂；（3）通过券商板块容易准确观察散户的情绪；（4）和散户比速度比心态胜算更大，成功概率更好（这里散户特指散户心态的人，和资金量无关）。

3.2.6 问：什么叫“忍无可忍再忍两天”？

答：假如你想卖股票，但由于一直心存侥幸而没有卖出，终于有一天你忍无可忍决定抛出股票，按你过去的习惯你也一定会抛出，这个时期请你按我说的再忍两天试试（看想法会不会变）。同理，假如你仓位轻，踏空了，开始想等回调加仓，但大盘迟迟不回调，你忍无可忍决定追高或一见回调就加仓，这个时候请你试试再忍两天（看看想法会不会变，或者是不是可以买到更理想的价格）。（这个方法因人而异，但对心态不好的人有奇效。）

3.2.7 问：为什么上证50放巨量，创业板就容易出现阶段低点？

答：每次上证50放巨量，创业板就容易出现阶段低点。因为赢家抛股票有两个理由，一是价格上涨达到了其估值预期，另一个是认为有更好的股票选择。所以，当以上证50为代表的股票出现筹码松动，而同时跌幅巨大的创业板逆势趋稳时，这个时候可排除系统性风险，大盘的震荡可理解为是贪得无厌的场内资金交叉换位所为。至于后面走势的持续性，则需要通过观察量价配合情

况去判断。

3.2.8 问：节前、大会前，投资者容易松懈是一条明修的栈道？

答：主力（主动出力的投资者）和普通投资者（被动交易者）玩的永远是猫捉老鼠的游戏，主力要想赢，必须充分利用被动交易者的恐惧（建仓）、贪婪（出货），还有松懈（暗度陈仓）。大会维稳是一条明修的栈道，调仓换股（权力交接）可能就是要暗渡的陈仓。等普通投资者反应过来，权力已经顺利完成交接，一些股票已经错过了普通投资者肯卖出的价格，另一些股票已经超出了普通投资者敢买的价格。

3.2.9 问：通过什么判断大盘、行业、个股温度更有效？

答：大盘温度的判断，其实更多的是考量交易量，考量市场的情绪，然后分析得出板块走势、大盘走势所处的阶段。就是根据现在市场上投资者对这个板块、对大盘的态度，还有媒体对这个的反应，以及成交量的大小、涨停板个数也要参考，成交量小、涨停板少肯定说明不够火爆。

3.2.10 问：观察医药板块、上海板块、券商板块走势对判断大盘有什么重要指导意义？

答：医药板块走强可以感知机构的温度，一般牛市还比较远；上海板块走强可以感知游资的温度，行情有一定持续性；券商板块不走强，难有大牛市。

3.2.11 问：为什么好股票也会跌？

答：好股票一般在这样几种情况下会跌：一是整体涨幅大了；二是短期涨速快了；三是板块出现整体调整（一般先跟跌，后面再分化，若板块风不再，好股票也会陷入盘整）；四是公司出现负面消息；五是大盘出现系统性风险。需要重点关注的是第三点，比较磨心态。另外，应对好股票的调整主要看其走势所处季节，夏季的调整宜加仓，秋季的调整宜H333（针对有安全垫心态好的人）。当然，大资金考虑大季节，操盘方式会不同。

3.2.12 问：如何提高判断极端行情的准确率？

答：（1）从情绪层面判断极端更为精准。因为人是有记忆的动物，但也是忘性强的动物，时间对情绪的影响非常大，人对短期的激烈波动反应强烈，短期的连续暴跌，极易招致极端情绪出现，长时间的连续慢涨、慢跌也容易让人烦躁。所以，快涨、快跌时，极端情绪来得快；慢涨、慢跌时，出现情绪极端的时间长。总之，行情涨得快，极端情绪就短，行情涨得慢，极端情绪就长；反之，行情跌得快，极端情绪也短，行情跌得慢，极端情绪也长。美国股市十年长牛市属于典型的慢涨快跌模式，相信未来的A股也会遵循这样一个走势。

（2）你既不特别痛苦（后悔、自责、埋怨、踏空、深套）也不特别兴奋的时候，行情一定不是大极端，行情上涨至你忍无可忍追高买入的时候，行情持续下跌至你忍无可忍砍仓时基本算极端行情。再有，判断不了平庸行情，就只抓极端行情，分不清小极端就只抓大极端机会。

（3）再用排除法说几个是不是大盘下跌小极端的判断方法（这里说的小极端对应的是周滚动）：①大小盘走势不同向不算极端；②指数没加速下跌不算极端；③市场没有恐慌情绪的下跌不算极端。

3.2.13 问：如何发现猎人的行踪?

答：猎人都是聪明的资金，聪明资金的目的是围猎。通过观察分析这只股票是不是一个好猎场，再结合量价关系看，自然就明白了。

3.2.14 问：猎人什么时候结束围猎?

答：猎物丧失警惕性的时候。

3.2.15 问：如何判断某个板块即将启动，以及背后逻辑?

答：你无法将所有的板块进行季节的分类，所以你只需要发现春季板块。而处于春季的板块背后的启动逻辑，要么是政策性的原因，要么是行业的原因。

3.2.16 问：如何在股市赚到钱?

答：想在股市赚钱，需要先做到：在行情平庸时期修炼（不做交易），在行情极端时期出手（买或卖）。其实，投资大师们基本都是这么做的，以至于没有人再重点提，但是很多普通投资者在股市不赚钱甚至赔钱的根本原因正在此：在行情平庸时期出手（频繁交易），在行情极端时期捶胸顿足（踏空或深套）。

○ 3.3 择股：跟随聪明资金

3.3.1 问：痛点、落难英雄、龙头股三者之间有什么关系?

答：这几种类型是有一定交叉的。就痛点的股票跌无可跌的，多从个人感受去讲；落难英雄的落脚点是在股票上，跟投资者没有任何关系，多指被错杀的个股；而龙头板块的龙头股则一定是领涨的，否则不能成为龙头。

3.3.2 问：如何在行业内找龙头股，如何提高判断能力？

答：找龙头股不一定就靠研究能力去找，也有简单的方法。比如走得强、规模大、名声响、在行业内最牛的，这些都是很简单的判断龙头股的方式。

3.3.3 问：判断龙头股还有什么技巧？

答：龙头板块龙头股有两种，因为有两股资金，就是信奉价值投资的传统机构会选一类龙头，主玩趋势炒作的游资会选另一类龙头，根据这个你就能找得到。

3.3.4 问：能讲一下结构性行情吗？

答：结构性行情其实就是说一部分股票涨，一部分股票跌，比如我们2017年初讲的名特优的公司就一涨再涨，带动指数上涨，反而是小的股票并不好，最终是70%的股票在跌，只有30%的股票在涨。如果你在这个70%里面，那肯定做得不好，这就是比较典型的结构性行情。

3.3.5 问：不知道哪个板块能持续强势，该怎么判断？

答：我一直给大家一个特别简单的方法叫龙头板块龙头股。就是说龙头板块一般都有一定持续性的，而真正的龙头板块的龙头股票一般会涨到三倍的（弱市中小一点，强市中可能更高），否则那不叫龙头板块。如果政策消息对一个板块的利好确实非常大，那可以通过龙头股的总涨幅辅助判断它到了什么阶段，还能不能持续。

3.3.6 问：建仓的时候，怎么初步选择好股票？

答：通常有两种情况，一种是一般会逆势上涨的股票，就是有主力在里面，主力会主动去做买入；还有一种是，这家公司蕴含了比较好的消息，就是说主力其实在等待建仓，这种情况你就等它放量，放量了说明主力有动作了。

3.3.7 问：您认为影响股票最核心的要素是哪几个？

答：最核心的要素是有没有主力买，就是有没有主动买盘。主动性买盘有两种，一种是主力认为股票挺好的，现在有点估值偏低了，他认为有空间，所以他就开始建仓做买入，这就是主动性买盘；还有一种是突发事件驱动。

3.3.8 问：如何发现好股票？

答：我选股首要考虑的是时机，然后才是板块，最后是个股。选股时机是最重要的，所以选股必须要有耐心，平时选好股，放入自选，没达到自己的买入条件就等，一直等，但机会一旦出现就不要怕，哪怕当时自己有持仓，也立即抛出靠幻想支持自己持仓的所有股票，重创入手自己等来的这个几乎是确定性的好机会。

一个好的股票（项目）多数人视而不见、充耳不闻价值最大，多数人看见了不重视或质疑时价值次之，多数人看懂了敢行动时基本无价值甚至有害。

选股是很复杂的，但在洪攻略中我力求简化，从抓主要矛盾出发、跟随聪明的钱、预期可控出发，结合投资时空观，总结出龙头板块龙头股、痛无可痛的股票、有缘的股票三类股票。

3.3.9 问：手中的股票如何判断持有还是卖出？

答：一只股票大家关心的运行状态一般分三种：涨、跌、盘整，这其实不重要，你要关心的是决定这只股票运行的市场位置，即相对走势强弱，然后找到决定其强弱的主要矛盾，再去思考主要矛盾什么时候可能发生改变，然后决定采取什么交易策略应对。

如果其走势强，是不是龙头板块龙头股？或者只是跟随者，是不是脱离板块的独立走强（有没有消息驱动）？这些决定你采用什么样的交易策略。

如果其走势弱，在板块中也总是靠后，如果你没有到忍无可忍，基本可以调仓换股。根据持股所处的“市场位置”及季节采用不同的交易策略应对，是洪攻略思维。不在平庸的股票及平庸的行情上消耗精力，是洪攻略思维第一原则。

3.3.10 问：如何判断痛无可痛？

答：是不是跌透了（痛无可痛），以下四点至少有其一：一看总跌幅（近一两年内的最高点为起点）至少超过50%；二看有没有出现极端下跌（连板跌停）；三看有没有出现人人皆知的无法反驳的下跌理由（情绪极端）；四看大盘是不是熊市，如果是大熊市，跌幅可达70%～80%。

3.3.11 问：投资中如何选择行业？

答：选股首先看行业，行业要从六个角度看：（1）行业的商业模式（赚钱容不容易）；（2）行业的空间大小（想象空间大不大）；（3）行业的门槛高低（有没有护城河）；（4）行业的历史阶段（朝阳还是夕阳行业）；（5）行业的竞争格局（蓝海还是红海）；（6）行业的估值水平（有没有估值提升空间）。

3.3.12 问：选股该关心哪些重要逻辑？

答：选股要关心五大逻辑：（1）时代逻辑；（2）产业逻辑；（3）业务逻辑；（4）财务逻辑；（5）投资逻辑。

◯ 3.4 实战思维：如何摆脱大赢到大亏

3.4.1 问：T+0注册制实行后，是不是股市对散户就没多少机会了？

答：对现在一直亏钱且不肯学习的散户肯定没机会了，但会是好事，就是不会再亏了（离开股市）；对现在靠乱赌、瞎猫碰到死耗子的散户会是大灾难；对过了心态关，拥有适合自己的交易系统的散户会是大机会。

3.4.2 问：什么样的股市分析最没价值？

答：输家喜欢的分析最没价值，输家敢行动的判断最坑人。

3.4.3 问：为什么牛市的成交量会大于熊市的成交量？

答：牛市新用户进场是一个原因，但另一个重要原因是大部分投资者通常赚一点就跑，而亏了就长期持股不动。

3.4.4 问：散户如何克服信息不对称的问题，怎么找到对自己有用的信息？

答：信息不对称是永远没办法解决的，但是不重要。我们只要知道散户对信息的反应就清楚了，因为主力最终还要把筹码卖给散户。如何判断散户的反应呢？你去观察微博、微信朋友圈，去看哪些信息传播的速度快，哪些信息传播的速度慢，传播速度慢的，就是大家目前还不太接受的，传播速度快的，就是基本都接受了的；传播慢的恰恰是散户不能接受的信息，而这些信息反而是我们应该重视的。

3.4.5 问：资金面、监管政策、宏观经济，如何判断谁才是当前行情的主要矛盾？

答：A股市场是不折不扣的政策市，大部分时间监管层的思维都是主要矛盾。但是，如果你要落实到某一轮行情来说的时候，就具体看资金面有没有达到平衡；如果你看特别大的长远的行情，主要矛盾则是经济。

3.4.6 问：如何把握不确定性中的确定性机会？

答：什么是确定性？行情暴跌之后一定会反弹，这是确定的，比如2017年政策搞不清楚、经济也搞不清楚，这些都是不确定的，但是那些绩优白马股的业绩它是确定的。投资，不要去研究不确定的、搞不清楚的问题，就找确定性的机会就好了。

3.4.7 问：为什么有些人在一轮炒作中总是过山车，从大赚到大亏?

答：因为他们赢的时候基本不知道自己为什么赢。

他们表面上分析得头头是道，但其实股票的走势和他的那些分析并没有确定的因果关系，结果验证了他的判断，但没有验证他的分析逻辑，就是说他的赢只是个巧合。表象上看，他们有两个典型特征：他们用价值投资分析支持一只题材炒作的股票，结果就是这只股票炒作完成，他坐了一趟电梯；他们分不清是概念炒作还是价值投资，或者故事讲到让他自己也相信了。

3.4.8 问：为什么2015年开始股Z变得特别容易发生了?

答：股Z的发生其实就是股市下跌到丧失了流动性（股票出现大面积跌停），2015年之前，即使股市从6124点跌至1664点也没有出现需要国家队真金白银出面救市的情况，即很少出现连续百股、千股跌停的流动性丧失情况。因为2015年之前A股个人投资者占比较高，他们有空中接飞刀的勇气，他们会为市场提供足够大的流动性。而机构其实更聪明，行动往往更一致，下跌途中谁都希望更低的价格才买入。2015年股Z起因是配资爆仓，实质原因是个人投资者（散户）已经没有那么大的承接力，无法提供足够的流动性。

所以，监管层希望A股散户比例越来越小，就必须接受出现失去流动性股Z式暴跌的新常态——快跌慢涨，而且由于市场一些制度性缺陷及监管的不成熟，这种流动性缺失的股Z式暴跌若处理不当是有可能演变为系统性风险的（连环爆）。

3.4.9 问：股市投资为何要换位思考?

答：股市投资有必要换位思考，究竟监管层的欲望是什么，机构的欲望是什么，那些大户的欲望又是什么，如果你理解了他们想得到什么，你会清楚自己想得到什么，或者说你能得到什么。如果你总是停留在自己的欲望上，你会发现你的很多思维都是错的，很多人就是跳不出自己的心态，永远按照自己的欲望看世界，那肯定会出问题的。

四、【投资人生篇】懂人生，先懂投资

4.1 问：从投资者情绪看涨跌，能用在房地产投资上吗？

答：一样可以用在房地产投资上。从舆情看，盼房价跌的人十几年来从没少过，所以房价涨了十几年。

4.2 问：人工智能可否代替人类？人类生命还有意义吗？

答：人工智能会比人更爱惜自己，人的存在是人工智能存在的意义，人工智能的存在是为了让人变得更好。

4.3 问：为什么是谎言传播更快？

答：谎言和真实在河边洗澡，谎言先洗好了，穿了真实的衣服离开，真实却不肯穿谎言的衣服，后来在人们眼里，只有穿着真实衣服的谎言，却很难接受赤裸裸的真实。越是光鲜亮丽的消息，越不要掉以轻心！

4.4 问：为什么越优秀的人越勤奋？

答：因为不勤奋的人没成为优秀的人，而越勤奋的人越可能变优秀。

4.5 问：为什么越有钱的人赚钱越容易？

答：因为钱在会赚钱的人手上。

4.6 问：为什么说成功路上并不拥挤？

答：因为视而不见错过一批；百度搜索慌掉一批；不懂感恩消失一批；消极懒惰掉队一批；心态不好病倒一批；亲友打击消沉一批；被人嘲笑退缩一批；自己乱做阵亡一批；不去学习淘汰一批；学了不用滞留一批；自以为是废了一批。

4.7 问：为什么投资（炒股）要保持童心？

答：我们一直追求的好心态，正是我们在长大的过程中逐步丢失的童真。返璞归真，是人生的境界，更是投资的境界。童心是什么?是无条件的信任，是无忧无虑的生活，是没有任何束缚地看世界。童心中只有情不自禁，没有情非得已；童心中只有花开花落的美，没有藕断丝连的痛。

4.8 问：有什么路径成为专业投资者？

答：其实人生就是一场大投资，投资的范围很广，股市投资可能只是其中很小的一部分。要成为专业投资者有两种路径：

第一种路径：你先通过自己去实践，钱多钱少不重要，实践过程中建立自己的交易体系，建立自信，看自己是不是真的喜欢这个行业。如果发现自己天分、水平比较高，就可以往这个方向走，刚开始可能都是亲戚朋友的钱，慢慢地就可以去发基金，巴菲特就是这么走的。

第二种路径：刚开始不一定做投资，也可能做研究，等水平到了一定状态，再做基金经理，再去发产品。

4.9问：股票有业绩、没故事，好像也火不起来，人在职场中也是如此吗？怎样才不会被埋没？

答：名特优公司长期走势好就是因为它比较有故事，大家都看得见。股市就是人做出来的，所以人生肯定也是一样。平庸的股票肯定是走不出来的，人生也是，让自己保持激情，被市场所关注。所谓“眼球经济”，大家看都不看你，哪来的“经济”呢？

4.10 问：什么样的人最不适合投资？

答：对情绪无法控制的人最不适合做投资。

4.11 问：钱不多的年轻人该如何理财？

答：年轻的时候把投资定义的广一点，不要简单地认为股市就是投资，或者说理财产品就是投资。其实念书也是投资，培养一种赚钱的能力。我认为年轻的时候，不是简单地学习和培训，而是让自己的圈子变得更适合自己未来发展的方向，比如人脉投资。所以，年轻时不要急于拿现有的一点钱去投资，而是看远一点，把人生计划定得更长，建立好自己的人脉关系，包括将心态调整到位，把钱投资在提高自己赚钱的能力上，这个才是最重要的。

4.12 问：校长对子女培养方面有什么心得？

答：大家之所以对子女教育非常重视，不仅仅是因为这是人生的主要矛盾，而且还是无法回避的主要矛盾，所以大家都必须重视它。这就要求我们，一是你必须要考虑他未来可能会受益终身的事情；二是如何对待交朋友，这个很关键，关系到孩子未来能否成功。一个最好的方法就是让他变得大方，学会换位思考。只要有这两条，然后再加上善良，这种人是最容易成功的。

4.13 问：怎样读书才能够达到跟校长一样的逻辑高度？

答：对于读书，我认为涉猎一定要广，什么样的书都看看。首先，我比较喜欢传记，我会去关注这个人的思维逻辑，以及行事方式与逻辑的匹配度；其次，我会看一些与哲学思考相关的内容，尤其是探讨底层人性的；最后就是历史类的书籍，历史朝代的更替，背后的原因是什么，这其中体现了很多人性层面的东西、社会层面的东西。我其实是用洪攻略的思维在看书，抓主要矛盾。所以，要会读书，关键的一是思维方式，二是读书的方法，这两点对通过读书提升你的水平和阅历很重要。

4.14 问：为什么自己定的大目标总是难以实现？

答：我老是讲两万五千里长征，就是说，你只想怎样走到延安就行了，等你到了延安，再到北京是很容易的事。想要将来不后悔现在的过错，那就现在做好一点，着急没有用，记住，急功近利只会把自己毁了。按洪攻略里面说的，一定要分清你人生现在的主要矛盾是什么，工作中的主要矛盾是什么，一旦把主要矛盾解决了，其他的就很容易了。

4.15 问：做好投资应该具备怎样的思维能力？

答：做好投资你需要具备洪攻略的思维。比如，洪攻略最重要的一句话“抓主要矛盾”，其实就是一种思维方式，知道什么需要思考，什么不需要思考；还有一种“底线思维”，很多东西你想不通的时候，你就想到人性层面去，因为那就是人性的底线，回到最原始的状态，你就能想明白很多事。

4.16 问：为什么说思维高度与人性博弈决定股市投资成败？

答：好的思维是换位思考，是有理想的思考，就是你要看得更远，超出自己的能力范围去思考问题才叫理想。所以我一直认为做股市投资，善良的人其实更容易做好股市，越多人玩的游戏，最后赢的恰恰是善良的人。因为这个游戏实在太大了，总有人比你更聪明，所以那些靠小聪明去做事的，最后往往很惨。所以我也认为，能做好股市的人，那么他做人往往也不错。

4.17 问：我们会进入租房时代吗？

答：将来肯定会到来，但现在还早。租房时代真正来临一定要解决恐惧感，就是年轻人哪怕将来没有房子，甚至赚不到钱，他们都认为自己的生活不会完全丢失品质。这个包括社会保障体系、个人的生存能力以及其他各个层面的社会认识。就是说，你没房子，姑娘也愿意嫁给你。这可能要有一个蛮长时间的社会认识转变的过程，我感觉没有五年、十年是达不到的。

4.18 问：时代总是飞速更替，如何让自己不掉队？

答：未来只会越来越精彩，越年轻你越能拥有更好的时代。我们国家改革开放的时间还比较短，很多地方都很年轻，证券市场也很年轻，就是留给大家的机会。比如你现在30岁，这也是一个特别年轻的状态，根本不用太着急。制定一个长远计划，所有你学到的能力都是自己的。现在你把自己那个“1”写得越稳越好，未来加“0”的事情是顺理成章的。所以只要你自己认为你的能力、你的人脉，各方面的积累都在做加法，你就不用着急，赚钱对你来讲只是时间问题，时代会越来越好。

4.19 问：走在成功路上该注意什么？

答：未来是变化很大的，人的心也是变化很大的，我感觉只要奔着成功的方向走，就应该继续走下去，而不要过早地去定义成功会多大，成功了之后怎么样，这都意义不大，而且可能还会阻碍自己的视野。所以我一直认为在你爬上山之前，不要去想山后面是什么，是不是有更高的山，这都不用考虑，先爬上这座山再说，等你到了那个高度，你自然能看到不同的东西。

如果你已经成功了，到了一定阶段了，那你就把那个成功继续放大，做到一定时候，量变到质变，你可能就会突然跨上另一个新的台阶，甚至达到人生的一个新的巅峰。

4.20 问：年轻时先确保安身立命，还是要找到自己人生方向？

答：如果在年轻的时候就能够找到人生方向，那是最好的，但是大部分人都做不到这一点的。因为你在年轻的时候，时代也在发展，很难那么早想好要干什么。所以，关键是要让自己保持好心态，努力让自己处于一个好状态的环境下。这样才能发现更好的机会，确定人生更好的方向。

后记

书能读到后记，我要恭喜你，你一定在书中读到了你想读的内容，也许，让你对股市投资有所顿悟，也许，让你发现了属于你自己的财富自由思维密码。

本书主要内容来自于我录制的视频节目“洪校长的投资课”，当时录制视频课时只选一个主题，然后就口若悬河、天马行空地聊，聊到兴奋时常常灵光乍现，突发奇想，这自然会因思维跳跃不利于观众理解，也正因为此，这次把视频转为文字，编辑校对的工作量非常大，在此要特别感谢参与此书编辑的杨雪松、任亚萍、杨文洁、贺锦晖、林通、黄蕾、王鑫等付出的辛苦努力。

还有，在此要特别感谢秦朔朋友圈的发起人秦朔先生、高毅资产管理公司董事长邱国鹭先生、著名财经评论家水皮先生，以及深圳东方港湾投资管理股份有限公司董事长但斌先生对我的厚爱和支持，他们是财经领域资本市场非常成功的实践者，是投资者可信赖的榜样，看到他们不吝赞美之词对拙作进行推荐，诚惶诚恐之余，也为自己多年的努力感到庆幸。

要感谢的人很多，最应该感谢的是一直不离不弃的洪粉家人，为满足洪粉家人的需求，本书也刻意入选了一些利于洪粉家人系统学习应用洪攻略的内容。另，对一些业界前辈、亲朋好友在此亦表示衷心的感谢，是你们的肯定和鼓励，给了我坚持的信心和动力。

人生就是一场没有终点的投资，让我们一起继续努力，把投资的人生过得更从容更精彩！

洪榕

2019年12月